Cinque Vite Ricordate

Dolores Cannon

Traduzione di: Francesco Lucca

Per richiedere il permesso, la serializzazione, la condensazione, gli adattamenti o per il nostro catalogo di altre pubblicazioni scrivere a: Ozark Mountain Publishing, Inc., P.O. box 754, Huntsville, AR 72740, ALL'ATTENZIONE DI: Permissions Department.

Biblioteca del Congresso, catalogazione dati di pubblicazione
Cannon, Dolores, 1931-2014

Cinque Vite Ricordate, di Dolores Cannon

La storia dell'esordio dell'ipnoterapeuta Dolores Cannon nel campo della regressione e della esplorazione di vite passate.

1. Ipnosi 2. Reincarnazione 3. Sorgente Divina 4. Walk-in
I. Cannon, Dolores, 1931-2014 II. Reincarnazione III. Metafisica
IV. Titolo

Numero Scheda della Biblioteca del Congresso: 2021931375
ISBN: 978-1-950608-27-0

Copertina e Layout: Victoria Cooper Art
Impostazione del libro: Times New Roman
Design: Nancy Vernon
Traduzione di: Francesco Lucca

Edito da:

OZARK
MOUNTAIN
PUBLISHING

PO Box 754
Huntsville, AR 72740
WWW.OZARKMT.COM
Stampato in United States of America

Indice

Introduzione

Lavoro nel campo della reincarnazione, della terapia e della ricerca sulle vite passate dal 1979. All'inizio questa tecnica veniva spesso derisa dagli addetti ai lavori ma negli ultimi anni è diventata un apprezzabile strumento nel trattamento di problemi di salute, fobie, allergie, problemi nelle relazioni familiari etc. che non rispondono alle terapie convenzionali. Oggi molti psicologi la utilizzano, ammettendo che non importa se loro o gli assistiti credano alle esistenze passate. L'importante è che aiuti il paziente, e come tale è uno strumento valido per esplorare l'inconscio. Si è scoperto che molti problemi affondano le radici in traumi di vite passate, spesso causati non da una sola vita passata ma da uno schema talmente consolidato e radicato da trascinarsi fino alla vita attuale.

Questo è il tipo di lavoro che ho svolto dal 1979. Tuttavia molti tra coloro che volevano esplorare le loro vite passate, non erano alla ricerca di risposte alle complicazioni presenti, venivano da me per curiosità, semplicemente per vedere se avessero davvero vissuto in passato. Spesso nei casi in cui non c'era un vero scopo o obiettivo, il soggetto scopriva di aver vissuto vite pregresse banali e ordinarie. Laddove ci fosse un valido motivo per esplorare le aree ignote delle loro menti, il risultato e le informazioni potevano essere alquanto sorprendenti. La cosa meravigliosa è che quasi tutti acquisivano informazioni che lasciavano intendere che avessero vissuto in precedenza. Più è profondo il livello di trance ipnotica, maggiori sono le informazioni che vengono fuori. Ho scoperto che i migliori soggetti per la ricerca sulla reincarnazione sono i sonnambuli. Questi sanno accedere alquanto facilmente al livello più profondo possibile e mentre sono lì, diventano letteralmente la personalità della vita passata in ogni dettaglio. Durante i miei anni di terapia e ricerca ho incontrato ogni possibile caso ma ogni tanto scoprivo qualcuno che ha vissuto in un'epoca interessante o conosceva una persona importante. Perciò, ho scritto i miei libri su questi casi affascinanti. Questo ha generato la trilogia Conversations With Nostradamus, Jesus and The Essenes, They Walked With Jesus, Between Death and Life, e A Soul Remembers Hiroshima. Si è successivamente allargata al mio lavoro con i casi su UFO e Extraterrestri: Keepers of the Garden, The Legend of Starcrash, Legacy From the Stars, The Custodians e infine la serie avanzata metafisica: The Convoluted Universe. Lungo il cammino il mio lavoro sull'ipnosi si è esteso, avendo io riveduto la mia tecnica specializzata per aiutare le persone a guarire attraverso l'utilizzo delle loro menti, e il contatto con il loro Sé Superiore. Oggi insegno questo metodo in tutto il mondo. Scrivo ancora altri libri sulle mie avventure oltre i portali del tempo e dello spazio.

Ogni tanto, durante le interviste in radio, TV e le lezioni mi viene chiesto: "Come sei riuscita a fare ciò? Cosa ti ha fatto iniziare con l'ipnosi?" Se ho tempo provo a spiegare come tutto ebbe inizio. Se non è sufficiente, gli dico che è una lunga storia e che viene raccontata nel primo libro che io abbia mai scritto, Cinque Vite Ricordate. La gente è confusa, perché conosce altri miei libri, e mi domanda: "Perché non è stato pubblicato?". La risposta è: "Ci ho provato!". Spesso i libri precorrono i tempi ed è il caso di questo. Quando l'ho scritto non c'erano librerie New Age e le 'normali' librerie avevano solo uno scaffale, o anche meno, dedicato ai libri metafisici. Era un genere il cui tempo non era ancora giunto. L'ho inviato diverse volte e ho solo ricevuto lettere di rifiuto. Una casa editrice mi scrisse: "Potremmo prenderlo in considerazione se Lei avesse portato in regressione una stella del Cinema, allora forse qualcuno sarebbe interessato".

Dopo anni di tentativi e null'altro che dolorose risposte, ho chiuso il manoscritto nel cassetto e sono andata avanti con il mio lavoro. Ciò non vuol dire che io abbia rinunciato a scrivere. Al contrario, quando ho iniziato a lavorare seriamente sulla terapia regressiva, sono arrivate informazioni da vari clienti e ho iniziato a scrivere altri libri, mentre Cinque Vite Ricordate veniva dimenticato, ci sono voluti nove anni e molti altri strazi e delusioni prima che io trovassi il mio primo editore. A quel punto avevo ultimato altri cinque libri. Lungo la strada ho sperimentato ogni possibile delusione che possa capitare a un autore. Molte volte avrei voluto urlare: "Non posso farcela! Fa troppo male!" Ogni volta che toccavo il fondo della disperazione e pensavo che avrei dovuto arrendermi, gettare il manoscritto al muro e tornare alla mia vita 'normale' mi arrivava un pensiero: "D'accordo. Se vuoi rinunciare, cosa ne vuoi fare della tua vita?". La risposta era sempre: "Non voglio fare altro che scrivere". Così, trattenevo le lacrime e iniziavo un nuovo libro, senza sapere se qualcuno lo avrebbe mai pubblicato.

Quando ora faccio lezione alle conferenze sulla scrittura, agli aspiranti scrittori dico: "Così avete scritto un libro, e ora? Quel primo libro potrebbe non essere mai pubblicato. Dovete continuare a scrivere. Potrebbe essere il secondo, o il quarto ad essere pubblicato. Se siete veri scrittori, non potete non scrivere. Diventa una tale ossessione che vorreste scrivere piuttosto che mangiare, e quando raggiunge quel punto, allora capite qual è la vostra missione". L'energia che c'è dietro sarà diventata talmente grande che i libri si materializzeranno perché è una legge dell'Universo.

A conti fatti, i miei primi libri pubblicati sono stati il quarto, il quinto e il sesto (la trilogia di Nostradamus), poi sono seguiti gli altri. Oggi so che quel momento buio della mia vita era il mio periodo di prova. Mi è stata data la possibilità di fare retromarcia se avessi voluto, di avere una vita normale, se fosse stato ciò che avevo scelto. Ora so che una volta che prendi un impegno, non puoi tornare indietro, diversamente non troverai mai la felicità. Perciò dico alle persone di non rinunciare al loro sogno. Ho superato il mio periodo di prova, avevo preso il mio impegno e ora i miei libri sono tradotti in almeno venti lingue. Sono diventati esseri viventi con una vita propria. Non sarebbe mai accaduto se avessi rinunciato.

Durante i 40 anni trascorsi dal mio inizio in questo campo, i miei figli e i lettori mi hanno chiesto: "Perché non pubblichi quel primo libro? Sai che c'è interesse, ti chiedono sempre dei tuoi esordi". È successo così tanto da quando ho scritto quel libro, nel 1980, che ho pensato che sarebbe sembrato semplice e ingenuo, specie se paragonato ai progressi fatti da allora. Così il manoscritto è rimasto nel cassetto fino ai primi del 2009. L'ho ritrovato mentre ristrutturavo casa, ripulendo vecchi documenti. Nel tenerlo in mano sembrò parlarmi: "È il momento!". Lo diedi a mia figlia Julia chiedendole di leggerlo e di dirmi cosa ne pensasse: "È troppo vecchio? Antiquato? Troppo semplice e ingenuo?"

La sua risposta dopo averlo letto fu: "No mamma, è un libro-ponte. È una macchina del tempo, un pezzo di storia. La gente ha bisogno di sapere come hai iniziato, che non è stato un viaggio facile". Così eccola, l'introduzione del processo che mi ha lanciato in questa insolita carriera.

Si, è semplice e ingenuo perché è così che io e mio marito eravamo quando abbiamo scoperto la regressione alle vite passate. Ci siamo letteralmente inciampati sopra, mentre lui stava effettuando una ipnosi di routine nel 1968. Non riesco a raccontare la storia senza ricordare lo stupore e la meraviglia provate in quel momento. Stavamo scoprendo e ascoltando concetti a noi totalmente ignoti. C'era scarsa letteratura popolare sulla reincarnazione all'epoca, e poco o niente sulla regressione ipnotica a vite passate. "Metafisica" era una parola ignota e il termine "New Age" non era ancora stato coniato. L'idea di conversare con persone dopo la loro morte e prima della loro nascita, erano concetti sorprendenti. Non eravamo preparati, quindi la storia viene raccontata nella maniera semplice e candida in cui è venuta fuori. Questa è la storia del mio inizio, sebbene si concentri più su mio marito che su di me. Spesso è questo il modo in cui capitano le cose, attraverso occasioni, coincidenze e incontri che cambiano per sempre le nostre vite e il nostro modo di pensare. A volte mi domando quale strada avrei scelto per questa fase della mia vita, se non fosse stato per la nostra avventura nella reincarnazione, nel 1968. Ha aperto una porta che non si può più chiudere, ed io sono grata per questo. La cosa incredibile è che nelle mie successive ricerche durante gli anni, nessuna delle intuizioni presentate in questo libro è stata mai contraddetta. All'epoca erano sorprendenti e inconsuete ma negli anni a venire si sono soltanto rinforzate, grazie alle conferme dei numerosi casi (a migliaia) che ribadivano le medesime informazioni con parole diverse.

Benvenuti al nostro ingresso nel mondo dell'ignoto.

iv

Capitolo 1

Allestiamo la Scena

Questo libro racconta la storia di un esperimento di ipnosi sul fenomeno della reincarnazione avvenuto nel 1968 e condotto da un gruppo di persone comuni. È stata un'avventura che avrebbe avuto per sempre un profondo effetto sulle loro vite e sul loro modo di pensare. Ho creduto che sarebbe stato un gran bene condividere con gli altri le nostre scoperte. Altri che, come noi all'epoca, brancolavano alla ricerca di risposte che avessero un senso in quel mondo caotico che, in superficie, sembra non avere risposte vere. Ciò che abbiamo trovato ha aiutato alcune persone e ne ha spaventate altre. Ciò che abbiamo trovato ha cambiato per sempre il nostro atteggiamento sulla vita e la morte. Non possiamo più temere la morte poiché essa non rappresenta più il terribile ignoto.

Ho detto che è stata un'avventura che ha coinvolto persone ordinarie. Ma cos'è esattamente ordinario? Ogni creatura viene creata da Dio e messa in questo confuso, ingarbugliato pianeta e ha alcune caratteristiche uniche che la differenziano dalle altre. Certamente c'era molto di Johnny Cannon che non era ordinario.

Se la nostra storia deve avere la credibilità che merita, dovete sapere qualcosa sulle persone coinvolte e su come il tutto venne fuori. Ma come condensare la vita di una persona in pochi paragrafi? Devo provarci.

Johnny Cannon nacque nel 1931 a Kansas City, Missouri, ed entrò diciassettenne in Marina. Già a quell'età, aveva una speciale qualità

1

di calore e simpatia per gli altri, che ispirava fiducia e affetto in quasi tutti quelli che incontrava. Il suo colorito scuro, retaggio del sangue indiano Americano dei suoi antenati, contrastava in maniera impressionante con i suoi occhi incredibilmente blu. Nessun ritratto di Johnny Cannon sarebbe completo senza la sua immancabile tazza di caffè in una mano e la pipa nell'altra.

Io e Johnny ci siamo sposati nel 1951 mentre lui era di stanza a St. Louis, Missouri. Durante i suoi 21 anni in Marina, abbiamo visto gran parte del mondo. Andavo con lui il più possibile, e lungo il percorso abbiamo avuto 4 bambini. Come controllore di volo, il suo lavoro era monitorare il radar e parlare ai piloti degli aerei che atterravano e decollavano, nei campi di volo o sulle portaerei.

Quando nel 1960 ha iniziato a interessarsi all'ipnotismo, eravamo di stanza a Sangley Point, nelle Filippine. In quei giorni precedenti al nostro coinvolgimento nella guerra del Vietnam - e prima che il Presidente Marcos prendesse il potere sul Paese - era un posto meraviglioso e felice; quello che la Marina indica come una 'buona base di servizio'. Avevamo molto tempo libero, gite sporadiche in molti posti indimenticabili e una casa piena di domestici. È stata una vacanza di due anni. A posteriori, quelli furono alcuni tra i giorni più felici della nostra vita.

Era di stanza lì un altro uomo che era ipnotista professionista, essendosi formato presso il New York Institute of Hypnology. Con tutto quel tempo libero, aveva deciso di dare lezioni di ipnotismo e Johnny pensò che sarebbe stato divertente frequentare il corso. Diventò invece un lungo, coinvolgente processo di circa sei mesi. Molti altri studenti persero interesse e abbandonarono. L'istruttore era concentrato non solo sulla tecnica ma anche su tutte le sfaccettature dell'ipnosi e dell'inconscio. Così, completato il corso uno sarebbe stato consapevole dei pericoli che potevano derivarne e di come evitare le insidie. Il primo pensiero era proteggere il soggetto e non cercare di utilizzare il metodo per divertimento. Johnny completò il corso e divenne un vero adepto dell'ipnosi, sebbene non abbia avuto occasioni di utilizzarla per parecchi anni. Altre cose si misero di mezzo, come la Guerra del Vietnam.

Eravamo tornati negli Stati Uniti ed eravamo impegnati nel tentativo di prenderci cura dei quattro piccoli senza l'aiuto dei domestici ai quali eravamo abituati. Poi nel 1963, Johnny ricevette all'improvviso l'ordine di presentarsi sulla USS Midway, una portaerei che si trovava al porto di San Francisco e si preparava a partire per il Pacifico. L'ordine arrivò così fulmineo che avemmo solo due giorni per sbarazzarci della casa, impacchettare tutto e partire. Non mi ero ancora del tutto ripresa dal parto, il mese prima, di una bambina nata morta, e questo fu un doppio shock. Quando Johnny arrivò a San Francisco, la nave aveva già lasciato il molo e dovette raggiungerla in aereo. Era diretta in Vietnam.

Così ebbero inizio tre anni di solitudine e attesa interminabile, mentre cercavo di tirare su quattro figli con entrate limitate e senza un padre. È una storia molto familiare a chi è stato in servizio. La portaerei fu la prima ad arrivare in Vietnam quando la guerra prese piede e la prima a bombardare. Ricevette anche un encomio per aver abbattuto il primo jet MIG della guerra.

Dopo ciò che era sembrata un'eternità, Johnny era di nuovo a casa, presso una base di addestramento di jet a Beeville, Texas. In quel caldo e arido luogo, tentammo di recuperare gli anni persi e i loro effetti sui bimbi. È qui che l'avventura ebbe inizio nel 1968.

Curiosamente, iniziò col grande allarme sigarette. Si tentavano molti metodi per 'perdere il vizio', e uno rivelatosi molto efficace era l'ipnosi. Non ci volle molto perché si scoprisse che Johnny sapeva ipnotizzare, e cominciò ad essere molto richiesto. Molti volevano smettere di fumare, dimagrire, ingrassare, perdere vizi, imparare a rilassarsi. Abbiamo incontrato tutti i casi per i quali l'ipnotismo viene usato di norma. C'era un uomo che aveva avuto la chiamata al fronte ed era così agitato da non poter dormire. Johnny cercava di aiutarli tutti. Alcuni si offrivano di pagarlo per il suo tempo ma ha sempre rifiutato. Ero presente a tutte le sessioni, era affascinante vederlo lavorare. Le cose andarono bene per diversi mesi, poi incontrammo Anita Martin (nome di fantasia).

Anita era moglie di un soldato della Marina, sui 30 anni, con tre bambini. L'avevamo conosciuta in società ed entrambe eravamo attive

3

nel Club delle Mogli Militari, ma non eravamo mai state amiche intime. Anita era di discendenza tedesca, bionda e bella, un tipo socievole e di fede cattolica. Andava dal medico della base per farsi curare problemi renali e ipertensione, entrambi aggravati dal sovrappeso. Non riusciva a dimagrire e il dottore aveva difficoltà a farle scendere la pressione. Tutto questo, unito a diversi problemi personali, l'aveva trasformata in una mangiatrice compulsiva. Ci chiese se pensavamo che l'ipnosi potesse aiutarla a rilassarsi, ad alleviare la tensione e a impedirle di mangiare così tanto.

Di solito Johnny non trattava nulla di carattere medico perché sapeva di non essere qualificato, ma il dottore ci conosceva e, quando Anita si consultò con lui su cosa intendesse fare, convenne sul fatto che l'ipnosi non avrebbe potuto nuocerle e anzi poteva persino aiutarla. Lui avrebbe monitorato i risultati.

Quando andammo la prima volta da Anita, Johnny fu sorpreso che fosse entrata in trance così rapidamente. Fece diverse prove ma si rivelò una di quelle rare persone che sanno entrare immediatamente in una profonda trance. Più tardi ci disse che aveva sempre pensato di non avere problemi ad essere ipnotizzata, quindi non aveva riserve mentali. Questo soggetto è definito sonnambulo.

Johnny ci lavorò per diverse settimane, dandole suggerimenti su come rilassarsi. Le suggerì - se tentata di mangiare troppo - di creare un'immagine mentale della ragazza alla quale avrebbe voluto somigliare: questo le avrebbe impedito di aprire il frigo. Tutto sembrava funzionare, perché il medico registrò per la prima volta un calo della pressione e i reni miglioravano. Anche il peso calava in maniera significativa. Alla fine, mentre Johnny lavorava con lei, il suo stato di salute raggiunse un livello molto vicino alla normalità.

Nei suoi tentativi di verificare la validità della trance, Johnny spesso la riportava all'infanzia. Restavamo sempre impressionati dalla pienezza della sua regressione. Era molto articolata, parlava in continuazione, elaborava dettagli richiedendo quasi nessuno stimolo. Diversamente da molti soggetti che sotto ipnosi richiedono molte domande per far emergere reazioni, sembrava letteralmente diventare la bambina che era stata, sia nel parlare che nei modi.

Un giorno ci disse di aver sentito di presunte regressioni a vite passate, e si chiedeva se ci fosse qualcosa sulla reincarnazione. Anche noi ne avevamo sentito parlare, sebbene negli anni Sessanta non ci fossero tante notizie come oggi. L'idea era ancora nuova e sorprendente. Gli unici libri letti all'epoca su questi temi erano Search For Bridey Murphy di Morey Bernstein e The Enigma of Reincarnation di Brad Steiger. The Search for the Girl With the Blue Eyes di Jess Stearn uscì quando avevamo già terminato il nostro es-perimento. I tanti altri libri sull'argomento non comparvero fino agli anni Settanta, pertanto nel '68 era estremamente difficile trovare qualsiasi cosa su libro da utilizzare come linea guida.

Le dicemmo che trovavamo l'argomento molto intrigante, ma che fino ad allora non avevamo trovato nessuno disposto a provare un tale esperimento. Lei era curiosa di vedere eventualmente cosa sarebbe accaduto, ma avremmo brancolato tutti nel buio. Sarebbe stato un primo tentativo per tutti noi. Johnny non aveva istruzioni su come procedere o aspettative su quali risultati attendersi. Ci stavamo muovendo nell'ignoto più totale.

Avevamo un ottimo registratore a nastro, un ingombrante affare che andava a bobine da 8 pollici. Era considerato portatile, ma era difficile da trasportare, pertanto questa fase del lavoro venne condotta tutta a casa nostra.

Quando il giorno arrivò, eravamo tutti eccitati e pieni di aspettative. Johnny disse che sarebbe stato importante non suggestionarla, quindi sarebbe stato molto attento a cosa dire. Non avevamo idea di cosa aspettarci.

Fu così che ebbe inizio, come curiosità, una cosa irripetibile da sperimentare e di cui parlare in seguito. Non immaginavamo il vaso di Pandora che avremmo aperto. Il registratore era pronto, Anita si sistemò sulla poltrona reclinabile e presto entrò in una profonda trance, come aveva già fatto tante volte. Johnny la riportò lentamente indietro agli anni della sua infanzia. Quasi troppo piano, di proposito, come per paura di fare il salto oltre il noto.

Come prima cosa, l'abbiamo vista come una bambina di dieci anni, che parlava di una nuova permanente molto crespa che sua madre le aveva fatto a casa, e di una nuova parola: "apostrofo", che aveva imparato quel giorno a scuola.

Successivamente era una bambina sei anni, aveva scartato prima del tempo alcuni dei regali sotto l'albero di Natale, e ora si preoccupava di come incartarli di nuovo. Quindi, una bambina di due anni che giocava nella vasca da bagno. Poi un bebè di un mese.

Disse: "Vedo un bebè in una culla bianca. Sono io?"

Prendendo un profondo respiro, Johnny disse: "Adesso conto fino a cinque, e quando arrivo a cinque, tu andrai indietro a prima della tua nascita: uno, due, tre, quattro, cinque. Cosa vedi?"

"È tutto nero!"

"Sai dove ti trovi?", chiese lui. Anita disse che non lo sapeva.

Lui continuò: "Conto fino a dieci, viaggeremo ancora più indietro... cosa vedi ora?"

"Sono in un'automobile", rispose lei.

Cosa? Questa fu una grossa delusione. Avevamo pensato che se lei fosse tornata indietro ad una vita precedente, sarebbe stato sicuramente di molto antecedente all'epoca delle automobili. Ma un'auto? Sembrava troppo moderno. Di certo avevamo fallito!

"È una grande automobile nera e scintillante" esclamò lei. "Una Packard, e l'ho appena comprata".

"L'hai comprata? In che città ci troviamo?"

"Siamo in Illinois. Siamo a Chicago".

"Vedo. E che anno è questo?"

Anita si rigirò nella poltrona e diventò letteralmente qualcun altro. "Non sai che anno è?" Disse ridendo, "Beh, sciocco, è il 1922!"

Alla fine ci eravamo riusciti! Sapevamo che in questa vita lei era nata nel 1936. Quindi, a quanto pare era stata portata in regressione ad un'altra vita, anche se piuttosto recente. Io e Johnny ci fissavamo interdetti l'un l'altra. Fece una smorfia mentre cercava frettolosamente di pensare a cosa fare dopo. Ora che la porta era aperta, come avrebbe dovuto procedere? Nei mesi successivi ci dovemmo inventare la nostra tecnica e il procedimento personale, mentre tracciavamo un sentiero in un territorio inesplorato.

Capitolo 2

Si Alza il Sipario

Non cercherò di darvi spiegazioni su quanto segue, chi siamo noi per sapere? Non offrirò teorie sulla reincarnazione. I molti libri in commercio sanno farlo molto meglio. Ciò che vi presenterò nei prossimi capitoli è un fenomeno, e racconterò il suo effetto su tutte le persone coinvolte.

Abbiamo iniziato da scettici ma ora ci crediamo. Grazie al nostro esperimento crediamo che la morte non sia la fine ma solo l'inizio. Le nostre scoperte implicano fortemente che continuiamo a sperimentare molte esistenze attraverso il tempo e lo spazio, immortali per sempre. Ci crediamo perché quest'avventura è capitata a noi. Non possiamo aspettarci che altri reagiscano allo stesso modo ma molti tra coloro che hanno ascoltato le registrazioni dicono che esse hanno provocato in loro qualcosa nel profondo. Che ciò che hanno ascoltato era meraviglioso e maestoso. Molti di questi non temono più la vita, la morte o l'aldilà. Se riesce ad avere questo effetto anche solo per pochi, allora vale la pena raccontarlo.

Tra la primavera e l'autunno del 1968, abbiamo tenuto regolari sessioni durante le quali Anita ha rivissuto un certo numero di evidenti reincarnazioni. Ho provato a scrivere molte lettere e a svolgere un gran numero di altre ricerche per verificare alcune delle sue dichiarazioni ma sebbene la sua ultima vita si sia conclusa nel 1927, un periodo abbastanza recente, è stato un compito difficile se non impossibile. A volte ero entusiasta dei risultati, ma troppo spesso ero frustrata. Laddove ho potuto verificare qualcosa, l'ho inserito nel racconto.

Forse qualcuno ne sa più di noi e saprebbe fornire più prove di quanto io possa mai sperare ma, come disse Johnny: "Ci sono persone che danno naturalmente per assunto che tutto ciò sia una truffa perché non ci conoscono. Per questi, nessuna prova sarà mai sufficiente, e per quelli che ci credono, non è necessaria alcuna prova. Noi sappiamo, perché eravamo lì".

Durante le sessioni ci sono state molte verifiche e controlli incrociati - come testimoniano le domande di Johnny - per vedere se Anita tornasse negli stessi luoghi e si riferisse ogni volta alle stesse persone. Ci sono stati anche tentativi di confonderla: nessuno ha mai avuto successo. Sapeva sempre chi era e dove si trovava. Poi sono emersi frammenti in molti nastri. Alcuni, come le tessere di un puzzle, spiegavano cose che avevamo già registrato. Quindi, per chiarezza e facilità nel seguire le storie, ho raggruppato le informazioni sulle varie vite e a ciascuna ho dedicato un capitolo a sé. È bene ricordare che non si sono verificati in questo ordine ma che comunque hanno perfettamente senso quando messi insieme. Non ho aggiunto altro che i commenti. Si dovrebbero ascoltare le registrazioni, i diversi dialetti e cambi di voce per percepire davvero le emozioni ma cercherò di interpretarle al meglio in forma scritta.

Dunque alziamo il sipario sulla nostra avventura.

Come ho spiegato nel Capitolo 1, la prima personalità che abbiamo incontrato in questo viaggio a ritroso nel tempo è stata una donna vissuta a Chicago negli anni Venti. Il tono della sua voce e i modi indicavano un tipo di persona totalmente diversa da quella seduta in profonda trance di fronte a noi. Quanto segue fa parte di quella prima sessione, in modo che il lettore possa incontrare quel piacevole personaggio così come l'abbiamo fatto noi. Altre parti della prima sessione saranno integrate nei capitoli successivi, avendo messo la sua esuberante vita in ordine cronologico.

Le lettere "J" e "A" stanno per Johnny e Anita e ogni tanto, per rendere la lettura più scorrevole, ometto il conteggio e altre osservazioni di routine fatte durante la regressione.

A: Sto in una grande auto nera e lucente. L'ho appena comprata Una Packard!

J: *È bello possedere una grande macchina nera.*

A: (La sua voce diventa sexy) Ho un sacco di cose belle.

J: *Che anno è questo?*

A: (Ride) Non sai che anno è? Beh, sciocco, è il 1922. Tutti lo sanno.

J: *Beh, perdo facilmente la cognizione del tempo. Quanti anni hai?*

A: Non lo dico proprio a tutti.

J: *Si, lo so ma a me puoi dirlo.*

A: Beh, ne ho quasi 50... ma sembro molto più giovane.

J: *Sicuramente lo sembri. In che città ci troviamo?*

A: Chicago

J: *E come ti chiami?*

A: Tutti mi chiamano June ma è solo un soprannome perché lui non voleva che tutti sapessero come mi chiamo.

J: *Chi non voleva che tutti lo sapessero?*

A: Il mio ragazzo. Non credo voglia che sua moglie lo sappia.

Questa osservazione fu un po' sorprendente, molto lontana dal carattere di Anita. Che tipo di persona avevamo qui?

J: *Qual è il tuo vero nome?*

A: Carolyn Lambert.

J: *E hai appena comprato questa nuova automobile.*

A: Beh, veramente me l'ha comprata lui e mi sta insegnando come si guida, ma in questo momento ho un autista.

J: *Devi avere un sacco di soldi tu.*

A: Il mio ragazzo ha un sacco di soldi. Mi da tutto ciò che voglio.

J: *Sembra un bravo fidanzato. Come si chiama?*

A: Non lo dirai?

J: *No, non lo dirò a nessuno.*

A: Beh, si chiama Al, e ha un nome italiano che mi è difficile pronunciare, ma io lo chiamo Belloccio. Così ride e mi da più soldi.

J: *Dove vive Al?*

A: Ha una grande casa di mattoni e vive con sua moglie e 3 figli.

J: *Sei mai stata sposata?*

A: Una volta, quando ero così giovane. Non sapevo quello che stavo facendo. Avevo circa 16 anni, credo.

J: Sei cresciuta lì a Chicago?

A: No, in una fattoria non lontana da Springfield.

J: Quando sei andata a Chicago?

A: Quando ho conosciuto Al.

J: Hai divorziato da tuo marito?

A: No, l'ho solo lasciato. È un idiota.

J: Che tipo di lavoro faceva?

A: (Disgustata) Coltivatore.

J: Avevate bambini?

A: No, non mi piacciono i bambini. Ti tengono vincolata.

Anita è di origini tedesche e ha capelli biondissimi e carnagione chiara. La domanda successiva di Johnny è stata: "Di che colore sono i tuoi capelli?"

A: Castani. Ora ho un po' di grigio ma non lo lascio vedere. Ad Al piace che io sembri giovane.

J: Quanti anni ha Al?

A: Non vuole dirlo ma credo sia più grande di me. Quando andiamo in giro, la gente gli dice che io sono bellissima e a lui questo piace.

J: Ah? In che tipo di posti andate?

A: Andiamo in ogni tipo di posti, posti in cui non si dovrebbe nemmeno andare.

J: Siete stati a qualche grande festa ultimamente?

A: Siamo andati a questa grande festa in casa del Sindaco.

J: Del Sindaco?

A: È quello che mi hanno detto. Ha una grande casa in campagna. C'erano tutti, un sacco di gente. Al conosce tutti.

J: (Ricordando chiaramente che ciò sarebbe accaduto durante il Proibizionismo) Cosa avete bevuto alla festa?

A: Non mi hanno detto cosa fosse ma, accidenti, aveva un sapore terribile. È stata la cosa più strana che io abbia assaggiato.

J: Pensi che fosse quello che chiamano 'Gin da Bagno'? (evidentemente si riferiva al Gin distillato in casa).

A: (Grossa risata) Beh, Al ha detto che qualcuno ci doveva aver fatto la pipì dentro, dev'essere così! (Ride).

J: Sì. Bisogna portar giù un bel po' di roba fuori dal Canada.

A: Davvero? Al lo sa.

J: In che tipo di affari è Al? Ha qualcosa in ballo?

11

A: Credo di si. Non me lo dice, perché dice che se so qualcosa, potrebbero farmelo raccontare. Perciò non mi dice molto perché non vuole che mi succeda qualcosa.

J: *Bene, adesso conto fino a cinque e mentre conto, tu andrai indietro a quando eri a Springfield. Sedici anni, è il giorno in cui ti sei sposata. Che giornata è?*

Il cambio fu immediato.

A: Inverno. Fa proprio freddo. Riesco a stento a riscaldarmi. C'è un gran fuoco. Accidenti, quel vento ulula. Non riesci a riscaldarti.

La sua voce era cambiata dalla donna sexy a quella di una ragazza di campagna più giovane.

J: *Dove ti trovi?*
A: In soggiorno.
J: *A che ora ti devi sposare?*
A: Subito dopo pranzo.
J: *E quanto dobbiamo aspettare ora?*
A: Stiamo aspettando il predicatore. Penso stia arrivando dalla città. Credo che il cavallo sia lento, sta invecchiando.
J: *E l'uomo che stai per sposare, come si chiama?*
A: Carl. Carl Steiner.
J: *Quindi tu sarai Mrs. Carol Steiner?*
A: (Con disgusto) Non per molto, spero.
J: *(Ovviamente sorpreso) Ah, non volevi essere... Perché ti stai sposando?*
A: Papà dice che dovevo. Non posso essere una vecchia zitella. Dice che era un buon partito. Carl è ricco, ha tanta terra.
J: *Proprio intorno a Springfield?*
A: Si, non molto fuori.
J: *Andavi alle superiori?*
A: No, non andavo a scuola.
J: *Per niente?*
A: Beh, ho frequentato uno o due anni ma papà ha detto che le donne non devono imparare niente. Tutto ciò che devono fare è mettere al mondo bambini e cucinare.
J: *E che anno è questo in cui ti stai sposando?*

A: Ah, siamo nel 1909, 1907. Comunque non fa differenza. Non resterò sposata più a lungo del necessario!

J: *Hai lavorato in città?*

A: No, lavoro nella dannata fattoria. (Disgustata) Lavoro, lavoro, lavoro, cucinare, fattoria, aiutare a badare ai bambini.

J: *Hai molti fratelli e sorelle?*

A: Accidenti, molti. Sette fratelli e quattro sorelle.

J: *Con tutti quei fratelli, dovrebbero fare gli agricoltori.*

A: Beh, alcuni sono piccoli. Non sono ancora grandi. Cercano di dare una mano. Penso che siano dei buoni a nulla.

J: *Fammi capire, il tuo cognome è Lambert, di che nazionalità sei?*

A: Beh, credo inglese.

J: *E come si chiama tuo padre?*

A: Il nome di Pà? Edward

J: *E il nome di tua madre?*

A: Mary.

J: *Hanno sempre vissuto là fuori nella fattoria?*

A: Beh, io sono nata qui ma credo siano venuti da qualche altro posto, molto tempo fa. Io sono nata in questa casa.

J: *Quante stanze ci sono nella tua casa?*

A: Tre

J: *Non è affollata, con così tanti di voi?*

A: Ah, abbiamo un attico e un soppalco. Accidenti, quel vento ulula! Spero che quell'uomo non si presenti.

J: *Il predicatore o Carl?*

A: Nessuno dei due.

J: *Carl non è ancora qui?*

A: Oh, credo che stia parlando con papà fuori, nel fienile. (Tristemente) Lui gli sta dando dei soldi per me. Lo so.

J: *Intendi che ti sta comprando?*

A: Penso di si. Una cosa è certa, se non fosse per papà, io di sicuro non lo sposerei.

J: *È un uomo molto rigido tuo padre?*

A: Beh, è meglio che tu faccia quello che dice.

J: *Dov'è tua madre? È pronta?*

A: Si, è pronta. Continua a dirmi: "Non piangere, tutti devono sposarsi, questo è ciò che dovresti fare".

J: Ah, è contenta di vedere che ti sposi?

A: Non credo sia contenta. Non credo sia nulla.

13

A questo punto Anita venne fatta avanzare al periodo in cui Carol aveva 22 anni, e le fu chiesto cosa stesse facendo.

A: Mi sto preparando a scappare dalla dannata vecchia fattoria.

J: *Carl ha ancora tutto il suo denaro?*

A: Deve averlo. A me non ha mai dato nulla.

J: *No? Lo tiene sepolto da qualche parte dietro al fienile?*

A: (Non credeva fosse divertente) Se sapessi dov'è, lo prenderei!

J: *Vediamo, sei stata sposata per sei anni adesso?*

A: All'incirca. Presto saranno sei, quest'autunno, quest'inverno.

J: *Avete bambini?*

A: (Disgustata) Non permetto a quell'uomo di toccarmi.

J: *Cosa avete fatto fino ad ora, soltanto coltivare?*

A: Io devo fare parte del lavoro. Abbiamo dei braccianti, ma non fanno tutto. Io devo cucinare per loro.

J: *Dove pensi di andare quando scapperai?*

A: (Orgogliosa) Sto andando in una grande città. Sto andando a Chicago.

J: *Ci stai andando da sola?*

A: No, con Al.

J: *Dove hai conosciuto Al?*

A: In un negozio a Springfield. Un emporio.

J: *Mentre eri lì a fare compere?*

A: A guardare, più che altro.

J: *Cosa faceva Al?*

A: (Ridacchiando) Mi guardava. Poi è venuto dritto verso di me, mi ha detto che ero carina e mi ha chiesto come mi chiamo.

J: *Sembra che tu gli piaccia davvero. Ti porterà lui a Chicago?*

A: Sì. Vado a un ballo.

Quando più tardi si risvegliò, Anita disse di aver avuto l'impressione di aver visto questa scena. Erano come le tracce del sogno di una persona quando si sta svegliando, quando si possono ancora ricordare i frammenti prima che si affievoliscano. Raccontò che aveva i capelli lunghi neri e stava a piedi nudi. Vide quest'uomo che stava lì, scuro e bello, un pò basso, che indossava un gessato con le ghette. Era il tipo di uomo sicuro di fare impressione su questa semplice ragazza di campagna. A quanto pare l'attrazione era reciproca.

J: Tra quanto pensi di scappare?
A: Andrò via stasera, quando farà scuro.
J: Al verrà a prenderti fuori alla fattoria?
A: Si, ci incontreremo al cancello.
J: Ha un'automobile?
A: Si. Non molti hanno ancora l'auto. Ecco come ho saputo che aveva i soldi. Veste in maniera costosa. Sarà qui molto presto. È incredibilmente buio.
J: Mi chiedo cosa stia facendo Carl.
A: Sta dormendo nella sua stanza.
J: Sarà sorpreso di non trovarti al suo risveglio, vero?
A: (Piccola risata) Dannato vecchio idiota.
J: Hai tutti i vestiti pronti?
A: (Sarcasticamente) Si, entrambi i vestiti. Ah ah!
J: È tutto ciò che ti ha comprato, due vestiti?
A: (Con rabbia) Non li ha comprati lui. Li ho fatti io.
J: Ah, sai cucire bene?
A: Non molto, ma è meglio che andare in giro nuda. Quell'uomo non spende nulla. (Lunga pausa) Non sto più nella pelle!
J: Beh, molto presto sarai a Chicago a divertirti.
A: Si. (Pausa. Un pò tristemente) So che lui è sposato. Non m'importa. Mi ha detto che era sposato, non può sposarmi, perché è già sposato.
J: Da quanto tempo lo conosci?
A: L'ho conosciuto soltanto l'altro giorno. Ci siamo appena conosciuti, e tutto ciò che volevamo era scappar via. (Pausa, poi diventa così emozionata che quasi cade dalla poltrona). Eccolo, è lui! (Agita il braccio in aria all'impazzata) Sono qui! Sono qui!
J: Ha i fari accesi?
A: Si, le lanterne.
J: Sai che tipo di auto ha il tuo Al?
A: (Orgogliosa) È una Stanley Steamer. Non avrebbe avuto altro che il meglio.
J: Probabilmente ha pagato molti soldi per quell'auto.
A: Lui ce li ha, e li spende.

15

All'epoca nessuno di noi aveva la più pallida idea di cosa fosse una Stanley Steamer. Dopo qualche ricerca, le foto mostrano che effettivamente la vecchia auto aveva le lanterne e i fari. Poiché erano alimentati a vapore, erano silenziosi e sarebbe stato facile guidare fino alla fattoria senza fare troppo rumore.

J: *Bene, stai andando ora?*
A: Sì, c'è un bel po' di strada da fare. So che dobbiamo andare a nord. Ci fermeremo un paio di notti. Ha delle faccende di lavoro da sbrigare lungo la strada. Deve vedere delle persone.
J: *Dove?*
A: Non lo so, sto aspettando in una pensione. Una città molto piccola, Upton o Updike, qualcosa del genere, un posto molto piccolo. Uno strano posto dove fare affari. Trascorreremo la notte qui. Mi ha detto di aspettarlo e di tenere la bocca chiusa. Di non dire niente a nessuno.
J: *Poi proseguirete per Chicago domani?*
A: Appena riusciamo ad arrivarci. Al ha detto che mi insegnerà un sacco di cose, a parlare bene, a camminare bene. Avrò anche un corsetto!
J: *(Sorpreso) Un corsetto? Hai bisogno di un corsetto?*

16

A: Non credevo, sono molto magra, ma tutte le belle signore indossano corsetti sotto i vestiti. Avrò tutto quel che voglio.

J: *Pensi che Al si prenderà tanta cura di te?*

A: Sono la sua ragazza. Non avrò mai bisogno di nulla.

A questo punto, dopo una pausa, sembrò saltare avanti nel tempo senza che le venisse chiesto. Dopo un po' di confusione, siamo stati in grado di stabilire dove fosse.

A: Non devo cucinare. Non devo fare niente. Ho negri in giro per tutta la casa. Viviamo in una grande casa. Non può stare sempre con me, ma è quasi sempre qui.

J: *Ah, quanto è grande la casa che hai?*

A: Diciotto stanze.

J: *Qual è il tuo indirizzo?*

A: È su una strada, poco fuori città. Molto riservata, quindi nessuno vede chi va e chi viene. Questa è l'unica cosa che non mi piace. Mi piaceva quando vivevamo in città. Allora potevo andare in centro ogni volta che volevo. Ma Al dice che è meglio non dare troppo nell'occhio.

J: *Dove vivevi in città?*

A: Quando vivevamo in hotel, al Gibson House. Era proprio in centro.

In seguito ho fatto qualche ricerca, ho scoperto che nel 1917 lo stradario di Chicago dava l'Hotel Gibson al 665 di West 63rd Street.

A: Ma ora andiamo alle feste private, non possiamo andare sempre in centro.

J: *Feste private in case diverse?*

A: E anche io ne faccio di assai divertenti qui, accidenti!

J: *Che anno è ora?*

A: Penso sia il 1925.

J: *E avete comprato questa casa…*

A: (Interrompe) Non l'abbiamo comprata. L'ha costruita per me!

J: *Ah, si? Mentre tu vivevi in hotel?*

A: Per questo stavo in hotel, mentre lui ha costruito la casa.

J: *L'hai vista mentre veniva costruita?*

A: Andavo sempre a dare un'occhiata. Mi ha detto che nulla era troppo bello per me. Abbiamo anche messo i bagni in marmo, anche dentro accidenti! È la più bella di Lake Road.

J: *Riesci a vedere il lago dalla tua casa?*

A: Si, dalla terrazza. Spesso mangiamo lì fuori. È tutta chiusa in veranda. Possiamo mangiarci anche d'inverno.

J: *La terrazza affaccia sul lago?*

A: È un po' lontano, ma si vede chiaramente.

J: *Quanti anni hai adesso, Carol?*

A: Non mi piace dire alla gente quanti anni ho. Sto cercando disperatamente di restare giovane. Non voglio che Al mi scarichi per un'altra.

J: *Non credo che Al voglia scaricarti. Si sta dando da fare in giro?*

A: Lui non lo dice, ma io penso di si. Non viene più tante sere come faceva prima. È ancora carino con me, mi dà un sacco di cose. Abiti bellissimi. Posso andare in qualsiasi negozio e comprare qualsiasi cosa io voglia. Ormai mi conoscono.

J: *E lui paga?*

A: Credo che lo faccia. Devo solo dir loro cosa voglio. A volte li chiamo e dico cosa portare. Faccio le mie scelte, e quello che non voglio se lo riprendono. Questo è vivere. Questo è vivere! Non era così nella fattoria, te lo dico io.

J: *No, credo di no. Carl è mai venuto a cercarti?*

A: Non credo. Comunque io e Al credevamo che fosse troppo scemo. Era vecchio. Voleva soltanto che io lavorassi per lui e voleva guardarmi, voleva solo toccarmi e guardarmi. Era orribilmente vecchio... 60, 65 anni, vecchio pelato.

J: *Quindi ora potrebbe anche essere morto.*

A: Ah, probabilmente si.

J: *Pensi che qualcuno dei tuoi sia mai andato in città?*

A: Ah ah! Per loro andare a fare shopping era una grande giornata. Ecco! Se potessero vedermi non ci crederebbero. La mia povera madre ha lavorato fino alla morte ma, accidenti, io di sicuro non l'ho fatto. Mi prendo cura di me, io.

Il resto di questa sessione sarà incluso in vari punti nei capitoli successivi. Dopo che fu svegliata, Anita fu molto sorpresa della storia che ci aveva raccontato. Abbiamo parlato dei dettagli in cucina davanti ad una tazza di caffè, mentre ci guardava perplessa. Fu la prima volta che scoprimmo che il tipo di soggetto sonnambulo va in trance così profondamente da non ricordare nulla al risveglio. Per loro è come fare un pisolino. Non era consapevole di diventare letteralmente un'altra personalità. Avevamo paura che potesse imbarazzarsi o anche sentirsi offesa perché June/Carol era così estranea alla propria indole. Tuttavia lei ci assicurò di non sentirsi così e che riusciva a comprendere le ragioni che hanno indotto Carol a comportarsi così. Carol era stata una ragazza confusa e infelice che viveva in una fattoria. Non c'è da stupirsi che alla prima occasione fosse scappata con Al. Anita era dispiaciuta per lei e non la giudicava.

Qualcos'altro però la infastidiva: l'epoca. Non aveva assolutamente alcun interesse negli anni Venti e ne sapeva molto poco. Ciò che la infastidiva era la violenza di quel periodo in cui le gang dilagavano a Chicago. Anita aveva una terribile avversione per la violenza in qualsiasi forma. Questa paura inspiegabile l'aveva perseguitata per tutta la vita, eppure sembrava non avere alcun fondamento. A causa di questo irragionevole disagio, alla TV preferiva guardare solo le sitcom. Nel 1968 la famosa serie "Gli Intoccabili" veniva ancora trasmessa sugli schermi domestici. Trattava dell'epoca alla quale lei era stata portata in regressione ma quello era esattamente il tipo di programma che non avrebbe guardato. Diceva che se qualsiasi membro della sua famiglia avesse guardato questi programmi, lei avrebbe trovato qualcos'altro da fare in cucina. Che la sua avversione alla violenza sia stata provocata da qualcosa in una vita precedente? Non era stata esposta ad alcuna violenza eccessiva in questa vita ed era una persona molto tranquilla e modesta. Questa possibilità porterebbe ad indagare nelle sessioni future, ora che avevamo valicato il passato.

Inoltre Anita non era mai stata a Chicago. Era nata e cresciuta nel Missouri.

Quando quella sera Anita fu a casa, tirò fuori tutti i libri che aveva, anche quelli che aveva messo via. Cercava qualcosa che avrebbe potuto leggere e scatenare in lei una fantasia su quell'epoca. Non riuscì a trovare nulla. Disse che se avessimo fatto ricerche su quell'epoca non avrebbe voluto saperne. Non voleva mettersi niente in mente che potesse influenzare le sessioni successive. Sebbene fosse confusa, era anche curiosa e desiderava continuare.

Capitolo 3

La Registrazione del Confronto

Alla successiva sessione, Johnny voleva vedere se Anita sarebbe davvero tornata alla stessa personalità che avevamo incontrato la settimana prima. Se fosse tornata, avrebbe fatto domande su quell'epoca cercando di confonderla, per valutare la coerenza delle sue risposte. Inoltre, nella prima registrazione gli anni non coincidevano. Carol non avrebbe potuto avere 16 anni nel 1907 se ne aveva quasi 50 nel 1922. Quindi in questa sessione cercheremo di chiarire l'elemento temporale. Col tempo ho dovuto imparare che questo è un problema comune quando si tratta di regressioni. Spesso i soggetti sono confusi sul tempo così come lo conosciamo noi, soprattutto se sono alla loro prima regressione. Altri autori hanno suggerito che forse abbiamo a che fare con una parte del cervello che non riconosce il tempo.

Abbiamo pensato che sarebbe stato interessante trovare anche qualche informazione da poter verificare e documentare. Dopotutto, la vita di June/Carol risaliva a soli 40 anni prima. Esistevano sicuramente documenti su un periodo così recente. Ma ci attendevano alcune sorprese.

Anita si mise sulla poltrona, pronta per la seconda registrazione e noi non vedevamo l'ora di capire se June/Carol si sarebbe manifestata nuovamente.

Anita fu portata nuovamente in regressione attraverso la sua vita attuale, poi le fu detto di andare al 1926.

J: *Cosa vedi ora?*
A: Sono nel mio cortile.
J: *E dove vivi?*
A: Vivo in questa casa dai mattoni rossi. Ha del bianco sopra, persiane, e una terrazza. Ed è tutto rosso e bianco.
J: *Che città è questa?*
A: Chicago.
J: *E come ti chiami?*
A: Solo una o due persone conoscono il mio vero nome. Tutti mi chiamano June.
J: *June? Carino.*
A: Carino come un giorno d'estate. giugno è in estate. È stato allora che abbiamo scelto quel nome, a giugno. Era una bella giornata, io sono una bella ragazza, così abbiamo scelto June.
J: *Qual è il tuo cognome?*
A: Non ho più un cognome. Soltanto June.

Sembrava che fosse tornata la stessa personalità.

J: *Dimmi il tuo vero nome.*
A: Carol Steiner
J: *E vivi qui in questa casa di mattoni rossi con finestre bianche. Qual è l'indirizzo?*
A: Non ha un numero, è su Lake Road. È bellissima. Ci sono degli alberi e si vede il lago dalla terrazza.
J: *Per quanto tempo hai vissuto a Chicago?*
A: Sono venuta qui - ah - vediamo, ne è passato di tempo. Sono stata qui all'incirca 15 anni credo, 16. Forse 16 quest'autunno.
J: *È molto tempo. Ti sei trasferita a Chicago da qualche altro posto?*
A: Sono arrivata dalla fattoria.
J: *Dov'era la fattoria, a Chicago? (Cerca di confonderla).*
A: Oh no, Chicago è una grande città.
J: *Ah si? Dov'era la fattoria?*
A: Vicino Springfield.
J: *Nell'Illinois?*
A: Si.
J: *Beh, pensavo: c'è una Springfield anche nel Missouri. Mi sembra di averla sentita da qualche parte.*

A: (Ride) Mai sentito parlarne. Mai sentito parlarne in vita mia.

J: *Hai mai sentito parlare del Missouri?*

A: Beh, qualcuno mi ha detto che era proprio accanto all'Illinois ma non l'ho mai visto.

In realtà, nella sua attuale vita, Anita è cresciuta nello Stato del Missouri.

J: *Cosa fai tutto il tempo, lavori?*

A: Oh no! Ho questa casa e mi diverto molto. Ho dei fiori di cui mi prendo cura.

J: *Fai molte feste in casa tua?*

A: Ah si, faccio molte feste. Vado in giro, mi tengo impegnata, se mi ci metto.

J: *Chi viene alle tue feste?*

A: Gli amici di Al, i suoi amici di affari.

J: *Chi è Al?*

A: Al vive qui con me.

J: *È Al Steiner? (Le sta facendo un altro trabocchetto).*

A: (Ridendo) No, il suo cognome non è Steiner.

J: *Qual è il suo cognome?*

A: È un cognome italiano. Non dovrei dirlo a nessuno.

J: *Il cognome di Al non è Capone, giusto?*

Johnny stava pensando al famoso gangster di Chicago degli anni Venti. June si mise subito sulla difensiva.

A: Non bisogna mai chiamarlo col suo cognome. Mi ha detto di non preoccuparmi di nulla, di tenere la bocca chiusa, di non far domande e fare ciò che mi dice e io sarò a posto.

J: *Oh, d'accordo. Puoi dirmelo.*

A: Beh, (esitando) non lo dirai?

J: *No, non lo dirò.*

A: È Gagiliano (fonetico).

J: *Gugiliano. Sto dicendo bene?*

A: GA: Gagiliano. È un nome buffo, vero? All'inizio riuscivo a malapena a pronunciarlo. Mi disse: "Devi essere una guappa" ma (risatina) io non lo sono.

J: *È un uomo di bell'aspetto Al?*

A: Si, è molto bello.

J: Quanti anni ha?

A: Non me lo dice mai. Se glielo chiedo, ride e dice che è grande abbastanza.

J: E tu quanti anni hai?

A: Beh, penso di avere all'incirca l'età di Al. (Si sta agitando). Non sono molto grande, non credo ma sembro più vecchia e - sembra come - (la sua voce è sofferente)... Devo dirtelo?

J: Beh, se ti disturba non devi dirmelo.

A: Di certo non voglio che Al lo sappia.

J: Oh beh, non lo dirò ad Al. Resta tra me e te.

A: Beh, sono molto vicina ai 40. Non voglio diventare più vecchia, ma credo che dovrò. (Sembra una bugia ovvia, ma per ovvie ragioni) Mento su questa cosa. Non gli dico mai quando è il mio compleanno.

J: Li facciamo fermare all'incirca a 29?

A: Si, credo che avrò per sempre 27 anni.

J: Vediamo, preferiresti che ti chiamassi June o Carol?

A: Meglio June. Al si arrabbierebbe se ti sentisse chiamarmi Carol.

J: Ok June.

Cercò di cambiare argomento e trovare qualcosa da poter verificare.

J: Vai al cinema?

A: No, non devo uscire molto durante il giorno.

J: Che ne dici di sera? Vai a teatro o magari a vedere uno spettacolo?

A: Andiamo a vedere degli spettacoli, i Varietà. Mi piacciono di più. Il mese scorso sono andata a vedere Al Jolson.

J: Che teatro era?

A: Il Palace.

Questo l'ho verificato. Il Palace Theater era ed è al 159 di W. Randolph Street a Chicago.

J: Costa molto entrare ad uno spettacolo come quello?

A: Non so. Chiedo ad Al se posso andare, e se può mi porta. A volte è molto occupato, ma di solito ottengo ciò che voglio.

J: Esistono dei cinematografi a Chicago?

A: Ho sentito che ce ne sono due o tre ora. Ci sono andata una volta. Le persone si muovono a scatti, non sembrano normali nel film. (Ride) Non si muovono in modo fluido come le persone.

J: *Nel film parlano?*

A: Ah, questa è una novità degli ultimi anni, adesso parlano. Prima c'erano le parole scritte sopra, ma ora parlano.

J: *Sei stata a vedere uno di questi film?*

A: Si, sono andata. Era una novità e volevo vedere come fosse.

J: *Vediamo... hai un fonografo nella tua camera?*

A: Certo, ho tutti i dischi.

J: *Qual è il tuo preferito?*

A: Mi piacciono quelli che parlano.

J: *Quelli che parlano? Di cosa parlano?*

A: Sai, quello sui ragazzi negri che parlano sul disco, e dicono, "Quanto costa il burro?" E quello glielo dice, e lui risponde: Oh Signore, non ci arrivo. Mandami solo del grasso per i motori". (Questa l'ha pronunciata con un accento da persona di colore)

J: *(Grossa risata) Hey, suona come in un Varietà.*

A: Si, ecco dove stanno. E Jolson ne ha registrati alcuni. Questo ce l'ho.

J: *Ti piace Al Jolson?*

A: Si, finché lui... Non mi piace proprio quella roba nera sulla sua faccia. Non so perché un bianco voglia apparire così. Quando se lo toglie, è molto carino.

J: *Hai una radio?*

A: Si, ne ho una. Ascolto la musica.

J: *Quale emittente ti piace di più?*

A: Non conosco il nome dell'emittente. Metto su 65 e viene fuori tutto. (Qui, Anita alza la mano e fa il movimento di girare una grande manopola). Ce ne sono diverse ma tu giri un pochino. Sei Cinque è la migliore.

Ho controllato anche questo. La radio di Chicago WMAQ, fondata nel 1922, sulla scala parlante era posizionata sui 67 MHz.

J: *Trasmettono sempre musica?*

A: Per la maggior parte del tempo.

J: *Che tipo di musica ti piace di più?*

A: Mi piace fare il Charleston. È nuovo ed è molto divertente.

J: *Che cos'è?*

A: È un ballo grazioso. Musica svelta, allegra. Io ballo molto. Quando inizio a ballare, stanno tutti indietro a guardare. Sicuro, sono molto brava!

J: *Quali balli sai fare?*

A: Ah, so fare il Charleston, e... l'Hoochy Cooch, dove vai fin giù. È molto più divertente di cose come il Foxtrot. Il Valzer è così lento. A me piace la musica veloce.

J: *Hai mai sentito parlare di un ballo che si chiama Black Bottom?*

A: Si, è quello che ti ho detto prima. Lo chiamo fare la Hoochy-Cooch dance. Vai giù fino al pavimento e ondeggi tutto verso il basso e poi tutto verso l'alto.

Non sapevo se fosse giusto o no, ma la descrizione era di sicuro attinente al nome Black Bottom.

J: *Come fa il Charleston? Puoi canticchiarmela un po'?*

A: (Canticchia la melodia tradizionale con la quale normalmente si balla il Charleston)... e puoi ballare con Charley Boy, Charley My Boy. È un bel ballo da fare. Stai in un punto e metti un piede davanti e l'altro dietro... un piede davanti e l'altro dietro. Puoi fare tutte le cose che ti vengono. Lo sto imparando ora ma lo faccio bene. L'imparerò meglio.

J: *Non credo di averlo mai visto.*

A: Mai visto? Non esci mai tu?

J: *Si, certo, ogni tanto.*

A: E non l'hanno mai fatto ad una festa a cui sei andato?

J: *No, beh, l'hai detto tu che era nuovo.*

A: Beh, tutti ne hanno sentito parlare! È l'ultima novità! (Spazientita) Sei proprio sicuro che non l'hai mai sentito?

J: *Forse l'ho sentito e magari non sapevo cosa fosse.*

A: Uomo! Tu non stai vivendo!

J: *(Grossa risata. E'evidente che la sta solo prendendo in giro). Quindi ti piace ballare. Canti anche?*

A: No, Al mi prende in giro. Dice che non parlo neanche bene (ride), che a volte dico cose che non sono corrette. Dovrei parlare bene. Ma io rido soltanto. Non è un accento italiano comunque. (Ride) Gliela faccio pagare, nessuno ha la meglio su di me.

J: *Che tipo di vestiti indossi quando balli il Charleston?*

A: Potrei parlarti del mio preferito. È color oro e ha file e file di frange e quando ballo si scuotono e luccicano tutte. È così bello. E calzo scarpette dorate.

J: *Quanto è lungo il vestito?*

A: Beh, non molto, te lo posso assicurare! Non mi piacciono più quelli lunghi. Se hai delle belle gambe dovresti mostrarle. Lo indosso in modo che si possa vedere il fard sulle ginocchia.

J: *Cos'è questa cosa? Il fard sulle ginocchia?*

A: Sicuro! Tutte lo fanno. È proprio questo il bello!

J: *Ti trucchi il viso?*

A: Sicuro, a volte. Metto un po' di fard perché non voglio sembrare troppo pallida.

J: *Di che colore hai i capelli?*

A: Che dire, sono castana.

J: *È il colore naturale o...*

A: (Indignata) Sono sempre stata castana!

J: *Beh, lo sai, alcune mettono qualcosa nei capelli e cambiano il loro colore.*

A: Io non cambio colore. Io... copro giusto un po' qua e là. Un po' di grigio non sembra carino. Copro quello. Questo è tutto! I capelli sono sempre stati scuri.

J: *Da qualche parte ho letto che se ogni tanto mangi un uovo crudo, ti fa i capelli proprio belli. Mai sentito questa cosa?*

A: Puah! Metti le uova nello shampoo.

J: *Ah, È questo che dovresti fare?*

A: Rompi l'uovo e mettilo nello shampoo.

J: *E ti fa i capelli belli?*

A: Luccicano. Soffici e splendenti.

J: *Come li porti i capelli?*

A: Beh, sono tagliati molto corti, e li pettino con la frangetta - Puoi vederli - e sono un po' arricciati vicino alle orecchie. Li tengo molto corti. Quando li ho tagliati non piacevano molto ad Al. Li avevo così, tutte avevano i capelli lunghi e quando hanno iniziato a tagliarli, accidenti, sono stata una delle prime. Caspita è forte!

J: *Hai gioielli?*

A: Ho un sacco di gioielli ma il mio preferito è un anello di smeraldo. È grosso. Ce l'ho proprio ora, vedi? (Anita alza la mano sinistra).

J: *No, non l'ho neanche notato, devo essere mezzo cieco.*

A: Beh, arriva fino alle nocche, non potevi non vederlo!

J: *(Con freddo umorismo) Hai ragione. Semplicemente non lo stavo guardando. Non sei preoccupata di perderlo?*

A: No, è stretto. Vedi? (Fa dei movimenti con la mano come per mostrare un anello [a noi invisibile] e lo sposta con le altre dita) Lo metto sempre. Se indosso un abito rosso e Al dice che non ci sta bene, mi metto a ridere. Gli dico che è mio e lo metto. Ma proprio in questo momento sono qui a tagliare i miei fiori, le rose. Le metterò sul pianoforte.

J: *Che tipo di pianoforte hai?*

A: Uno bianco. Mi piace tutto ciò che è bianco.

J: *Sai suonare il pianoforte?*

A: Si, so suonarlo. Una volta eravamo in un club e ho chiesto se potevo suonare un po'. Si sono messi tutti a ridere. Sapevano che non ci sarei riuscita, ma io ho scelto un motivetto molto bello. Ho suonato una canzone su… oh, è una vecchia canzone sulla luna e le rose. È stato quando siamo stati lì la prima volta. È piaciuta così tanto a Al che mi ha comprato un pianoforte e mi ha detto di esercitarmi. Non volevo uno di quelli che tu avvii e suonano da soli. Non mi piacciono. Non sono molto divertenti. Voglio imparare da sola.

J: *Ottimo. Raccontami della tua casa.*

A: È una grande casa con 18 stanze. Adoro questa casa. Non mi porteranno mai via da qui. Non mi piace andar via neanche per una notte. Al l'ha costruita per me. A volte abbiamo ospiti che vengono e si fermano da noi per un po'. La mia camera sta al piano di sopra, è la prima che apre sulla terrazza.

J: *Mi descrivi la camera? Non l'ho mai vista.*

A: Ho il raso sulle pareti. Non si chiama raso ma Damasco. Splende come il raso, e ha un motivo come la carta da parati, ma in tessuto. E le tende sono coordinate. Ho un gran letto a baldacchino con grosse, grosse colonne e una coperta di raso.

Il vocabolario definisce il Damasco un tessuto ricco, con un motivo disegnato, in cotone, seta o lana.

J: *Immagino tu l'abbia avuta esattamente come la volevi e non avresti mai voluto cambiare nulla.*

A: Ah, a volte cambio il colore delle pareti oppure sai, ci metto cose nuove. Ogni tanto ad Al piace comprare nuovi mobili. A me per lo più piace così com'è. Non mi piace neanche spostare i miei mobili. Il mio letto lo voglio esattamente dove si trova. Ce l'ho esattamente come lo voglio, come un sogno.

J: *Nella tua stanza hai il bagno?*

A: Esattamente accanto alla mia stanza. È in marmo bianco. Ho anche le maniglie d'argento sul gabinetto. E la vasca anche è in marmo. Faccio bagni di latte e bagnoschiuma caldi e freddi.

J: *Bagni di latte? Intendi che fai il bagno nel latte?*

A: Non è esattamente latte. Lo chiamano bagno di latte. Dà all'acqua un aspetto un po' buffo. Pare faccia bene alla pelle.

J: *(Prova un altro trabocchetto) Da chi avete comprato la casa?*

A: La casa è stata costruita per me. Al aveva assoldato un tizio che l'ha costruita. Doveva venire perfetta. Ci è voluto quasi oltre un anno, per costruirla. Non sono potuta entrare subito.

J: *Che anno era quando hanno finito di costruirla?*

A: Ah, sai, è stato diversi anni fa. Mi sono trasferita in questa casa quando avevamo giusto una stanza ammobiliata. Volevo entrare subito. Non ho potuto avere tutto il resto per un paio di giorni, ma ho detto a Al: "Portami lì. Ci starò così com'è". Lui si fece una risata, disse che non saremmo andati a dormire su quel divano. (Ride) Abbiamo dormito sul pavimento.

J: *Qual è stata la prima stanza ammobiliata?*

A: Beh, ora non la usiamo molto. È quella che sta di fronte alla porta d'ingresso. Appena accanto all'ingresso.

J: *Il salotto?*

A: Si. Ne ho uno più grande dall'altro lato.

J: *Quali sono state le cose che hai avuto per prima?*

A: Ah, alcune poltrone e una cosa che si chiama chaise longue. L'ho vista e mi sono messa a ridere. Ho detto, quello che l'ha costruita era un pazzo. Non sapeva se stava facendo un letto o una poltrona. Adesso Al l'ha messa in una delle camere da letto. Abbiamo appena comprato dei mobili nuovi.

J: *Scommetto che costano un sacco di soldi.*

A: Ce li abbiamo. Abbiamo comprato alcune sedie con delle piccole gambe sottili e la seduta a strisce. Credo debbano essere antiche. E mi sono fatta una risata su questa cosa perché in verità non credo siano antiche, ma tutti devono avere mobili di lusso, così Al voleva che le avessi. Non mi piacciono per niente ma Al le voleva. È tutta una moda avere questo tipo di roba. Gli ho detto di lasciar stare la mia camera da letto. È proprio come la voglio. E lui si è fatto una risata e mi ha detto va bene.

J: Lui vuole cambiare l'altro lato della casa dove entrano le persone?

A: Si, tutte queste poltroncine e divani. Non sembrano molto comodi. Così abbiamo un sacco di stanze. Se conti dove vivono le domestiche e tutto il resto, sono più di 20.

J: Beh, immagino che tu abbia molto a cui badare con 18 stanze. Come la tieni pulita?

A: Ho tutte queste domestiche negre. Alcune si occupano del piano di sopra e del pianoterra, cucinano e fanno tutto il resto. Un sacco di aiuto. Alcune cose le faccio da me ma non molto.

J: Cos'è che fai da sola?

A: Beh, alcune sere preparo la cena per me e Al. Gli piace quando gli faccio le uova con sopra la salsa piccante spagnola. Ho provato a fare gli spaghetti ma non ci riesco proprio. Li fa lui per me. Sua mamma gli ha insegnato a farli. Devi tenere le polpette al momento giusto quando le fai, e farle rosolare, oppure non avrà il giusto sapore. (fa dei movimenti con le mani, come per fare una polpetta).

J: Questo è tutto il segreto?

A: Questo è uno dei segreti. Devono essercene molti perché ci ho provato e non riesco a imparare.

J: Cosa ti piace mangiare?

A: Beh, mi piace il paté di fegato. È molto buono. Penso ci mettano le cipolle, un paio. La cuoca cucina molto bene per me. È qui da quando abbiamo avuto la casa. È anziana, ha cucinato per tanti anni.

J: Hai un posto sul retro dove puoi sederti sulla terrazza e mangiare, vero?

A: Oh si! È carino. Mangio spesso lì fuori. Piace anche ad Al.

J: In che direzione è? Quando sei fuori alla terrazza e guardi fuori, verso che direzione stai guardando? Verso ovest, est o…

A: Beh, è verso l'acqua. Immagino che sia verso est perché… si, è verso est. È assolato durante il mattino, troppo presto. Ho le tende tirate. Non faccio colazione lì fuori. Se il sole è troppo forte non mi piace. Mi rende, sai… ti fa quelle linee sul viso con una luce troppo forte. Ho messo tre set di tende su quella finestra, le ho messe molto sottili, una specie di tessuto intrecciato e sopra ci tengo quelle pesanti. Posso avere quanta luce o quanto scuro voglia.

J: Intendi che hai tre set di tende uno sull'altro? Quindi tagliano via molta luce dalla stanza.

A: Tutta, tranne quella che arriva del lucernario. Fa entrare un sacco di sole nel pomeriggio. Non ci puoi fare nulla con quello. Avevo anche... questa è una cosa che ho cambiato, ho messo qualche vetro colorato lassù. Ho creato un motivo.

J: Proprio come una chiesa eh?

A: Oh no, no! Nulla di simile. Avevo fatto fare dei piccoli fiori e delle foglie lì sopra. E quando il sole splende attraverso il vetro si creano dei piccoli fiori sul pavimento. È carina, è una stanza carina.

J: Vediamo. Immagino faccia freddo da quelle parti. Hai qualche cappotto pesante?

A: Si, ne ho di tutti i tipi. Come lo vuoi? Ne vuoi uno?

J: No, me lo stavo solo chiedendo. Hai una pelliccia di visone?

A: Ho alcune pellicce, un cappotto di castoro, e ho un cappotto di ermellino. Mi piace l'ermellino perché è bianco. Mi fa i capelli più neri che mai. E fa risaltare anche i miei occhi blu.

J: Hai un'automobile?

A: Ho una persona che mi porta dove voglio nell'auto che Al mi ha comprato. È nera, la più luccicante! È una Packard. Molto grande. Sono le migliori.

J: Molto comoda?

A: Non so se sia la più comoda. Non sono mai stata in nessun'altra auto tranne la Steamer ma Al dice che queste costano di più, quindi devono essere le migliori. Così questo è ciò che compra. Mi piace molto.

J: *Il tuo autista la tiene sempre tirata a lucido?*

A: Non ha senso avere una buona auto se non te ne prendi cura.

J: *Ma tu non sai guidare?*

A: Ah, io so guidare se devo, ma preferisco piuttosto sedere dietro e lasciarlo fare. Viene pagato per questo. Così Al sa sempre dove vado. Ci sono dei posti in cui non dovrei andare.

J: *Dove?*

A: Dei posti in centro. Non vado in nessun posto in cui lavora.

J: *Dove lavora Al?*

A: Non me l'ha mai detto con certezza. (Singhiozza) Io credo che stia combinando qualcosa. Perché quando glielo chiedo si arrabbia. Mi dice di prendere i miei soldi facili e stare zitta. Non mi piace quando parla così. Quindi non gliclo chicdo.

J: *Ci sono altri posti in cui non dovresti andare?*

A: Beh, dovrei stare lontana da dove vanno tutte quelle ragazze di società. Posti dove si mangia e cose del genere. Hanno un ristorante laggiù e ci sono dei posti nell'hotel: il Bartlett House. E vanno in posti per le sfilate di moda.

J: *E Al non vuole che tu vada a nessuna di queste cose?*

A: No, perché dice che sappiamo troppo. Potrei sbagliare e dire qualcosa.

J: *Beh, Chicago è un posto grande.*

A: Sta crescendo veloce. Al dice che dopo l'incendio non si è più fermata.

J: *Che incendio?*

A: Beh, molto tempo fa c'è stato un grande incendio qui si è bruciato quasi tutto, interi isolati. E ora, ogni giorno tirano su qualcosa di nuovo.

Si riferiva al grande incendio avvenuto a Chicago nel 1871 che distrusse gran parte della città.

J: Vedi molti edifici nuovi ora in giro?

A: Quando vado al centro si. È quasi un intero isolato di negozi. Stanno aprendo tutti i tipi di negozi lì.

J: Su che strada è?

A: Non ricordo. È giusto accanto a State Street, proprio dietro l'angolo. Non era una grande strada prima ma ora sta diventando molto bella.

J: Andate mai in qualche parco?

A: Ah, facciamo bellissimi picnic sul lago, e ci sono un sacco di parchi. Ad Al non piace uscire più di tanto. Io riesco ad andare a fare un giro in macchina, e a volte posso fare lunghe corse.

J: Dici che puoi guidare quella macchina, ma hai un autista.

A: Posso guidare quando devo farlo. Quando ho avuto la Packard, lui ha detto che avrei dovuto imparare. L'autista mi ha insegnato.

J: La tua macchina è quella con la leva del cambio sul pavimento?

A: Si, e lo odio. Mi dimentico e mi confondo. Faccio qualche danno al cambio e ripararlo costa.

J: Come la metti in moto?

Johnny stava pensando che a quell'epoca alcune auto avevano bisogno di essere avviate a manovella.

A: Lo chiamo e gli dico che voglio la macchina e che voglio guidarla, e la portano all'ingresso. Non ricordo di averla mai avviata. Vive proprio lì vicino al garage, e lui… Io non devo mai avviarla.

J: (Cerca di pensare ad altre domande) Sai cos'è un aeroplano?

A: Ne ho sentito parlare ma non credo di averne mai visto uno. Dicono che ci saranno aerei che faranno cose fantastiche, che si può salire su un aereo e andare dovunque nel mondo. Non riusciranno mai a mettere me in uno di quei cosi! Ho paura di qualsiasi cosa del genere. Non credo sia giusto salire lì sopra.

Era una strana dichiarazione per una persona il cui marito era attualmente di stanza in una base di addestramento per jet.

J: *Bene, June, Adesso conto fino a cinque e sarà l'anno 1910 (la riporta indietro). È il 1910, cosa stai facendo?*

A: È il giorno del trasloco. Sto uscendo da questo dannato hotel.

J: *Quale hotel?*

A: Ho vissuto al Gibson.

J: *In che via si trova?*

A: Si trova sulla strada principale proprio qui in città.

J: *Dove stai traslocando?*

A: Nella casa che abbiamo costruito. Mi sembra una vita che stiamo costruendo quest'affare! Ma oggi possiamo trasferirci.

J: *Hai molta roba lì in hotel da fargli spostare?*

A: No, ma abbiamo scelto i mobili e stiamo per portarli.

J: *Ehi... Cosa stai indossando oggi?*

A: Il mio abito lungo verde. È stato fatto per me, con tutti questi bottoni e grandi maniche. Maniche a taglio di montone.

Credo sia ciò che chiamassero 'maniche a prosciutto'.

J: *Le tue ginocchia sono scoperte?*

Questo era uno scherzo, ma che malizioso senso dell'umorismo.

A: (Scioccata) Oh no! Nossignore!

J: *Che tipo di scarpe porti?*

A: Che dire, hanno i bottoni sopra, naturalmente.

J: *Pensi che arriverà mai il giorno in cui le scarpe non si abbottoneranno?*

A: Beh, non credo. Potrebbero vederti le caviglie! Devi stare persino attenta a salire sul tram, in modo che non ti si vedano le caviglie. Gli uomini cercano sempre guardarti le caviglie!

Di certo ne sono cambiate di cose in 16 anni. I confronti tra i due periodi erano incredibili e spassosi. Johnny si stava divertendo.

J: *Come li porti i capelli?*

A: Molto lunghi ma legati in alto, molto in alto. Non li taglio da molto, per quel che ricordo. È orribile doverli lavare e pettinare. Ci vuole un giorno intero praticamente.

J: *Hai mai pensato di tagliarli proprio corti?*

A: Beh, se tutti gli altri lo facessero, sarei la prima a provare. Ho detto ad Al che dietro li voglio come quelli di un uomo. Li taglierei giusto sopra la schiena ma Al ha commentato che il suo di dietro non era molto carino, e che quindi non dovevo tagliarli così!

J: *(Sorride alla sua battuta). Usi del trucco per il tuo viso?*

A: Un po' di polvere di riso. Ti rende più liscia e carina.

J: *Che ne pensi del fard?*

A: (Di nuovo scioccata) Oh no! Basta che ti pizzichi le guance ogni tanto, e puoi morderti le labbra con forza e rimarranno rosse un po'.

J: *Non fa male?*

A: Beh, si, ma vuoi apparire bella. Io uso della farina di avena sulla pelle, questo aiuta. La metto in una piccola borsetta e mi dò dei colpetti sul viso quando lo lavo. (Fa i movimenti dei colpetti sul suo viso). Ti lascia lì quell'acqua della farina d'avena. Rimane lì e tira via tutte le rughe.

J: *La farina d'avena è cruda o cotta?*

A: (Ridendo) Beh, sciocco, non puoi mettere farina d'avena cotta in una borsa! Sei proprio spassoso! Non ne sai molto di donne, vero?

J: *No, non molto.*

A: Parli come se venissi da Springfield. Non sanno niente laggiù.

J: *È da dove vieni tu, vero?*

A: Proprio da lì vicino. Non sono nata in città. In una fattoria.

J: *Quanto è lontana la fattoria da Springfield?*

A: Con il carro circa un giorno di viaggio. Si va a sud, credo.

J: *Non avevano le automobili come ora, vero?*

A: Ora ne hanno qualcuna, sai. È il 1910! Ma mio papà non avrà mai un'auto perché non ha tutti quei soldi.

J: *Hai un'automobile ora?*

A: Al ne ha una.

J: *E tu non ne hai una per te?*

A: Non una mia. Non ne ho bisogno. Vado con Al quando vuole.

J: *Non vai in giro quando Al non è lì per accompagnarti?*

A: Beh, All'inizio avevo paura, e lui mi prendeva in giro sul fatto che sono una ragazzina di campagna. Mi diceva che ora ho le scarpe, così posso camminare sul cemento.

J: *(Gran risata) Che tipo di macchina ha Al?*

A: Una Stanley Steamer.

Johnny stava ricordando le foto trovate nell'enciclopedia.

J: *Ha un tettuccio?*
A: Viaggiamo col tettuccio abbassato.
J: *Lo togliete?*
A: Non penso che lo tolga. Credo che lo arrotoli da qualche parte. Ti arriva un sacco di aria. (Si accarezza i capelli.) E ti tira i capelli giù.
J: *Che succede quando piove?*
A: Si ha abbastanza buon senso per stare al riparo dalla pioggia, immagino!
J: *(Ride) La macchina fa molto rumore? (Avevamo letto che erano auto silenziose).*
A: No, no.
J: *L'auto di Al quanto è veloce?*
A: Beh, lui è abbastanza spericolato. A volte accelera fino a… 25 all'ora, forse di più. All'inizio gli dicevo che mi faceva uscire gli occhi dalle orbite, ma lui rispose che no, non sarebbe accaduto. Me l'ha dimostrato! Ero terribilmente spaventata all'inizio.

A questo punto, Johnny la condusse ad altre scene che saranno incluse nel prossimo capitolo. Abbiamo lasciato intatta questa parte per mostrare il confronto tra i due periodi. In soli dieci anni c'erano stati così tanti cambi nello stile di vita. Anche se Anita si fosse inventata tutto, sarebbe stato davvero difficile evitare che tutte le differenze si confondessero tra loro. È notevole il fatto che lei le abbia tenute separate, conservando la personalità di ogni epoca. June/Carol è risultata essere una persona molto autentica con un eccezionale senso dell'humor. Non era affatto una sagoma di cartone che recitava un ruolo, o uno zombie che obbediva ciecamente ai comandi.

Capitolo 4

La vita di June/Carol

Avevamo più materiale su June/Carol di qualunque delle altre personalità incontrate. Era la vita passata più recente di Anita, dunque la più vicina alla superficie. Le sessioni andarono avanti per diversi mesi e ogni volta che Anita veniva portata in regressione, il primo personaggio che avremmo incontrato sarebbe stato June o Carol, a meno che non fosse istruita diversamente.

Così ho deciso di disporre in maniera cronologica gli altri frammenti della sua vita, in modo che il lettore possa seguire direttamente la sua storia senza confondersi scorrendo avanti e indietro. Sebbene gli eventi siano emersi attraverso un lungo periodo di tempo, è incredibile quanto bene si incastrino insieme. È anche interessante che nessuna serie di domande la potesse confondere, per quanto noi stessi fossimo spesso confusi. Lei sapeva sempre esattamente chi fosse e dove si trovasse. Non ci sarebbe modo di omettere questi eventi e dare ancora un quadro completo di una persona diventata per noi così autentica che deve aver sicuramente vissuto, respirato e amato. Questo non può essere stato il frutto dell'immaginazione di qualcuno. Abbiamo finito tutti per amarla e non veder l'ora ogni volta di apprezzare il suo senso dell'umorismo e abbiamo accolto con piacere il fatto di parlare con lei. Probabilmente non troveremo mai la prova che sia davvero vissuta, ma ha certamente vissuto per noi durante quei mesi del 1968.

Considerando che Carol fosse nata all'incirca nel 1880, Johnny portò Anita in regressione all'anno 1881 e le chiese dove fosse.

A: Seduta sul pavimento
J: Stai giocando con qualcosa?
A: Con dei rocchetti, per tenermi calma.
J: Stavi facendo chiasso?
A: Tanto chiasso!
J: Quanti anni hai?
A: Non so esattamente.
J: Quanto sei grande?
A: Non abbastanza per avere delle scarpe. So camminare. So dire alcune parole.
J: Che parole sai dire?
A: So urlare "Mamma" e "Papà" e faccio tutti i versi degli animali.
J: Hai molti animali in giro?
A: Beh, è una fattoria
J: Carino. Adesso conto fino a tre e andremo fino al 1885. Uno, due, tre, è il 1885. Che stai facendo?
A: Sono in cortile a giocare col bambino. Cercando di non farlo piangere, un maschietto. Il piccolino sta nella culla.
J: Vai a scuola?
A: Devo andarci l'anno prossimo.
J: Quanti anni hai?
A: Cinque. Ne faccio sei a Giugno… Il primo.

Questo concordava con quanto detto in precedenza. Era stata chiamata June da Al perché il suo compleanno era in giugno e lei era 'bella come un giorno di giugno'.

J: Quanto manca al tuo compleanno?
A: Non saprei. Mia madre me lo dirà.
J: Pensi che avrai una torta di compleanno?
A: Beh, a volte mamma fa una torta. Ogni tanto.
J: Quindi probabilmente ne farà una per il tuo compleanno, vero?
A: Dovrebbe farla?
J: Beh, alcuni mangiano la torta al compleanno ma poi altri mangiano torte in altri giorni.
A: Beh, noi mangiamo la torta alla Domenica. A volte quando possiamo, la facciamo.
J: Bene. Raccontami della tua casa, quanto è grande?
A: Ha tre stanze e la soffitta.

J: *Tu dove dormi?*

A: In soffitta. Mamma ha fatto un materasso di paglia. Fa il letto bello soffice. Ti ci puoi rannicchiare dentro. Quando sarò ricca avrò un materasso di piume. Mamma ha un materasso di piume nel letto. Ha detto che quando cresco posso averne uno.

J: *Sarebbe carino. Ora guardiamo avanti e vediamo come stanno le cose nel 1890. (Anita viene portata in avanti) Che stai facendo?*

A: Sto aiutando mia madre. Stiamo scaldando l'acqua nel cortile per lavare. Stiamo lavando altri pannolini. Sembra che ogni anno abbiamo un bimbo qui!

J: *Che tipo di sapone usate?*

A: Il sapone che fa mia mamma.

J: *Li fa pulisce?*

A: Caspita! Si strofina finché non si puliscono!

J: *Usate un'asse per sfregare?*

A: A volte. Ma a volte basta strofinarli insieme. (Anita fa movimenti di sfregamento con le mani) In questo modo si puliscono. Strofiniamo il sapone sui pannolini!

J: *Sembra sia tanto lavoro.*

A: Si lavora tutto il giorno, si lava tutto il giorno. È una fortuna lavare in un giorno ventoso, così i panni si asciugano.

J: *Dov'è il filo per stendere i panni?*

A: Va dalla casa fino a quel grosso albero laggiù.

J: *Dimmi Carol, quanti anni hai?*

A: Nove. Mamma ha detto quasi dieci ora.

J: *Vai a scuola?*

A: No. Sono andata a scuola per un po' ma mamma aveva bisogno di me. L'aiuto molto in casa.

J: *Quindi sei andata a scuola soltanto per un po'.*

A: Un paio d'anni.

J: *Dove sta la scuola?*

A: Ah, è lontana, lungo la strada.

J: *Quando vai a scuola vai a piedi?*

A: Tutti i giorni. Quando nevica molto non riesco ad andare.

J: *Sai scrivere il tuo nome?*

A: So scriverlo molto bene ora. Mi esercito con un bastoncino nel terreno.

Inaspettatamente, Johnny ebbe l'idea di vedere se Carol fosse stata capace di scrivere il suo nome. Non sapevamo se fosse possibile ma valeva la pena provarci. Eravamo aperti a qualsiasi idea.

J: *Ecco una matita e un pezzo di carta. Mi scrivi il tuo nome?*
A: Non hai una lavagna?

Johnny chiese ad Anita di aprire gli occhi. Fu molto difficile, fissò il foglio con occhi vitrei. Quindi le diede la matita mentre mantenevo fermo il foglio. Abbiamo visto mentre scriveva, goffa e lenta a grandi lettere, "Carolyn Lambert". Sembrava infantile e irregolare.

A: Ho imparato quest'anno ma ho continuato ad esercitarmi perché non sono molto brava. Mamma dice che ciò che impari, nessuno può portartelo via. Gliel'ho mostrato e lei… Lei non sapeva molto. Voleva che le mostrassi come si scrive il suo nome.
J: *Tua madre non è andata a scuola?*
A: Non credo ci sia mai andata.

In altre due occasioni, quando Anita venne fatta avanzare improvvisamente nel 1890 per verificare il suo orientamento, si riallacciò alla stessa situazione e alle stesse condizioni. In una di queste, disse che stava raccogliendo i pomodori: "Ne prendo fino a quando non ho il cesto pieno".

J: *Cosa ne farai di tutti quei pomodori?*
A: Li cucino. Li metto in barattolo. Ci faccio la salsa ai sottaceti (sospira profondamente).
J: *Che c'è?*
A: Fa molto caldo. Spero che piova! C'è polvere qui fuori. Non piove da un bel po'. Fa caldo!
J: *Quanti anni hai, Carol?*
A: Non lo so con certezza. Mamma dice che non fa differenza, ma io vorrei tanto saperlo. Non vado più a scuola.
J: *Per quanto tempo sei andata a scuola?*
A: Circa due anni.
J: *Cosa hai imparato a scuola?*
A: Beh, scrivo a stampatello… e ho imparato i numeri… e le mie lettere. So contare fino a dieci e fino a venti… si toglie l'uno e…

mi confondo dopo il 19. La maestra dice che è facile. Papà ha detto che non ho testa per i numeri. Mi esercito.

Mentre esploravamo questo periodo della vita di Carol, le fu chiesto degli altri membri della famiglia. Sembra che avesse circa sette tra fratelli e sorelle. È interessante che abbia menzionato un fratello, Carl, che era stato chiamato come un amico di suo padre. È senza dubbio lo stesso Carl che sposerà più avanti.

In un'altra sessione, fu portata in regressione al 1900 e le fu chiesto cosa stesse facendo.

A: Sto cucinando pannocchie arrostite e una grande cena per i braccianti. Qui abbiamo un bel po' di braccianti per la trebbiatura. Mangiano molto. Sono affamati.

J: Dove sei?

A: Mi trovo nella fattoria.

J: Quale fattoria?

A: Quella di mio marito.

J: Come si chiama tuo marito?

A: Steiner. Carl Steiner.

J: Dove si trova la tua fattoria?

A: Poco fuori Springfield.

J: Da che parte?

A: Beh, quando andiamo in città al mattino, ho il sole in faccia.

J: È lunga la strada per la città?

A: No, ci arrivo prima di pranzo, solo qualche ora. Un paio.

J: Come viaggi?

A: In calesse.

J: Ti piace?

A: Troppi sballottolamenti.

J: Quanti anni hai oggi?

A: Oggi? (Pausa) Mi avvicino proprio ai 20.

J: Da quanto siete sposati?

A: Da circa... sembra circa 4 anni, cinque? Il tempo passa.

J: Sei felice?

A: No! Chi sarebbe felice qui? Lavoro tutti i giorni, sette giorni su sette.

J: Ma ogni tanto puoi andare in città.

41

A: Ah! Se sono fortunata riesco forse due, tre volte all'anno.

J: *Quante persone avete a lavorare per voi, in questa fattoria?*

A: Circa cinque uomini che lavorano nei campi e a varie cose.

J: *Cosa coltivate lì, nella fattoria?*

A: Solo cose per il bestiame, un sacco di mais. Dobbiamo coltivare il nostro cibo, sai. Fieno e cose per le mucche.

J: *Quante mucche avete?*

A: Oh, circa 40, 50 credo.

J: *Maiali?*

A: No, non credo.

J: *Quante galline avete?*

A: Ah! Devo badare a tutte quelle dannate galline. Spazzare da sola quel pollaio. Metterci la calce viva e il creosoto.

Ricerche successive hanno rivelato che questa era una pratica comune all'epoca. Anita era una ragazza di città ed è molto improbabile che ne sapesse qualcosa di polli e di lavoro agricolo.

J: *Perché non se ne prendono cura i braccianti?*

A: Perché viene considerato un lavoro da donne.

J: *Quanto è grande la fattoria?*

A: Gli ho sentito dire un miglio quadrato. Ha detto che un giorno sarebbe stata mia se avessi mai avuto un figlio.

J: *Ma sei sua moglie! Questo non fa si che la metà sia già tua?*

A: Lui dice che è sua.

J: *Avrete dei figli?*

A: No! Lui sta cercando di comprarmi.

J: *Quanti anni ha tuo marito?*

A: Quasi 60. È anziano.

J: *E tu ne hai 20. È parecchio più grande di te.*

A: Un bel po' più grande. Non è giusto.

J: *Tu non vuoi bambini?*

A: Non voglio neanche che mi si avvicini.

J: *Ah. Lui ha la sua stanza?*

A: Io ho la mia stanza!

J: *E dove dorme Carl?*

A: Dorme anche lui al piano di sopra. Si vergogna perché i braccianti lo sanno. Ridono tutti perché non abbiamo bambini.

J: *Che tipo di vestiti hai?*

A: Non ne ho quasi nessuno.

J: *Non ne hai? Credi che Carl ti porterebbe vestiti dalla città?*

A: Continua a dire che lo farà, se lo lascio entrare in camera mia. Gli ho detto che non volevo i suoi vestiti fino a questo punto. Una volta ho tagliato un lenzuolo e mi sono fatta un vestito.

J: *Che tipo di scarpe hai?*

A: Sono a piedi nudi ora. Ne avevo un paio quando mi sono sposata, ma si sono consumate. Il più delle volte vado scalza.

J: *Cosa fai quando fuori fa freddo?*

A: Beh, gli ho chiesto un paio di scarpe e lui mi ha dato un vecchio paio delle sue.

Durante un'altra sessione Anita fu portata in regressione a questo stesso periodo e tornò immediatamente a quel personaggio, come sempre. La sua prodigiosa abilità di riallacciarsi in maniera consistente ad un dato periodo e luogo non hanno mai smesso di sorprenderci. Questa volta abbiamo ritrovato Carol nell'odiata fattoria. Johnny le chiese cosa stesse facendo.

A: Non sto facendo niente.

J: *Dove ti trovi?*

A: Nella mia stanza. Dovrei pulire i pavimenti, ma non l'ho ancora fatto. Devo sbrigarmi.

J: *Quanti anni hai?*

A: Immagino circa 20.

J: *Dov'è Carl?*

A: Fuori nel campo. È di nuovo il momento di piantare.

J: *Cosa pianterete?*

A: Sempre la solita roba. Mais, grano, le stesse cose. Tra poco avrò il mio orto.

J: *Cosa pianti nel tuo orto?*

A: Roba che mangeremo tutto l'inverno. Devi piantare, se non vuoi sentire la fame. Ci sono le mie patate. Ho avuto un gran raccolto lo scorso anno. Ho piantato un bel po' anche quest'anno, il giorno della semina.

J: *Fai molte conserve?*

A: Certo! Voglio mangiare, non dovrei?

J: *Beh, stavo pensando, un sacco di gente conserva la maggior parte del proprio cibo in cantina.*

43

A: Beh, Non puoi farlo con tutto. Cosa pensi che accada alle pannocchie arrostite se le metti in cantina?

J: *Diventano stantie?*

A: Beh, potrebbero diventare buone solo per i popcorn.

J: *Non compri niente al negozio?*

A: (Ride) Niente che possa fare da sola!

J: *Che mi dici di cose come lo zucchero e la farina?*

A: Faccio la farina quando si macina il grano. Prendo dello zucchero.

J: *Che mi dici del caffè? Tu bevi caffè?*

A: No, non bevo caffè. Compro un po' di tè ogni tanto. Mi piace il tè.

La volta successiva che abbiamo incontrato Carol, nel 1905, viveva ancora nella fattoria.

J: *Che stai facendo?*

A: Ahh! Sono così stanca! È una giornata dura. Non ho riposato.

J: *Cos'hai fatto oggi?*

A: Ho lavorato nel mio orto.

J: *Hai solo piantato?*

A: No, abbiamo piantato da un pezzo. Bisogna togliere le erbacce. Andare lì fuori con la zappa. Questa è l'unica cosa da fare, tirarle via da lì!

J: *Dov'è tuo marito?*

A: Non lo so. Non è ancora in casa. Sono entrata solo per riposare un po' prima di cena.

J: *Da quanto siete sposati?*

A: Oddio! Sembra una vita!

J: *Dimmi del tuo orto. Cosa stai coltivando ora?*

A: Beh, il nostro mais sta messo bene. Sto cercando di prendere la zappa e togliere le erbacce. Cresce più alto così. Sono usciti i primi pomodori. Ho mangiato pomodori verdi fritti.

J: *Ti piacciono?*

A: Si, sono piuttosto buoni. Mi piacciono maturi, meglio. Però odio farci le conserve. Li odio bolliti. Vorrei che ci fosse un modo per far maturare i pomodori d'inverno.

J: *Che altro stai coltivando?*

A: Ah, gombo, zucca, quest'anno ho piantato i cetrioli. Le patate hanno un bell'aspetto. Ci sono anche delle angurie lì fuori, quando saranno mature. Credo di avere quasi tutto ciò che vuoi da mangiare... fagioli, piselli.

J: Sembra che tu non voglia sentire la fame.

A: Non ho intenzione di patire la fame! Se devo lavorare per piantare, far crescere tutta questa roba e fare le conserve, avrò ciò che voglio da mangiare.

J: Questo ha senso.

A: Abbiamo una o due mucche. Pensiamo di portarle dal macellaio. Lui le porta a Springfield, qui vicino, da questa parte di Springfield. Un tizio che macella a casa sua, nel cortile. Lo fa per gli altri, ed è il più economico in giro. A volte ne vendiamo un po' ma di solito macelliamo solo ciò che conserviamo.

J: Come fate a non farla andare a male?

A: Ah, l'appendiamo nell'affumicatoio.

J: Vi è mai andata a male?

A: No, non da quando la metto nell'affumicatoio. Poi ci metto un po' di tutto, la faccio bollire e la metto in barattolo, come faccio per le verdure, e si mantiene abbastanza bene così.

J: Ha lo stesso sapore?

A: No. Sai, diventa più gommosa ma va bene. Puoi metterla in barattolo con le fettuccine e tutto il resto... Ne puoi salare un po'. Non ha proprio un buon sapore ma in questo modo puoi conservarla. A volte, sai, se sei a corto di carne puoi macellare durante l'inverno. Ho sempre immaginato che fosse un buon momento per farlo ma loro non fanno così. È qualcosa che ha a che fare con i vitelli e tutto il resto. Non capisco esattamente. Cucino quello che ho. Mi piace il pollo fritto. Se lo conservo in barattolo è buono, sa come se fosse fresco.

J: Ma a te non piace pulire il pollaio.

A: No, non mi piace.

J: Tu ammazzi una gallina da sola?

A: Le torco il collo.

Il racconto di tutto questo tran tran agricolo può sembrare ripetitivo, ma dimostra che non era qualcosa che qualcuno avrebbe inventato come una vita di fantasia.

In una registrazione successiva, Carol era appena arrivata a Chicago ed era molto eccitata dalla grande città. Aveva detto: "Non ho mai sognato niente come Chicago! Non lascerò mai questa città!". A questo punto, Johnny decise di cercare maggiori informazioni sulla vita nella fattoria.

J: *Bene, adesso conto fino a tre, e tu tornerai indietro all'anno 1905. Stai andando indietro, uno, due...*

A: (interrompe quasi singhiozzando) Non voglio tornare lì!

Johnny non si rese conto del significato di ciò che stava succedendo e continuò a contare.

J: *Stiamo tornando indietro... tre! È l'anno 1905. Che stai facendo?*

A: (Sgarbatamente) Non mi piace tornare qui.

J: *Cos'è che non ti piace?*

A: (Con rabbia) Non mi piace niente qui! Non mi piace niente di questa fattoria! Odio questo posto!

J: *Come ti chiami?*

A: (Scattando) Carol!

J: *Da quanto tempo vivi qui?*

A: Non ho vissuto in nessun altro posto che una fattoria!

J: *Cosa stai facendo in questa fattoria, Carol?*

A: Cretino! Che ti sembra?

J: *Sei sposata?*

A: Diciamo così.

J: *Che sta facendo tuo marito?*

A: Non lo so e non me ne frega!

J: *Avete bambini?*

A: (Gridando) NO!!!

J: *Va bene! Va bene! Adesso conto fino a tre e andremo...*

Johnny non si era reso conto del significato della sua reazione finché non abbiamo riascoltato il nastro. Siamo rimasti profondamente colpiti dalla disperazione con cui lei aveva lottato per essere stata riportata alla fattoria, dopo aver scoperto e amato Chicago. Ovviamente, inconsciamente temeva di non poter più scappare dalla fattoria, cercò di resistere al ritorno ma non ci riuscì e, nella sua frustrazione, seppe solo urlare e protestare.

Fino ad allora, la vita di Carol sembrava essere stata triste e infelice. Prima, l'ingrato lavoro di crescere nella fattoria dei suoi genitori, poi la miseria di vivere con un uomo che disprezzava. Questo la indusse senza dubbio a cercare disperatamente una via d'uscita. Probabilmente, quando Al le apparve all'improvviso offrendole una via di fuga, dovette esserle sembrato un cavaliere in una splendente armatura inviato per salvarla. Sentir parlare della lontana città di Chicago, dove tutto ciò che desiderava si sarebbe potuto avverare, dovette esserle sembrato oltre i suoi sogni più sfrenati.

J: Cosa stai facendo?
A: Sto in hotel.
J: Da quanto sei li?
A: Credo da tre giorni. Sono stata così impegnata.
J: Cosa pensi di questo posto?
A: Mai visto nulla di così grande.
J: La città si estende a perdita d'occhio, vero?
A: Si! Bei negozi, con un sacco di cose. Hanno cose che non pensavo neanche che la gente avesse.
J: In che hotel ti trovi, June?
A: Non lo so. (Pausa) Vuoi che lo scopra?
J: Riesci?
A: Presto Al sarà qui, me lo dirà.
J: Si, scopri il nome di questo posto. Ti piace la tua stanza?
A: Si. Il letto è soffice. La prima volta che l'ho visto, ci sono saltata su e giù. Mai visto uno così raffinato.
J: Molto comodo.
A: (Prolissa) Si. Certamente migliore della paglia.
J: Hai il tuo bagno privato nella stanza?
A: Si! Ci sono appena andata, e ho soltanto tirato quella catena. Appena l'acqua scorre, la tiro di nuovo. Adoro guardarla.
J: L'acqua scorre continuamente eh? Nessun pompaggio.
A: Sì! Non so come ci arriva lassù. Al dice che ci sono i tubi, che non ci si deve preoccupare. Non devo preoccuparmi di nulla ora. Mi ha detto che non devo. Devo prendere quello che c'è e godermelo. Non devo fare domande; non devo preoccuparmi.
J: Come ci sei arrivata?
A: Con la macchina di Al.
J: È stato un lungo viaggio?

47

A: Ci abbiamo messo un po'. Ci siamo fermati in giro per affari.
J: *Avete visto parecchia campagna?*
A: Credo di aver visto abbastanza campagna che mi basta per una vita intera. Non ho mai sognato nulla come Chicago.
J: *Ti piace proprio questo posto, eh?*
A: Non lascerò mai questa città!
J: *Pensi che vivrai qui per il resto della tua vita?*
A: Si!

Una Alice alquanto allegra nel Paese delle Meraviglie. Sappiamo che viveva nell'Hotel Gibson mentre Al stava facendo costruire la grande casa su Lake Road. La ricerca non ha rivelato alcuna via con quel nome sulle mappe attuali. Ora potrebbe chiamarsi in un altro modo. Tuttavia ho scoperto che, intorno al 1900, fuori città avevano iniziato a costruire grosse proprietà per gente facoltosa intorno alla costa settentrionale del lago Michigan, un'area divenuta nota come la Gold Coast. I lavori s'interruppero durante la prima guerra mondiale. Questo coincide con l'epoca in cui lei disse che la casa era in costruzione. Un altro motivo per pensare che questa possa essere l'area giusta è dato dal fatto che ho scoperto un vecchio articolo nei giornali dell'epoca su microfilm. La polizia aveva trovato un forno crematorio che era stato utilizzato per bruciare i corpi di gangster rivali. Era nascosto in una delle proprietà nell'area settentrionale della Gold Coast. Ma anche dopo che Al e June si sono trasferiti in casa, le cose non sono andate sempre lisce, come dimostra il prossimo episodio.

Anita era stata portata in regressione all'anno 1918.

J: *Cosa stai facendo?*
A: Oh, niente di particolare. Sto cercando di leggere questo libro ma è difficile.
J: *Perché?*
A: Beh, Non so leggere molto bene.
J: *Ah, stai cercando di migliorare la tua lettura?*
A: Non voglio che qualcuno dica che non so leggere.
J: *Come s'intitola il libro?*
A: La Bibbia.
J: *Ah, tu vai in chiesa, June?*

A: (Con disgusto) No!

J: Beh, quella è la... Bibbia. La stai leggendo?

A: Beh, ricordo gente che leggeva la Bibbia quando ero piccola. Non voglio chiedere un libro a qualcuno, e questo era qui.

J: Dove ti trovi?

A: Nella mia camera.

J: Sei in un hotel?

A: No, sto in questa casa. C'era una Bibbia qui.

J: Di chi è questa casa?

A: Beh, è una delle case di Al.

J: (Pausa) Cosa stai leggendo nella Bibbia? Prendi un punto e inizi a leggere a caso o parti dall'inizio e la leggi tutta?

A: Beh, quando mi sono seduta qui ho pensato che la prima pagina sarebbe stata più facile dell'ultima. Ma nessuna di queste ha un senso, così salto da un punto all'altro. Questa gente è così strana... Tutte le persone in questo libro. In qualsiasi punto apra, ha personaggi diversi. È un libro strano.

J: È difficile da capire?

A: No, L'ho capita. Capisco tutto, questi maledetti erano pazzi.

J: (Ride) Ah, è così?

Certo ciò sembrava strano, considerando che Anita era stata educata al cattolicesimo e che i suoi figli frequentavano una scuola cattolica. La Bibbia le era senz'altro familiare in questa vita presente. Johnny aveva pensato che l'anno 1918 fu durante la Prima Guerra Mondiale e fece alcune domande per vedere se lei ne sapesse qualcosa. Tuttavia le sue risposte mostravano che la guerra aveva poco o nessun effetto sulla sua vita. Ha menzionato alcune sfilate in centro, ma non le ha collegate col fatto che il Paese fosse in guerra.

J: Vai spesso fuori città?

A: Non molto. Al esce spesso. Andiamo sul lago con quella barca.

J: È la sua barca quella?

A: Oh, ha una grande barca.

J: Ti piace andare in barca?

A: Se non si esce troppo lontano. Mi piace stare dove posso vedere la terra. Non sono un pesce. Non voglio andare là fuori dove non posso vedere la terra.

J: Sai nuotare?

A: No ma so stare a galla.

J: Beh, quelle grandi barche hanno le scialuppe. Se succede qualcosa puoi sempre salire su una di quelle e tornare a riva.

A: Si, lo so. È quello che mi ha detto, ma preferirei vedere la terra prima di uscire. Non voglio andare così lontano. (Pausa) Oh! (Scuote la testa.)

J: Che c'è?

A: Ci sono delle parole che non capisco.

J: Non riesci a dirle, eh?

A: Beh, non fa differenza come le dici. Non so cosa significano.

J: C'è un vocabolario da quelle parti?

A: Un che?

J: Un vocabolario.

A: Non lo so. Che cos'è?

J: È un libro che contiene tutte le parole e dice cosa significano.

A: (Sorpresa) Si? Mai visto uno.

J: Vediamo. Hai mai visto una biblioteca in centro? (Nessuna risposta) Una libreria?

A: Beh, Ho visto una vetrina con nient'altro che libri dentro. Dev'essere stata una libreria.

J: Bene, quel posto probabilmente ha uno di questi cosi che chiamano vocabolario. E all'interno, tutto ciò che c'è sono soltanto pagine e pagine di parole, e ti dicono cosa significano.

A: Wow! Ci andrò!

J: E quando stai leggendo questo libro, e trovi una parola che non sai che vuol dire, devi solo scavare in quest'altro libro, e cercare quella parola e scoprirne il significato. O quello che qualcuno dice che significa.

A: Wow! Credo di aver bisogno di uno di questi vocabolari (Dice: vocabo-lari). Comunque, in ogni caso, in parte non capisco.

J: Leggimi il prossimo paragrafo che tieni aperto ora.

A: (Come se leggesse lentamente e con sofferenza) Egli… mi fa… giacere… in verdi… pascoli. Ora, vedi, che non ha nessun senso. Io non voglio andare fuori nei pascoli. Io non voglio stendermi la fuori. Sai cosa si incontra lì fuori?

J: Gli acari?

A: Spine, cacche di mucca. Io non voglio andare lì fuori. Ci provo ma non ci vedo niente in questo libro. Non so perché lo chiamano il Libro Buono.

J: È così che lo chiamano, il Libro Buono?

A: Crescendo non l'ho sentito chiamare altrimenti per parecchio tempo.

J: Tutti ne hanno uno?

A: Si, perfino noi ne avevamo uno.

J: Ah, quando tu eri bambina? Hai mai provato a leggerlo?

A: No. Mio padre poteva leggerlo. Per trovarci qualcosa che dimostrasse qualsiasi cosa lui volesse. Mi piaceva il verso "Stai zitta".

J: Il verso "Stai zitta?" Che cos'è?

A: Beh, se gli chiedevi qualcosa e non tacevi, apriva quel libro e leggeva: "Onora il padre e la madre". Poi chiudeva di scatto il libro e diceva: "Sai cosa significa? Significa stai zitta!".

J: (Gran risata) Ah, lo diceva spesso, vero?

A: Si, lo diceva praticamente ogni giorno. Sosteneva di leggere molto la Bibbia. Ah!

J: Dove si trova questa casa dove stai, vicino alla città o in centro?

A: Beh, questa casa non è così lontana, ma la polizia continuava a venire in quell'altra casa, e ci siamo trasferiti qui per un po', finché le acque non si sono calmate.

J: Vi secca molto la polizia?

A: Vengono spesso a fare domande, si comportano in modo sfacciato, mi minacciano. Non ho paura di loro.

J: Su cosa ti facevano domande?

A: Continuano a voler sapere tutto su Al. Dove andiamo e chi vediamo, ogni genere di cose. Non posso dire niente a nessuno. Al mi ha detto di tenere la bocca chiusa su tutto, e io lo faccio. Non ho detto niente a nessuno quando me l'hanno chiesto. Sono venuti a casa mia. Volevano sapere del pacco.

J: Che tipo di pacco avevi?

A: (Improvvisamente) Non lo dirai alla polizia, vero?

J: No.

A: L'ho buttato nel lago.

J: Bene. Non lo troveranno lì. Cosa conteneva?

A: Una pistola. L'abbiamo avvolta per bene in una tovaglia e con del nastro, e ci ho messo anche dei mattoni, ho fatto un grande pacco. Poi siamo andati con la barca e l'ho gettato al largo.

J: Su che tipo di barca siete andati?

A: Una di quelle da turismo.

J: Tu sai perché la polizia voleva quella pistola?
A: Non mi hanno nemmeno detto che volevano una pistola. Hanno chiesto se avevo un pacco. Credevano di averlo visto darmi un pacco. E gli ho detto che non sapevo di cosa stessero parlando. Io non parlo. Al mi tratta bene, e io non parlo.
J: Giusto.
A: Non devo cucinare, non devo fare niente.

Al risveglio, mentre ne discutevamo, Anita ci disse che la sequenza della pistola le aveva fatto uno strano effetto. Per anni aveva avuto un sogno ricorrente, sull'uscire in barca e buttare qualcosa in mare. Pensava che fosse un sogno di un qualche evento futuro perché non aveva senso. Ricordò anche di un evento particolare accaduto quando viveva vicino New York. Era andata su un traghetto con un gruppo di altre donne. In quell'occasione si era sentita inquieta per tutto il tempo, ed era rimasta in piedi a fissare l'acqua davanti alla ringhiera. Aveva il forte bisogno di gettare qualcosa in acqua. Inspiegabilmente disse ad una delle altre donne, esasperate per il suo comportamento: "Non ho un pacco, dammi la tua borsa, la butterò in acqua!". Inutile dire che non glielo permisero, ma non riuscì mai a capire il motivo delle sue strane azioni.

Perché una cosa del genere dovrebbe turbare Anita in un'altra vita? Potrebbe essere che, sebbene June fosse circondata da altre persone coinvolte nel crimine, sia stata la prima volta che aveva partecipato in prima persona a qualcosa di illegale? Avrebbe potuto girarsi dall'altro lato e far finta di non vedere, ma ciò la turbava quando era lei stessa ad essere coinvolta. Inoltre sullo sfondo c'era anche la sua latente avversione per la violenza.

La prossima sequenza introduce i "Ruggenti anni Venti".

J: Cosa stai facendo?
A: Cerco di riprendermi.
J: Sei stata male?
A: Oh non proprio. Credo sia qualcosa che ho mangiato o bevuto.
J: Sembra che tu sia stata ad una festa. Cosa hai bevuto?
A: (Si tiene la testa) Non so cos'era ma aveva un pessimo sapore!
J: Dov'era la festa?

A: L'ho data in hotel. (Geme) sono ancora stordita!

J: *Che hotel era?*

A: Gibson. Hanno una grande sala da pranzo, un bel posto per le feste.

J: *Vivi ancora all'Hotel Gibson?*

A: No, ho casa mia.

J: *Dove?*

A: Beh, proprio qui! Ci sono dentro!

J: *Intendevo qual è l'indirizzo?*

A: Lake Road.

J: *Hai un numero civico?*

A: No, è solo Lake Road.

J: *Vuoi dire che se ti mando una cartolina indirizzata a te a Lake Road, ti arriva?*

A: Ehi! Sarebbe bello! Non ho mai ricevuto nulla di simile fino ad ora. Non ricevo mai posta!

J: *Ne hai mai mandata?*

A: No, a chi scriverei?

J: *Ah, conosci un sacco di gente.*

A: Beh, le vedo ogni giorno. Non ricevo mai lettere.

J: *Pensi mai di scrivere ai tuoi?*

A: No! Potrebbero volere che io torni indietro o cose del genere. Non voglio farlo. Piuttosto sto qui. Ho una vita abbastanza buona, non voglio fare pasticci ora.

J: *Quanti anni hai June?*

A: Speravo che non me lo chiedessi! Non mi va di parlarne!

J: *D'accordo, ultimamente Al è stato in giro?*

A: Ieri sera mi ha portata alla festa.

J: *Intendo stamattina. È passato a vedere come ti senti?*

A: Non mi sono ancora alzata da questo letto. Penso sia in camera. Potrei non alzarmi per niente oggi.

J: *Si. Forse è meglio che te la prendi comoda oggi. Hai fatto qualche nuova conoscenza ieri sera alla festa?*

A: Beh, un paio di uomini che erano lì. C'erano dei poliziotti.

J: *Poliziotti? Alla tua festa?*

A: Si. È stato uno dei motivi per i quali abbiamo fatto la festa. Hanno dato un'occhiata a tutti e ora sanno a chi non devono dare fastidio. Non sanno ancora molto. Ma meglio che non mi fermino per nessun motivo. Non mi devono seccare!

J: *Qualcuno te li ha presentati?*

A: No. Ah, Al mi ha indicata a loro. Questo mi imbarazza sempre un po'. Ci ho parlato un po'. Non sono stata mai presentata a loro. Al ha detto che non dovevo parlarci, che non mi si addiceva. Giusto perché sapessero chi fossi e non mi seccassero mai.

I tempi erano certamente cambiati rispetto all'episodio precedente, quando venivano talmente disturbati dalla polizia dal dover uscire di casa per un po', finché le acque non si calmassero. Il Proibizionismo divenne legge nel 1920 e sembrava che all'inizio, la polizia avesse cercato di farlo rispettare. Più tardi, quando le gang presero il controllo della città, le cose cambiarono. Si diceva spesso che Big Bill Thompson, il sindaco di Chicago in quegli anni turbolenti, fosse sul libro paga del gangster. Questo sembra coincidere con quello che June aveva affermato in precedenza, sul fatto di aver partecipato ad una festa in casa del sindaco. Nel 1930, quando iniziò la repressione delle gang, queste connessioni si rivelarono vere. Allora la chiamavano la 'Triplice Alleanza' tra le gang, la polizia, i giudici e i pezzi grossi della politica.

In un'altra occasione in cui abbiamo parlato con June, era tornata da una festa e stava dormendo. Questa volta, non collaborò e non volle parlare con noi. Voleva che la lasciassimo in pace per smaltire la sbornia. Quando si sono verificate, queste strane circostanze hanno dimostrato che non si sa mai dove una persona andrà durante una sessione di regressione. Ciò ha fornito una prova ancor più evidente che stavamo effettivamente parlando con un essere umano vivo, e ha confermato quanto Anita si identificasse del tutto con l'altra personalità. Così Johnny passò ad un altro periodo negli anni '20.

Questo episodio contiene una descrizione di come operava la gang. C'erano anche i primi segnali che si stava ammalando.

A: Non sto facendo niente oggi. (Frivola) No, non credo che farò nulla. Me la voglio prendere con calma.
J: Cos'hai fatto ieri?
A: Ho fatto shopping.
J: Cos'hai comprato?
A: Ho comprato dei cappelli e delle scarpe. Scarpe argentate.
J: Argentate? Hai un vestito adatto per indossarle?

A: Me ne sto facendo fare uno.

J: *Scommetto che quelle scarpe costano un sacco di soldi.*

A: Puoi giurarci, ho pagato nove dollari per queste.

J: *Caspita! Dovrebbero durarti molto.*

A: No, non durano a lungo. Le metto per ballare. Ora resto senza fiato quando ballo troppo tempo. Però mi piace molto ballare.

J: *Cosa pensi di fare domani, June?*

A: Beh, non so. Non è ancora domani. Potrei andare da qualche parte stasera. Se stasera esco, domani riposo. Non so mai se andrò da qualche parte o no. Resto a casa quasi tutte le sere ad aspettare Al. Se viene, andiamo da qualche parte, se vuole. A volte ci limitiamo a trascorrere la notte qui.

J: *È passato da qui di recente?*

A: È venuto ieri sera.

J: *Gli sono piaciute le scarpe e i cappelli che hai comprato? O non glieli hai fatti vedere?*

A: Non gli faccio vedere molto. Li indosso e basta. Una volta gli mostravo tutto quello che compravo, come una ragazzina. Ora gli dico solo se voglio qualcosa, oppure vado a prenderla. Se non gli piace, me lo fa sapere.

J: *Ah ma lui non sa di quelle scarpe da nove dollari.*

A: Ah, non gli importerà. Una volta mi ha comprato un paio di scarpe da 30 dollari. Ha detto che ne fanno di più costose in alcuni posti. Dovrei avere quello che voglio.

J: *Per un paio di scarpe? Mi sa che con trenta dollari ci compri un sacco di paia di scarpe.*

A: Beh, lui si è messo a ridere, ha detto che alcuni poveracci non hanno così tanto con cui mangiare in un mese.

J: *Sì, immagino che alcune di quelle persone lavorino molto per guadagnare 30 dollari.*

A: Non io! Io no!

J: *Sei stata a qualche festa ultimamente?*

A: Beh, ne abbiamo una in arrivo il mese prossimo che sarà la madre di tutte le feste. Credo che avrò bisogno di tanto aiuto.

J: *La farai qui da te?*

A: Sì, non ne faccio più così di frequente, ma credo che sarà divertente farla.

J: *Che tipo di festa sarà?*

A: Beh, potremmo chiamarla la 'Festa del Quattro Luglio', ma non lo sarà esattamente. Avremo i fuochi d'artificio e tutte quelle cose lì. Copriranno molto bene, davvero.

J: *Coprire? Che sta succedendo esattamente?*

A: Uccideranno due persone, giù, vicino al garage.

J: *Te l'ha detto Al?*

A: No, non me l'ha detto, però gliel'ho sentito dire.

J: *Cosa? Due dei suoi amici o...*

A: Beh, mi sembra strano ammazzare i propri amici ma te lo dico, credo che Al ammazzerebbe anche sua madre se volesse. Non puoi giocare su entrambi i lati del campo.

J: *Sono persone con cui lavora e che avrà ospiti alla festa?*

A: Si. Ha detto di lasciarli stare per un po', di fargli pensare di essere al sicuro e di farla franca.

J: *Cosa avrebbero fatto?*

A: Beh, Non ne sono molto sicura. Questione di soldi, e di una ragazza.

J: *Ah, credi che forse gli abbiano rubato dei soldi?*

A: Beh, penso di si. Credo abbiano fatto il doppio gioco. Hanno lasciato che quella ragazza andasse dove non avrebbe dovuto.

J. *Pensi che Al... Al compierà l'assassinio?*

A: Beh... Lo faceva quando era all'inizio. Ha fatto la sua parte credo, ma non deve farlo ora. Non vuole correre rischi.

J: *Ha qualcun altro che lo farà per lui?*

A: Tutto quello che dovrà dire è: "Conosci quel tale e quel tale?". L'altro risponderà: "Si" e lui dirà: "Ho sentito che non staranno con noi a lungo". Gli ho sentito dire così a un tizio e gli ha detto: "Ho sentito che verranno ad una festa il quattro di luglio e ho saputo che ci sarà un incidente". E poi si è messo a ridere e ha detto: "Sii, questi figli di puttana non torneranno a casa".

J: *Che tipo di incidente pensi che avranno?*

A: Beh, Ci devo pensare, potrebbero esserci tutti quei fuochi d'artificio per coprire tutto il rumore. Magari gli sparano.

J: *Dovranno farci qualcosa con quegli uomini dopo averli uccisi.*

A: Ah, non avranno affatto problemi. Ci si può disfare molto facilmente di un corpo.

J: *Cosa faranno?*

A: Ah, li getti in una fossa di calce viva, li copri e la lasci agire per un po'. Non ci vuole molto.

Quella fu una sorpresa. La mia prima ipotesi era che avrebbero gettato i corpi nel lago, dal momento che erano così vicini all'acqua. A quanto pare avevano metodi più accurati.

J: Questa dissolve i corpi?
A: Ah, mi dicono che si mangia tutto.
J: L'hanno già fatto altre volte?
A: Li ho sentiti parlare. Quando il mio cagnolino ha morso Al, disse che l'avrebbe buttato in una di quelle fosse, e che non gli avrebbe dato la grazia di spararlo prima. Poi non l'ha fatto.
J: Che tipo di cane avete?
A: Beh, avremmo dovuto sopprimerlo circa un anno fa, ma era troppo carino. Era solo uno di quei cagnolini minuscoli. L'avevo trovato per strada e l'ho portato a casa. Quel cane ad Al non è mai piaciuto. Abbaiava e gli ringhiava sempre contro. Siamo arrivati al punto che se Al era a casa, dovevo tenerlo fuori in garage o da qualche parte. Un giorno Al è entrato e il cane, che era in camera con me, stava per farlo a pezzi a morsi. È stato lì che ha minacciato di sbarazzarsene.
J: Era un cane piccolo?
A: Immagino fosse quello che si definisce un cane di taglia media, non era né troppo grande né troppo piccolo. Non mi piacciono quei cani che sembrano dei topi.
J: Gli avevi dato un nome?
A: Beh… Aveva un nome, l'ho chiamato Peter. Non so perché, mi sembrava un bel nome. Al mi disse che era semplicemente volgare, ma io non la vedevo allo stesso modo. Era solo un cagnolino. Comunque lo chiamavo così. Mi piaceva quel cane. Sai, quel cane non permetteva a nessuno di toccarmi. Si sedeva e piangeva tutto il tempo che stava in garage.
J: Dici che l'hai trovato per strada?
A: Sì. Stavamo in macchina e lui stava sul ciglio della strada a mugolare. Ho pensato che forse era stato colpito. Volevo fermarmi e portarlo da un medico. Quando l'ho preso, ho visto che aveva solo fame. Sembrava tutto pelle e ossa, gli cadevano i peli. Al diceva che era la cosa più spaventosa che avesse mai visto. Il cane iniziò subito a ringhiargli contro. Gli ho raccontato quello

che diceva mio padre, che un cane riconosce le persone buone dalle cattive.

J: Che ne pensa Al di questa cosa?

A: Che dire, mi disse che se il cane abbaiava ai cattivi, io ero cattiva quanto lui. Scoppiai a ridere. So che non è vero. A volte facciamo storie su questa cosa, ma alla fine ho tenuto quel cane e in men che non si dica è tornato a correre qui intorno, pieno di vita. Il pelo gli è tornato liscio e bello.

J: Ha perso molti peli?

A: Si. Non cadeva a chiazze come quando hanno la rogna ma erano sottili e sembravano secchi e fragili. Lo lavavo in una vasca e gli davo da mangiare uova e latte quasi ogni giorno. Gli macinavo la carne. Al diceva che lo trattavo meglio di lui.

J: Hai detto che dovevi sopprimerlo?

A: Beh, un giorno è uscito qui fuori ed è stato investito, e la zampa del poveretto era rimasta tutta maciullata. Era vecchio, il medico lo guardò e disse che non pensava che sarebbe mai stato lo stesso. Non potevo sopportare di veder soffrire il mio piccolo amico. Io so quanto mi piace andare in giro, e quando non ci riesco sto male, piango. Non potevo fargli questo. A volte vorrei che qualcuno sopprimesse anche me.

J: Perché, June?

A: Ah, certi giorni mi sento davvero bene. Altri invece mi manca il fiato. Comincio a tossire molto forte.

J: Hai mai tossito sangue?

A: Si, a volte. Solo qualche goccio ogni tanto.

J: Cosa dice il medico di questa cosa?

A: Ha detto che dipende dal fatto che tossisco così forte che la gola mi fa male, ma è il petto che mi fa male.

J: È molto tempo che tossisci?

A: Beh, è cominciata un paio di anni fa con un raffreddore, e la tosse sembrava persistere. Sta iniziando a peggiorare sempre più, e odio quando la faccio. Mi fa sentire fiacca.

J: Forse dovresti metterti a letto e riposare per qualche giorno.

A: Beh, non posso stare a letto per giorni. A quanto mi dicono ho le piaghe da decubito per quanto sono stata a letto. Possiamo andare avanti così e presto starò meglio. Riposo ancora un po', tutto qui. La voce a volte si fa profonda.

J: Ah, questo incide anche sulla tua voce?

58

A: A volte mi sembra difficile parlare. Non parlo come tanto tempo fa, quando ero più giovane. (A voce più alta) Voglio dire, non che io sia vecchia!

J: *Oh no! Beh, non sembri avere più di ... 35.*

A: Si? Grazie!

J: *Sei oltre i 35?*

A: Sembro?

J: *No.*

A: Quindi non lo sono! Un uomo è tanto vecchio quanto ci si sente, e una donna è tanto vecchia quanto lo appare!

J: *(Pausa) Cosa farai per prepararti alla festa del 4 luglio?*

A: Ah, sai, arrivano i fuochi d'artificio, e immagino che andrò a comprare qualcosa da bere. Avremo anche dei musicisti.

J: *Un gruppo?*

A: Beh, si, immagino che lo chiameresti così, quattro o cinque persone. Avrò due cuochi in più per cucinare.

J: *Cosa hai in mente di servire?*

A: Avevo pensato di fare dei prosciutti cotti affettati. Ho un sacco di roba che va con i prosciutti.

J: *Buono. Il prosciutto piace quasi a tutti. Mi chiedo quanto piaccia a questi due tizi che non lasceranno la festa.*

A: Al gli ha chiesto cosa volevano mangiare. Pensano di essere ospiti molto speciali. Al gli ha detto che nessuno sarà trattato come loro quella sera.

J: *(Ride) Ma non gli ha detto come saranno trattati, vero?*

A: No, erano gonfi di orgoglio, e si capiva che pensavano di ottenere una promozione. Al ha detto che se si fossero comportati bene, sarebbero potuti salire molto in alto.

Questi doppi sensi erano divertenti, ma la voce di Anita si fece improvvisamente tesa e bassa. Si lamentò, "Ooh, mi fa male il petto" poi la voce diventò rauca.

J: *La tosse peggiora in estate o in inverno?*

A: (La sua voce sembra molto rauca) Beh, immagino sia molto peggio in inverno. Aaah... (sembra stia soffrendo).

J: *Forse ti gioverà un po' sederti fuori al sole.*

A: (Prova a schiarirsi la voce) Beh, credo dicano così…

La sua voce era diventata così rauca che era difficile ascoltare. Poi cominciò a tossire.

J: *Sembra che i dottori abbiano una medicina per questo.*
A: No, Non funziona troppo bene. A volte si, a volte no (sembra debole).

Johnny la portò avanti nel tempo per alleviare il suo disagio. Appena finito di contare, la voce tornò normale.

J: *Adesso conto fino a 3 e andremo avanti al 1930. (Conta) È il 1930, cosa stai facendo adesso?*
A: Non vedo niente.
J: *Tu non? ...Quanti anni hai?*
A: (Distaccata) Non credo di essere qualcosa.

Fino a questo punto, era stata così coerente che l'unica spiegazione cui potessimo giungere era che non fosse più coinvolta nella vita di June/Carol. Questo significava che doveva esser morta prima del 1930, ma quando e come? Questo ha sollevato anche un altro punto interessante: se Anita avesse semplicemente inventato una storia di fantasia per compiacere l'ipnotizzatore - come qualcuno ha suggerito - perché non ha continuato? Perché all'improvviso si è trovata un muro davanti quando Johnny l'ha portata al 1930? Se lei fosse effettivamente morta prima, lui avrebbe dovuto fare marcia indietro e scoprirne le circostanze. Questo però andava fatto con attenzione per non metterle idee in testa. Senza rivelarle le sue intenzioni, contò nuovamente a ritroso fino all'anno 1927.

J: *È il 1927. Cosa stai facendo ora?*
A: Sto guidando la mia auto. (Sembra tornata alla vita di June).
J: *Dove stai andando?*
A: Guido più veloce che posso… Sono furiosa. (Lo sembra).
J: *Perché sei furiosa?*
A: Non ho visto Al. Non viene al telefono. Sono tre giorni. Ha detto che era impegnato in un lavoro.
J: *Magari è dovuto andare fuori città.*
A: (Sarcastica) L'ho capita troppo bene questa storia.
J: *Dove stai guidando?*

A: Su di una strada, subito fuori in campagna.

J: E a quanto stai andando?

A: Ah, abbastanza veloce, quasi a 50 all'ora.

J: Quanti anni hai? È il 1927? Sei sui 50?

A: Abbastanza vicino. Più vicino di quanto io ammetterei. Anche tinta, non puoi coprire le rughe. Ti tingi i capelli ma le rughe si vedono (sembra parecchio depressa).

J: Perché? Stai cominciando ad avere qualche ruga?

A: Si. Non sono più bella. Ero bellissima ma ora non più. Vecchia e raggrinzita. Proprio niente di buono. Non andava più niente. (Sembra molto triste).

J: Beh, ti sei divertita un mondo. Hai vissuto per davvero.

A: Si, ma non ho fatto nulla. Non ho fatto nulla per nessuno. Avrei potuto mandare dei soldi a mia madre. Avrebbe potuto usarli, invece li ho spesi per me.

J: Stai ancora guidando lungo la strada?

A: (Depressa) No. Mi sono fermata al lago. È quasi buio ma non del tutto. È diverso stasera.

J: Qual'è la differenza?

A: (Molto triste) Voglio saltare ma ho paura… Sono vicina all'acqua. La sto guardando.

Sapevamo che lei doveva esser morta in un momento imprecisato, nei tardi anni Venti. Si era suicidata? Johnny sapeva di non poter andare dritto da lei a chiederglielo, per paura di finire per suggerirglielo. Così decise di continuare a farla parlare e lasciarle raccontare la sua storia senza influenze da parte nostra.

J: In che momento dell'anno siamo?

A: Tarda primavera. Vedo i lillà e ci sono cespugli tutt'intorno. (Lunga pausa) Voglio andare a casa, ma lì non c'è nessuno... sono sola... non è bello stare soli. Vedo Al solo qualche volta.

J: Scommetto che se torni a casa e lo chiami, verrà da te.

A: (La voce diventa un bisbiglio) Non penso. È carino con me perché non vuole che parli. Sa che non parlerò. Sa che lo amo.

Sembrava che non avesse intenzione di dire cosa fosse successo. Johnny non voleva forzare la questione, quindi avrebbe dovuto continuare a vedere se poteva scoprire cosa fosse successo. Dalle sedute successive divenne evidente che non si era uccisa quella notte buia vicino al lago, anche se, per averci pensato, doveva essere stata terribilmente depressa.

Nella sequenza successiva, lei fa riferimento ad un viaggio che aveva fatto. In due diverse occasioni a distanza di mesi, ha menzionato lo stesso viaggio, quindi li ho uniti perché contenevano essenzialmente gli stessi fatti. June era evidentemente malata, e sembrava prossima alla fine della sua vita.

Johnny la portò in regressione alla fine degli anni Venti, e aveva appena finito di contare che lei iniziò a tossire in maniera forte e prolungata. Quando lei smise, lui continuò.

J: *Come ti senti June?*
A: (Esitante) Mi sento fiacca. Sto cercando di riprendermi.
J: *Quale ti sembra il problema?*
A: Immagino di aver avuto solo un raffreddore. Non respiro bene. Malata... per una settimana. Più o meno una settimana fa. Non credevo che sarei più tornata qui.
J: *Dov'eri?*
A: Ah, ho fatto un viaggio con Al. Stavamo per andare a New York ma non ce l'abbiamo fatta. Ci siamo fermati a Detroit.

A quanto pare, June si era ammalata durante il viaggio ed è per questo che non ce l'avevano fatta.

J: *Detroit? Caspita, è molto lontana da qui.*
A: Giuro. Non si avvicina neanche a Chicago. Non mi piace quella città! Questa mi piace di più.
J: *Non è nemmeno così grande, vero?*
A: Non so. Sembra abbastanza grande, ma non ha la classe che ha Chicago. Non mi piace mai lasciare questo posto. Siamo andati lì... per affari in un certo senso, ma ho comprato un sacco di cose e mi sono divertita.
J: *Chi è venuto con te?*
A: Ah, Sono andata con questa ragazza e suo marito, e Al. Doveva essere un viaggio di affari, e siamo andati con loro, così che non sembrassero solo uomini che viaggiano da soli. E abbiamo preso

la… penso che fosse la cugina o la nipote di quella ragazza… una bambina con noi. Al ha detto che sembravamo una grande famiglia felice.

Ho scoperto che durante questo periodo c'era una gang nota come la "Gang Viola" a Detroit. Era forse questa la ragione per cui non volevano essere scoperti durante il loro viaggio 'di affari'?

J: È un bel viaggio fino a Detroit, vero?
A: Siamo andati in macchina. È un lungo… Ci vuole un bel po', si. Se fai troppo in un solo giorno ti stanchi.
J: L'altra donna è una tua vecchia amica, o l'hai conosciuta prima del viaggio?
A: Beh, la conosco. Sono venuti a casa. Lei non è esattamente un'amica. Stanno parecchio da noi per affari e cose del genere.
J: Hai molti amici da queste parti?
A: Beh, ad Al non va che io sia troppo amica con alcune persone. Vedo gente. Lui porta molte persone qui. Non divento mai troppo intima con nessuno.
J: Intendi che sono per lo più amici di affari di Al?
A: Si, e le loro fidanzate. Bisogna stare attenti a ciò che si dice, anche con loro.

Iniziò a tossire di nuovo con forza.

A: Non riesco a superare questo raffreddore. Penso che i miei polmoni siano un po' deboli. A volte mi è difficile respirare.
J: Beh, Penso che il sole ti aiuterà un bel po', probabilmente. È come prendere le medicine.
A: Credo sia meglio. Le medicine a volte ti danno sonnolenza. Meglio il riposo naturale.
J: Il medico è venuto a visitarti?
A: Ah, ne sono venuti due o tre da quando mi sono ammalata.
J: Cos'è che non va secondo loro?
A: Non sempre me lo dicono. Mi fanno delle iniezioni e mi danno una medicina. Mi fa dormire molto.
J: Come si chiama il tuo medico? Hai un medico che si prende cura di te tutto il tempo?

A: Non l'ho mai visto. Ha chiesto a un altro medico di vedermi, per capire quale pensava che fosse il problema. Ha detto che ne avrebbe saputo più di lui.

J: *Beh, dottori diversi hanno campi diversi in cui lavorano. Un medico potrebbe saperne un po' di più sui raffreddori, e un altro potrebbe saperne un po' di più sulle braccia rotte.*

A: Questo qui non è molto intelligente.

J: *Non lo è?*

A: No, non lo è! Crede che lascerò Chicago. Non è per niente intelligente. Io non me ne vado da qui. Sì, ha detto che ho bisogno di un clima caldo e asciutto. Gli ho detto che sono stata in una fattoria calda e asciutta. Non mi ha fatto un briciolo di bene. A me piace stare qui.

J: *Come si chiama quel dottore?*

A: Credo si chiami Brownlee.

J: *Farò in modo da non averci a che fare.*

A: No, non averci a che fare! Vuole mandare tutti in Arizona.

J: *Arizona? Dov'è?*

A: Solo Dio lo sa. Ai confini del mondo, immagino. Gli ho chiesto se fosse a Chicago e lui è scoppiato a ridere dicendo di no. Al gli ha detto: "Scordatelo, non ci andrà".

J: *Clima caldo secco. Cosa direbbe il tuo medico abituale a tal proposito?*

A: Beh, mi aveva detto di fare qualsiasi cosa mi avesse ordinato quest'uomo. Gli ho chiesto se fossero in combutta. Forse vendono terreni in Arizona. Questa ragazza resta a Chicago. A me piace qui.

J: *Come si chiama il tuo medico curante?*

A: Ah, si chiama Lipscomb.

In seguito ho scritto alla American Medical Association di Chicago, chiedendo se un medico con uno di questi cognomi avesse praticato a Chicago alla fine degli anni Venti. Mi hanno risposto: "James W. Lipscomb, Dottore in Medicina, è morto il 25 aprile 1936 a Chicago". Non erano riusciti a identificare Brownlee. L'anno della morte di Lipscomb indicherebbe che probabilmente in quel momento esercitava a Chicago, e il nome non è comune. Il fatto che Brownlee non sia stato identificato non sarebbe neanche tanto strano giacché sembrava uno specialista e sarebbe potuto provenire da qualsiasi parte. Tra l'altro non era sicura del suo cognome. Quando si inizia il difficile compito di verificare cose come questa, per ogni piccolo particolare che si cerca di riscontrare è come cercare un diamante nella sabbia. Basta chiedere a chiunque abbia mai provato a ricostruire il proprio albero genealogico.

J: *Lipscomb. È un buon medico?*
A: Beh, Lo pensavo fino a quando non mi ha portato qui questo tizio. Non credo a nessuno dei due. Ha detto che il freddo avrebbe potuto uccidermi. A me piace il clima freddo.
J: *Il tuo problema è nella gola?*
A: Non riesco proprio a respirare bene e tossisco molto.
J: *Ma dici che ti fa male tutto il petto?*
A: Fa male quando tossisco.
J: *Beh, è freddo e umido lì fuori?*
A: Beh, vivendo vicini al lago, immagino sia umido per la maggior parte del tempo, questo è ciò che dicono. Non mi ha mai dato idea che fosse umido, a me piace.
J: *In che mese siamo?*
A: Dicembre.
J: *È nevicato?*
A: Qualche piccolo fiocco.
J: *Questo probabilmente non aiuta molto la tua tosse né la respirazione.*
A: Non ha mai fatto male a nessuno... (Diventa sospettosa) tu non sei mica un dottore, vero?
J: *No... Ma mi ricorderò il nome di quell'uomo, quello che sta cercando di vendere terreni in Arizona.*
A: Che cretino!

Capitolo 5

La morte di June/Carol

Era ovvio che la salute di June si fosse gravemente deteriorata, ma ha mantenuto il suo senso dell'umorismo fino alla fine. Altri due brevi episodi confermano che era rimasta a letto ammalata per tutto il mese di luglio del 1927. Comprendevano essenzialmente gli stessi dettagli forniti qui di seguito.

J: *È il 27 luglio 1927. Cosa stai facendo ora?*
A: (La sua voce è quasi un bisbiglio) Sto a letto.
J: *Come ti senti? Hai il raffreddore?*
A: No, sono proprio malata… stanca. Molto debole.
J: *Il dottore è venuto a vederti?*
A: Viene ogni giorno. Mi fa delle iniezioni.
J: *Quand'è che starai bene, secondo lui?*
A: Mi dice da un giorno all'altro… ma io sto peggio ogni giorno che passa.
J: *Lui sa cos'è che non va?*
A: No, dice che non lo sa, ma… dice che è la mia età. Puoi immaginarlo! Gli ho detto che avevo 40 anni e lui si è messo a ridere. Lo sa bene. Al viene a trovarmi ogni giorno. Mi porta dei fiori. Ha detto che gli dispiace che non ci siamo sposati.
J: *È ancora sposato con sua moglie?*
A: Si. Non potrebbe mai lasciarla e divorziare. Non poteva. Avrebbe voluto ma proprio non poteva.

Johnny la portò avanti di un giorno, al 28 luglio e fu sorpreso della sua reazione.   ,

66

J: È il 28 luglio 1927, Che stai facendo?
A: Sono di nuovo libera!
J: Libera? Dove ti trovi?
A: Fluttuando e aspettando. Sto aspettando a casa.
J: Cosa vedi in casa?
A: Vedo tutto, e vedo Al. Sta piangendo.
J: Sei lì?
A: Sono nel letto. Sto vedendo me stessa.
J: Oh? Che aspetto hai?
A: (Distaccata) Credo di sembrare come qualsiasi altro cadavere.
J: (Scioccato) Intendi che... sei morta?
A: Si.

Non ci aspettavamo questo. Davvero non so cosa ci aspettavamo che accadesse se fosse stata portata in regressione al punto di morte. Ma parlava con noi come aveva fatto durante la vita di June/Carol. La sua personalità era certamente intatta e lei non sembrava diversa. Tuttavia, era difficile per Johnny pensare a come esprimere le sue domande. Come si fa a parlare con un morto?

J: Di cosa sei morta?
A: Il mio cuore... e il sangue. Sono soffocata col sangue. Ricordo che parlavo e continuavo a soffocare. Al piangeva e il medico ha fatto tutto ciò che poteva ma sono morta. E posso vedermi.

Questo sconvolse Johnny al punto che pensò fosse meglio spostarsi in un'altra scena. Non riuscì ad assumere un atteggiamento obiettivo fino a che non ebbe il tempo di assimilare queste informazioni così sorprendenti. Ma ogni volta che la portava a quell'epoca alla fine degli anni Venti, tornava a questo stato di 'morta', o stato spirituale. Alla fine, abbiamo imparato ad affrontare questa cosa e a pensare a domande oggettive. Cosa si domanda ad una persona dopo che è morta? Ciò ha aperto una montagna di possibili informazioni, una volta svanito lo shock. Va ricordato che il nostro esperimento in tema di reincarnazione stava avendo luogo prima che qualsiasi libro che avesse potuto aiutarci ad affrontare la situazione fosse disponibile nel mondo occidentale. Suppongo che avremmo potuto rimanere spaventati da questa serie di eventi e smettere di lavorare su questa cosa con Anita, ma la nostra curiosità era grande.

Da un'altra sessione:

A: Sono in un cimitero. No, non è un cimitero. Ci sono solo poche persone con me in questo posto: è un cimitero di famiglia. E riesco a vedere me stessa ma sono sepolta.

J: Riesci a vedere altre persone?

A: No ma so che sono qui. Parlo con qualcuna di loro. Abbiamo parlato della moglie di Al. Lei non mi voleva sepolta qui. Ha detto che tra tutti gli insulti, questo è stato il peggiore. Sto nel suo cimitero di famiglia.

J: E con chi stai parlando?

A: Beh, con la madre di Al. Penso sia la madre. È morta da molto prima di me. Mi ha detto di non aver paura. Questo cimitero sorge su un terreno della madre di Al. La casa ora è stata venduta ma hanno tenuto questo terreno qui per il cimitero. Non volevano che nessuno lo disturbasse.

J: Sta lì a Chicago?

A: Oh no. È un bel po' fuori, in campagna. Diversi chilometri. Era così divertente perché ho pensato che avrei dovuto rimanere lì e, in un primo momento mi sono spaventata. Poi sua madre ha iniziato a parlarmi, e a raccontarmi tutto e a come fare per non aver paura.

J: Ti ricordi cosa è successo?

A: Beh, ricordo che ero molto malata e non riuscivo a respirare. All'improvviso non ho sentito più niente. Tutti hanno iniziato a piangere e io ero come in piedi sul letto. E mi spaventava il fatto di potermi vedere mentre ero lì sdraiata. Era molto strano all'inizio. Allora sono rimasta con quel corpo. Pensavo di doverlo fare. Non sapevo di poterlo lasciare.

J: È stato allora che hai visto la madre di Al per la prima volta?

A: Sì. L'ho vista al cimitero. Avevo paura di dover stare in quel corpo, non volevo essere sepolta. All'inizio è stato tremendo. Ma ora non ho paura. Mi ha detto che non dovevo restare lì al cimitero. Posso andare dove voglio. Fare proprio tutto ciò che voglio. Mi hanno detto che poi dovrò fare delle cose ma fino ad ora non mi è stato detto niente.

J: Ti ha detto lei questa cosa?
A: Si, me l'ha detto lei. Mi ha parlato a lungo.
J: Lei è lì ora?
A: No, è andata da qualche parte. Le ho chiesto dove e lei ha cercato di spiegarmi però non capisco.
J: Che ti avrebbe detto?
A: Che a volte ti viene detto di fare delle cose, e tu vai e le fai. Le ho chiesto cosa sarebbe successo se non le avessi fatte e lei ha sorriso dicendomi che avrei voluto farle. Era molto tempo che qualcuno non mi diceva di fare qualcosa. Non ne so nulla.
J: Hai detto che sei al cimitero? Puoi vedere dove sei sepolta?
A: Si, ho una croce.
J: C'è scritto qualcosa su quella croce?
A: Il mio nome. E dice: "La mia amata giace qui". E poi: "28 luglio 1927".
J: Nient'altro?
A: Solo quello. E il mio nome: June... Gagiliano.
J: Gagiliano? Pensavo che tu e Al non vi foste mai sposati!
A: Mi amava, ma non poteva sposarmi.
J: Ma ti ha dato il suo nome sulla tua lapide.
A: Si... Prima di morire, ha detto che l'avrebbe fatto. Ha detto che era il suo ultimo regalo.

Non c'è da meravigliarsi che la moglie fosse furiosa. Non solo June era stata sepolta nel cimitero di famiglia, le aveva dato anche il suo cognome.

In un'altra sessione:

J: Che stai facendo June?
A: Sto seduta in questo cortile. Questa casa era mia.
J: Questa casa era tua?
A: Si. Vorrei poter restare in questa casa.
J: Non puoi restare qui?
A: No. Devo andare da qualche parte prima o poi. Vorrei stare qui finché me lo permettono. Questa casa era la mia reggia.
J: Qualcuno ti ha detto che devi andare?
A: Non puoi mica stare nelle case a spaventare la gente o cose del genere.

J: *Chi te l'ha detto?*
A: La madre di Al.
J: *Che sta succedendo ora, in casa tua?*
A: Stanno impacchettando le mie cose.
J: *Chi?*
A: Al. Non vuole che altri tocchino le mie cose.
J: *Che ne farà?*
A: Non lo so. Le darà via, immagino. Penso che qualcosa la terrà sempre. Sta mettendo tutto in bauli e scatole.
J: *Forse le porterà a casa sua.*
A: Non so. Continua a parlare. Non sa che posso ascoltarlo. Mi dice che mi ha amata, che nessun'altra significherà mai qualcosa per lui. Mi rivuole indietro. Io però non voglio.
J: *No? Pensavo ti piacesse la tua vita lì.*
A: Mi piaceva. Meglio non preoccuparsi di essere qui. Anche lui sarà qui un giorno. Tutti vengono qui.
J: *Parli di venire qui. Dov'è qui? Sei qui in cortile.*
A: A questo mondo. Tutti muoiono e il loro spirito è di nuovo libero. Non so ancora niente. Devo saperne di più ma è una bella sensazione essere qui.
J: *E da dove vieni?*
A: Non vengo da nessun posto. Vado in giro.
J: *E com'è il posto dove sei? Fa caldo?*
A: Oh no.
J: *Fa freddo?*
A: No, va bene così.
J: *E come ti muovi in giro? Fluttui o…*
A: Basta decidere dove voglio essere e sono lì. Sembra che ti muovi per per magia. Non capisco, lo faccio e basta. Dicono che mi verrà in mente.
J: *Ti muovi veloce?*
A: Ah si. Oppure, se vuoi, puoi andare piano.

In un'altra sessione:

J: *Che stai facendo?*
A: Sto aspettando che Al venga qui.
J: *Dove ti trovi?*
A: Sto seduta proprio qui, aspettando al cimitero.

70

J: Presto Al sarà qui?

A: Tra poco, credo. Non ci vorrà molto.

J: Come segni il tempo?

A: Ah, in un certo senso lo stabilisci tu. È soltanto qualcosa che sai e basta. Non è come una volta, dove si doveva fare tutto nei tempi previsti.

J: Quindi pensi che Al arriverà presto?

A: Prima che l'anno sia finito.

J: Come fai a sapere che sta per arrivare?

A: Me l'ha detto la madre. E l'ho capito quando sono andata a vederlo.

J: Come l'hai capito?

A: L'ho soltanto guardato e ho capito.

J: Intendi che guardandolo, hai capito che a breve starà lì con te?

A: Si, l'ho sentito.

J: Sai descrivermi questa sensazione, o in che modo incide su di te?

A: Non so come farti capire. Tu guardi qualcuno e lo senti, proprio come conosci il suo nome e tutto ciò che c'è da sapere su di lui. È anche più di questo. È proprio come sai quanto è alto, di che colore sono i suoi capelli e sai quando sarà lì con te. Sai tutto del passato e... tutto il resto.

J: E dici che puoi vedere nel suo passato?

A: A volte, si. Ho capito molto di Al, più di quanto ne abbia mai saputo in tutti gli anni che l'ho conosciuto. Perché prima, quando mi diceva qualcosa io, o dovevo credergli e rifletterci, o dovevo pensare che non fosse vero e rifletterci comunque. Ora mi basta guardarlo e lo so.

J: Dimmi alcune di queste cose che hai saputo adesso su Al, che prima non sapevi.

A: Beh, prima mi diceva sempre quanto mi amava, ma a volte era così odioso. Non ho mai saputo se mi amasse davvero o no. Ora so che mi ha sempre amato tanto. A volte mi preoccupavo quando non lo vedevo, mi domandavo dove fosse, e se avesse un'altra. E quando l'ho guardato, queste cose, già le sapevo. Non ha mai amato davvero altri che me.

J: Ma era sposato e aveva dei bambini.

A: Si, si. Ma non era felice con lei. Non sono più gelosa di lei. Lo sono stata. Volevo che mi sposasse ma ora lo so...

J: Puoi guardare Al e capire che tipo di lavoro facesse?

71

A: Si, posso capirlo. (Tristemente) Oh, è coinvolto in tutte quelle cose brutte. Mi aveva sempre detto di non chiederglielo. Sapevo qualcosa ma non volevo sapere nulla di male. (Quasi singhiozzando) Perciò non ci ho pensato. E quando l'ho saputo, sono stata così male. Non credo che ne uscirà. Lo uccideranno prima che sia finita.

J: *Che cosa fa?*

A: Beh, fa cose che non dovrebbe fare. È responsabile di molte cose che non sono giuste. Trasporta donne avanti e indietro.

J: *Avanti e indietro dove?*

A: In diverse città, in diversi Stati. Le chiamano "schiave bianche".

J: *Quali sono queste cose che sta facendo?*

A: Comprano questa polvere bianca. Gliel'ho visto fare, ora. Mescolano zucchero e altra roba e la vendono. La mettono in bustine e le vendono.

J: *Qualcos'altro che fa?*

A: Beh, procurano pistole a chi le vuole. Ha fatto persino uccidere delle persone. Non credo l'abbia mai fatto in prima persona ma ha fatto uccidere delle persone.

J: *Lo fa fare a qualcun altro?*

A: Oh, ci sono un sacco di ragazzi a lavorare con lui.

J: *È lui il capo?*

A: È uno dei pezzi grossi. Non ne ha molti sopra di lui.

J: *C'è qualcuno che è il suo boss?*

A: Ce ne sono due più in alto.

J: *Chi sono?*

A: Beh, l'ho visto parlare con uno che è con lui. È responsabile di un altro territorio, e parlano del boss. Ce n'è uno così in alto che non lo prenderanno mai. Non credo che scopriranno mai chi è, o se è coinvolto o meno.

J: *Ma tu non sai chi è?*

A: Non conosco quello proprio in alto. Quando l'ho scoperto per la prima volta ho avuto molta paura. Non ho provato a saperne di più. Odio sapere queste cose su di lui ma so che lavorava con Frank.

J: *Frank? È lui il boss?*

A: È quello.

J: *È lui quello così in alto che nessuno toccherà mai?*

A: No, Frank è solo... Quando lo prenderanno penseranno di aver preso il capo dei capi.

J: *Conosci il suo nome e cognome?*

A: Beh, quando lo conoscevo non sapevo che fosse il boss. Ma quando poi sono tornata a vedere Al l'ho saputo. Ho saputo il suo nome e tutto il resto. Prima no.

Io e John stavamo letteralmente trattenendo il respiro. Avremmo avuto qualcosa da poter verificare?

J: *Qual è il suo cognome?*

A: Nitti.

J: *Nitti. Frank Nitti. Lo conoscevi bene?*

A: Oh, l'ho visto. L'ho visto un sacco di volte. Non pensavo che fosse così intelligente, non è buffo?

J: *E lui è il boss al di sopra di Al.*

A: Si, io pensavo che Al fosse il suo boss. Nessuno ha mai saputo cosa facesse esattamente Frank. Al diceva sempre che aveva un pessimo carattere. Non bisogna fargli mai domande. Qualunque cosa dica, devi essere d'accordo e comportarti come se lo pensassi davvero.

Quindi, finalmente avevamo il nome di una persona vera. Chiunque abbia familiarità con le storie dei ruggenti anni Venti e con le gang di Al Capone e Frank Nitti, sa della loro famigerata reputazione. Erano alcune delle figure più notevoli di quell'era così effervescente. Ma prova solo a cercare di ottenere qualsiasi informazione sulla sua gang! Il Chicago Tribune e il Dipartimento di Polizia di Chicago non sono stati in grado di aiutarmi per niente.

Il Chicago Tribune non ha potuto darci alcuna informazione su Frank Nitti, che sappiamo esser vissuto. Hanno risposto: "Ci dispiace non poterle essere utili circa le sue domande sulla storia del crimine di Chicago. I nostri fascicoli sono frammentari rispetto a quel periodo e non siamo riusciti a trovare nulla che riguardi gli argomenti della vostra indagine: Frank Nitti e la sua gang".

Il dipartimento di polizia di Chicago fu anch'esso un vicolo cieco. Non hanno nemmeno risposto alla mia lettera. La migliore fonte di informazioni si è rivelata essere un vecchio libro che ho trovato nella Biblioteca dell'Università dell'Arkansas. Stampato nel 1929, è considerato una rarità. S'intitola "Il Crimine Organizzato di Chicago", di John Landesco. Frank Nitti, noto anche come 'il sicario' era comandante in seconda nonché responsabile commerciale dell'organizzazione guidata da Al Capone. Gestiva la maggior parte dei soldi delle tangenti. È stato impossibile trovare informazioni su uomini che potrebbero aver lavorato per lui. Landesco affermò che il sistema di archiviazione dei registri nel dipartimento di polizia era molto arretrato a quei tempi. Venivano prese le impronte ma, se la persona non aveva precedenti, non venivano archiviate ma buttate via. I registri erano estremamente incompleti, e i capi di alcune gang molto importanti non avevano alcun precedente o ne avevano di molto scarsi. I giornali dell'epoca (che ho trovato su microfilm) raccontavano molto più degli archivi.

Sembra anche che il cognome Gagiliano sia comune a Chicago, anche se ci è sembrato strano. Quindi cercare tra gli archivi della polizia sarebbe come sperare di trovare qualcosa separando il grano dalla crusca. Richiederebbe anche molto tempo. Tra l'altro June disse che Al non voleva che nessuno sapesse il suo vero nome. Potrebbe averne usato un altro con la gang per proteggere la sua famiglia.

In queste circostanze qualsiasi ricerca su quest'epoca diventa estremamente complessa. A prima vista non sembra, dal momento che gli eventi si sono verificati in un passato piuttosto recente. Ed è stato deludente quando questi ostacoli hanno iniziato a manifestarsi.

Durante un'altra sessione è stato chiesto ad Anita dove si trovava.

A: Vado in giro. Faccio quello che mi è stato detto… imparare. A volte torno a casa mia ma ci vive altra gente ora, e adesso non è più bella come prima. Non se ne sono presi cura. Hanno lasciato che i muri si sporcassero. Hanno bisogno di un'imbiancata. Non mi piace guardarli. Hanno spostato i miei mobili. Spostano le cose in giro e questo non mi piace, quindi non ci vado molto spesso.

J: *Dove stai per la maggior parte del tempo?*

A: Con Al, a casa sua.

J: *Pensi che possa vederti?*

A: Ci parlo ma lui non mi sente. Piange molto. Sta anche diventando vecchio. Non lo amo come prima, ma lo sento vicino.

J: *Non lo ami?*

A: Non come prima. Lo sento molto più vicino.

J: *Pensi che lo aspetterai fino a quando morirà?*

A: No. So che sta per morire. Non voglio vederlo.

J: *Come lo sai?*

A: Posso vederlo. (Agitata) Posso vederlo. Se ti concentri, vedi le cose.

J: *Come morirà Al?*

A: Lo uccideranno. La polizia gli sparerà. Lo stanno seguendo da lungo tempo e alla fine lo ammazzeranno.

J: *Che anno sarà quando gli spareranno?*

A: Tra non molto. Prima della fine dell'anno.

J: *Puoi concentrarti e vedere cosa farai in futuro?*

A: (Lunga pausa) Starò qui per un po'. Devo parlare con Al e dirgli che comprendo tutto. Poi dovrò proprio andare.

J: *Dove pensi che andrai?*

A: Non so. Pensavo di andare all'inferno quando sarei morta ma non l'ho fatto. Non sto bruciando!

J: *Hai visto il paradiso?*

A: No. Ne ho parlato con la madre di Al. Neanche lei ci è stata. Più o meno ci guardiamo intorno e vediamo delle cose.

J: *Puoi vedere gli edifici. Puoi vedere le cose com'erano quando eri viva?*

A: Si, posso camminare direttamente attraverso gli edifici, posso parlare, urlare e loro non mi sentono. Nessuno può sentirmi. Potrebbero sentirmi, se si concentrassero. Tutti potrebbero sentire gli spiriti se si concentrassero. Alcuni sono spaventati dagli spiriti. Loro cercano di avvisarti ma non ti fanno male. Parlo con Al e gli dico: "Non andare lì stasera! Non andare lì, non andarci! La polizia ti sta osservando".

J: *Dove sta andando?*

A: Sta andando in questo posto dove fanno la roba.

J: *Whisky?*

A: Cose di tutti i tipi. Lui va lì e dirige. Dice agli altri dove portarla. La polizia lo sta osservando da molto tempo. Stanno davvero per reprimerli.

Secondo vecchi articoli di giornale, la repressione iniziò nel 1929 quando in un solo giorno vennero arrestate circa tremila persone. Proseguì nel 1930 quando i giornali elencarono i nomi dei poliziotti e il numero dei gangster che ciascuno aveva ucciso. Al Commissario fu detto che avrebbe avuto tutto l'aiuto di cui lui e le sue squadre di 'poliziotti assassini' avrebbero avuto bisogno. I nomi dei gangster non vennero elencati perché, tra arrestati e assassinati erano in troppi. È logico presumere che la morte di Al sia avvenuta intorno a questo periodo.

J: Non starai qui a vederlo morire?
A: Non voglio vederlo morire.
J: Però avevi detto che avresti voluto parlarci.
A: Parleremo quando sarà stato sepolto. Non andrò dove sta per accadere. Starò qui e lo aspetterò.
J: Sarà sepolto lì, nel cimitero di famiglia?
A: Si. Lo metteranno lì. Sua moglie è furiosa, non vuole che lo mettano vicino a me.
J: Riesci a capire quando morirà sua moglie?
A: Vivrà ancora un po'. Vivrà per i loro nipoti. I suoi figli ora sono tutti sposati e avranno dei nipoti.
J: Vedi Al dopo la sua morte?
A: Vedo il suo spirito. Noi parliamo.
J: C'è anche la madre di Al?
A: Ha parlato con noi. Lei sa che Al mi ha amato in vita. I nostri spiriti erano vicini, però non possiamo stare insieme ancora per molto. Sembra che io debba andare da qualche altra parte.
J: Devi andare?
A: Ti chiamano quando hanno bisogno di te.
J: Chi ti chiama?
A: C'è questa voce che mi chiama. Mi sta chiamando.
J: E dove andrai?
A: Non so… Seguo, fluttuo e seguo… Al è stato già chiamato. L'ho aspettato. Sta andando. Sta andando… (Pausa) C'è questa donna. Continua a pregare per ricevere aiuto.
J: Che donna?
A: Non so. Vado lì ma non mi piace. Nel Missouri. Questa donna è andata via dalla fattoria. Neanche a lei piaceva. Forse per questo

devo aiutarla. Ma è stupida. Le parlo ma non ascolta. Se faccio dei rumori li ascolta. Li chiama avvertimenti.

J: E questa donna sta pregando?

A: Dice: "Per favore Dio, aiutami". Non posso sopportarlo un'altra volta". Sta lavorando terribilmente. Ha tanti figli. (Pausa) O Dio, io non voglio dover stare qui... È come prima... Suo marito è cattivo con lei. Provo a dirle di andar via, ma lei ha paura di andare. Ha tanti figli ed è spaventata.

J: Era per questo che la voce ti chiamava, per andare da lei?

A: Si. Dovrei fare qualcosa qui ma non so cosa. (La voce diventa piena di compassione) Me lo diranno. Qualcuno mi dirà cosa fare: la voce! Devo tornare ed essere di nuovo povera (Sembra stupefatta). Dovrò essere di nuovo qualcun altro!

J: Chi te l'ha detto?

A: Lo so e basta. È una sensazione quella che ho. Sto dentro questo corpo. Questa donna mi odia e non sono neanche nata ancora... Ho delle braccia che stanno iniziando a crescere... delle gambe... saranno delle gambe. Dovrò passare tutto questo un'altra volta ancora. (Con un senso di rassegnazione) Ci sono già passata un'altra volta, e un'altra volta, e un'altra volta. E dovrò fare tutto daccapo... Questa volta non sarà facile.

J: Sarà più dura delle altre volte?

A: Si, lei mi odia. Continua a piangere ogni giorno perché io muoia. Mi odia!

J: Quanto sei grande ora?

A: Sono quasi pronta per nascere. Sono grande... per essere un bebè, Sono proprio grande. (Pausa) Lei continua a star seduta a piangere. Non mi vuole. Non sa che l'ho già aiutata. Suo marito voleva lasciarla ma quando si è capito che era incinta lui non se n'è andato. Non avrebbe potuto lasciarla incinta.

J: Quanti bambini ha?

A: Io sto per essere l'ottava, ma uno è morto. Ci ho parlato. Mi ha detto cosa è successo. Lei aveva detto a tutti che era morto, ma non era morto. Era nato e lei era sola in casa e non ha legato il cordone ombelicale. L'ha lasciato morire. L'ha ammazzato! Lo odiava. Non voleva figli.

Divenne evidente che Anita stesse parlando del suo ingresso nella sua vita presente. In seguito ci disse che non era al corrente di problemi tra i suoi. Suo padre era sempre amorevole e gentile con lei, ma sua madre non le ha mai mostrato alcun affetto. Era una donna molto fredda. Anita è nata quando sua madre era in età avanzata, passata la menopausa e sembrava sempre avercela con lei. Di conseguenza, è cresciuta senza sentimenti verso sua madre, ma adorava suo padre. Ha molti fratelli e sorelle, tutti più grandi di lei. La più giovane era un'adolescente quando è nata Anita, quindi non c'era vicinanza nemmeno con i fratelli. La famiglia ha sempre detto che c'era stato un altro bambino, un maschietto morto prima della nascita di Anita, ma questo è tutto ciò che le è stato sempre detto. Se ciò che Anita stava ricordando sotto ipnosi fosse stato vero, sapeva che non avrebbe mai potuto dirlo a nessuno della sua famiglia. Suppongo che sua madre fosse l'unica a sapere la verità su quello che è successo. La madre di Anita è morta più o meno quando abbiamo iniziato questo esperimento e Anita non ha pianto alla sua morte. Ma comunque questo non era esattamente il genere di cose da chiedere alla propria madre.

J: Non sei ancora nata?
A: Ci siamo molto vicini. Il suo corpo è stanco, lei non spinge verso il basso. Il dottore la sta aiutando. Lui la spinge e i suoi muscoli si muovono. Lui spinge... spinge.

Questa cosa fu assai drammatica. Anita cominciò ad ansimare e ansimare in cerca di aria. Afferrò i braccioli della poltrona, e quasi si spinse verso l'alto dal sedile mentre girava la testa da un lato all'altro, come se stesse lottando per respirare.

A: (Rantolante) È difficile respirare... è difficile respirare. Meglio che si muovano. Soffocherò.

Stavo cominciando a preoccuparmi. Era una scena molto difficile cui assistere. Poteva davvero farsi del male? Ma poi ho pensato, lei era nata. È arrivata qui senza problemi. Se Johnny avesse avuto qualsiasi preoccupazione, non l'avrebbe dato a vedere. Sembrava avere il controllo della situazione.

J: Il cordone è avvolto intorno al tuo collo?

A: (Rantolando e ansimando) No. Non posso respirare. Lei è stretta. È stretta... Non respiro bene... Grazie a Dio il dottore è qui. Lei non mi ucciderà!

Fece un grande sospiro di sollievo e si lasciò cadere all'indietro sulla poltrona.

J: *Ora è più facile respirare?*
A: Ora sono nata. La mia testa è fuori in ogni caso. Questa è stata la parte più dura. (Pausa) Sono su di un tavolo. Mia zia mi sta lavando. Zia... si chiama Lottie.

Sua zia Lottie le disse che era lì quando Anita nacque in casa.

J: *Riesci a vederla?*
A: Potrò farlo, quando mi toglierà questo velo dalla faccia.

Si noti che, secondo una credenza popolare, se un bimbo nasce con un residuo di membrana amniotica sul viso, avrà capacità paranormali.

A: Sono una bella bimba, ma sono rossa.
J: *Beh, ci vorranno un paio di giorni perché vada via.*
A: Dovrò rifare tutto daccapo.
J: *Ti ricordi di... Carol?*
A: Da qualche parte in passato la conoscevo. Ha fatto un sacco di sbagli. Sbagli. Devo fare attenzione questa volta. E non fare queste cose. Se mi sposo, rimarrò sposata. Non scapperò mai più, non importa quanto lo voglia. Credo sia per questo che dovevo tornare.
J: *Tua madre ti ha dato un nome?*
A: Beh, mia madre vuole darmi un nome ma mio padre non glielo permetterà. Mio padre ha detto che lei non mi ha mai voluta. Lei non ha nessun diritto di darmi un nome.
J: *Tuo padre ti metterà un nome?*
A: Penso stia dando ascolto a mia zia... dice che Anita è un bel nome. È un nome esotico e magari diventerò famosa o farò qualcosa con un nome così. E mia madre odia quel nome. In questo momento lei lo odia... ma non m'interessa. Mio padre ha detto al dottore che è pronto per la faccenda del nome... e mi ha chiamata Jane.

79

Anita Jane. (Di nascosto) Jane è come Carol... Anche in quel caso ero Jane.

Lo aveva detto come se fosse un segreto che conosceva solo lei.

J: Che intendi, eri Jane?
A: Molto tempo fa ero Jane... E sai cosa è divertente? Mia madre pensa di aver vinto la disputa, ma non ha vinto proprio niente. Ha detto che ero stata chiamata come sua madre Jane, ma io ero Jane, sarei stata comunque Jane.

Questa sessione che comprendeva la morte e la rinascita di June come Anita era durata due ore emozionanti. Eravamo emotivamente prosciugati... esausti... e pronti a chiudere e prenderci una pausa. Eppure, ora ci stava dicendo che c'era di più. C'era un'altra personalità che era stata chiamata Jane! Bene, ne avevamo avuto abbastanza per una sessione e avremmo avuto bisogno di assimilare quello che avevamo sentito. Jane avrebbe dovuto aspettare più tardi.

Capitolo 6

Incontriamo Jane

Le misteriose ed intriganti osservazioni di Anita alla fine dell'ultima sessione ci hanno dato l'indizio che c'era molto di più in agguato appena fuori portata. Promettevano che avevamo a malapena grattato la superficie. Era come far penzolare un'esca per un pesce ignaro e noi avevamo abboccato. Chi era Jane? C'era una Jane? In questa sessione avremmo provato a scoprirlo, tuttavia Johnny doveva stare molto attento a formulare le domande in modo da non influenzarla. Ha sempre cercato di lasciare che Anita raccontasse la sua storia con parole proprie. La portò indietro a un tempo precedente alla vita di June/Carol.

J: *Adesso conto fino a cinque e andremo indietro all'anno 1870.*
   (Conta) Cosa stai facendo?
A: Fluttuo.
J: *Fluttui? Fa caldo?*
A: È assolutamente perfetto.

Avevamo scoperto che ogni volta che diceva di non sentire né caldo né freddo, di solito era nello stato spirituale. Questa condizione sarà ulteriormente esplorata in un altro capitolo.

J: *Riesci a vedere qualcosa?*
A: Sto vedendo dove vivevo. Nella grande casa che bruciò in Tennessee.
J: *In che città si trova?*
A: Memphis.

J: Quando si è incendiata la grande casa?
A: I soldati l'hanno incendiata.
J: Perché l'hanno fatto?
A: Non so. C'era una guerra e… Non ero lì quando l'hanno incendiata. Li ho solo guardati.

Dato che lei era ovviamente uno spirito, Johnny decise di tornare indietro per saperne di più su questa vita. La portò nell'anno 1860 e le chiese: "Dove sei?"

A: Sono nella mia casa.
J: E dove si trova la tua casa?
A: (La voce di Anita prende uno spiccato accento meridionale) La mia casa è a Memphis.
J: E come ti chiami?
A: Mi chiamo Jane.

Quindi questa era la Jane alla quale Anita si riferì dopo la sua morte come June/Carol.

J: Qual è il tuo cognome Jane?
A: Mi chiamo Jane Rockford.
J: Quanti anni hai?
A: Presto ne avrò 18.
J: Sei sposata?
A: Non ancora, sono fidanzata con il figlio del nostro vicino. Si chiama Gerald, Gerald Allbee (o Allby?).
J: Ti piace Gerald?
A: Lo amo moltissimo.
J: Quando vi sposerete?
A: L'estate prossima.
J: Stai andando a scuola ora?
A: Oh no. Sono stata a scuola. Ci sono andata per diversi anni per imparare ad essere una signora.
J: E… Sei andata al college?
A: No, andavo ad una scuola femminile di perfezionamento. Vicino a St. Louis.
J: Come si chiamava quella scuola?

Johnny era in cerca di qualcosa che potessimo riscontrare.

A: Era... era... la Whitley? Whittley? È strano, non me lo ricordo. Non è stato molto tempo fa... Avevo molta nostalgia di casa. Fa molto più freddo lassù, sai. E mi mancava mia mamma.

Successivamente ho scritto alla Missouri Historical Society, per vedere se potevano darci qualche informazione su una scuola con quel nome. Questa è stata la loro risposta: "Nella St. Louis Directory del 1859, elencata in Scuole e Seminari, Private, troviamo il nome Elizabeth Whiting, Locust Street tra la 4ª e la 5ª. Il quotidiano The Missouri Repubblican del 1º settembre 1860, contiene un annuncio in prima pagina che recita: "Mrs. Jewett (che succede a Miss Whiting) inizierà la seconda sessione annuale della sua scuola lunedì, 3 settembre...".

Che sia o meno la stessa scuola frequentata da Jane, la somiglianza dei nomi e le date corrispondenti sembrano significative. Nel 1860, quando la scuola passò di mano, lei aveva terminato gli studi ed era tornata a casa a Memphis.

Johnny cercava di ottenere informazioni storiche perché sapevamo che tale data cadeva prima che iniziasse la Guerra Civile.

J: *Sai dirmi chi è il presidente in questo momento?*
A: Beh, abbiamo avuto un lungo dibattito su chi sarà il presidente. E Lincoln, se dovesse riuscirci, non rimarrà tale.
J: *Ah, ma adesso chi è il presidente?*
A: Non lo conosco [James Buchanan].
J: *Ma questo Lincoln diventerà Presidente?*
A: Mio papà dice che non può esserlo. Non possiamo tollerarlo. È qualcosa di intollerabile. Non sa nulla della nostra vita e non capisce noi del Sud. E non possiamo permetterglielo. Si discute e tu non puoi fare a meno di ascoltare. Non mi piace ascoltare. Parlano della guerra.
J: *Ci sarà una guerra?*
A: Potrebbe esserci, se sarà eletto lui. Non lo permetteranno. È intollerabile.
J: *E... tu hai 18 anni?*

A: Sissignore.

J: *E la tua casa è qui a Memphis, Tennessee? Quanto è grande la tua casa?*

A: Oh Signore, è una grande casa, si potrebbe dire, per queste parti. Immagino le dimensioni delle altre case. Ci saranno... forse 14, 15 stanze, i portici e...

J: *La tua casa si trova a Memphis?*

A: Beh si trova giusto al confine con la città, sta in Gately Road.

J: *Hai fratelli o sorelle?*

A: Beh, ho una sorella più grande già sposata. E un fratello minore, solo un anno più piccolo.

A questo punto Johnny pensò che sarebbe stato interessante vedere se Jane sapesse scrivere il proprio nome. Aveva funzionato in passato, quando aveva chiesto alla Carolyn bambina. Lei l'aveva scritto. Quindi fece aprire gli occhi ad Anita e le diede una matita e un foglio di carta. Sembrava sempre molto difficile per Anita aprire gli occhi in una situazione come questa, come con qualcuno profondamente addormentato. Anche con gli occhi aperti, aveva uno sguardo vitreo. Anita (Jane) scrisse con una bella calligrafia fluente, con florilegi sulle lettere maiuscole: "Madama Jane Rockford". Non aveva alcuna somiglianza con la normale scrittura di Anita.

J: *Ma che bello. Hai imparato alla scuola di perfezionamento?*

A: Mi sono esercitata tanto a scrivere in maniera distinta.

Mentre cercava di pensare ad altre domande, Johnny decise di avere una sua descrizione. Le chiese: "Di che colore hai i capelli?".

A: Biondi.

J: *Che aspetto hai, sei snella?*

A: Beh, Ho un girovita di 45 centimetri. Certo è un pò stringato.

Una strana dichiarazione per la persona in sovrappeso seduta in poltrona!

J: *Cosa indossi?*

A: Un vestito blu.

J: *Con la gonna lunga?*

A: Si, con i cerchi.

J: Ah si. Quante sottovesti?

A: Il più delle volte ne metto quattro.

J: Quattro?... Che tipo di scarpe?

A: Ah, sono piccoli sandali con una cinghia sul piede.

J: Che mi dici dei tuoi capelli?

A: Beh, me li sistema la mia governante. Li pettina indietro a onde... puoi vedere da solo i ricci sulla schiena. (Gira la testa di lato e si accarezza i capelli).

J: Una governante? Avete molta servitù?

A: Oh, mio padre ha molti Negri.

J: Come si chiama tuo padre?

A: Master Rockford.

J: E tua madre?

A: Mia madre? Si chiama anche lei Jane.

Così era venuta fuori anche la nostra seconda personalità, e questa giovane bellezza del sud era tanto diversa dalla nostra ragazza emancipata di Chicago quanto la notte dal giorno. Ed entrambe erano molto diverse da Anita. Il resto della storia di Jane Rockford è venuto alla luce durante diverse sessioni, quindi, ancora una volta, le metterò in ordine cronologico per una più facile lettura. Il primo contatto con Jane risale al 1850.

J: Che stai facendo?

A: Sto giocando con le mie bambole (ancora accento meridionale) Fa tremendamente caldo fuori.

J: Dev'essere l'estate.

A: Oh Signore, si.

Johnny chiese nuovamente come si chiamasse e dove vivesse per verificare che stessimo parlando con Jane.

A: Vivo in Gately Road, nella grande casa bianca.

J: Quanti anni hai, Jane?

A: Otto. Il mio compleanno è stato in primavera.

J: Avete fatto una festa di compleanno?

A: Solo in famiglia.

J: Hai ricevuto un sacco di belle cose?

A: Ricevo sempre regali. Ho avuto un bell'anello, abiti nuovi. Ho avuto questa bambola con cui sto giocando.

J: *Oh, che bello. Stai andando a scuola?*

A: Viene una signora a casa.

J: *Ah, hai un tutor.*

A: Un cosa?

J: *Ah, non lo chiamano tutor? Come lo chiamate voi?*

A: (Candidamente) La chiamo Miss White.

J: *Miss White. Non la chiami 'Maestra' o cose del genere?*

A: Ah, lei è la mia maestra.

Sembrava sempre strano per noi, quando Anita non conosceva il significato di una parola di uso quotidiano mentre regrediva a queste altre vite. Erano parole che la sua mente cosciente avrebbe certamente conosciuto. È successo in numerose altre occasioni. A volte è complicato quando si deve spiegare il significato di una parola. Ti dà la strana sensazione che sei davvero in contatto con una persona di un'altra epoca. Abbiamo contattato di nuovo Jane all'età di 15 anni.

J: *Cosa vedi?*

A: Il cortile. Diventerà verde… Ora non lo è ancora.

J: *Dove vivi, Jane?*

A: A casa di mio padre e mia madre.

J: *Ah, È la grande casa bianca?*

A: È molto grande.

J: *In che città ti trovi?*

A: Siamo poco fuori Memphis.

J: *Come ci arrivate in città?*

A: In carrozza.

J: *È un lungo viaggio?*

A: Oh no, non è lontano.

J: *Vai spesso in città?*

A: Quando devo.

J: *Quanti anni hai, Jane?*

A: È una domanda da fare?

J: *Così, me lo chiedevo.*

A: Beh, ne ho 15.

J: *Stai andando a scuola?*

A: Sto andando. Ora sono a casa. Vado via quest'anno. Andrò a scuola
per tre anni. Potrei andarci più a lungo.

J: *Dove?*

A: Molto vicino a St. Louis.

J: *Oh, su al nord.*

A: Si, mi porterà mio padre. Andremo su in barca. Le barche vanno
lassù tutto il tempo. Volendo si può andare anche più lontano.

J: *Sei mai stata su queste barche sul fiume prima d'ora?*

A: Sono andata giù per gli argini a guardarle.

J: *Ma ci hai mai navigato?*

A: Finora no.

J: *Scommetto che sarà divertente.*

A: Ho un po' paura, ma penso che sarà divertente.

J: *Oh, non c'è niente da temere. Sai nuotare?*

A: No (In questa vita Anita è istruttrice di nuoto).

J: *Mai imparato a nuotare?*

A: No.

J: *Beh, sai, proprio come i pesci. Si divertono un sacco nuotando qua
e là in acqua.*

A: Cosa dovrei fare con le braccia?

J: *Beh, vedi, quando nuoti devi usare le braccia come i pesci usano
le pinne.*

A: Immagino.

J: *Hai detto di aver visto la barca, quanto è grande?*

A: Ah, è alta tre piani. E papà dice che c'è un'altra sala, sotto. Sarebbe
sotto il livello dell'acqua.

J: *Come si chiama la barca?*

A: Ah, ce ne sono diverse che entrano ed escono da Memphis. Non
so quale prenderemo.

J: *Pensavo che vi foste già organizzati.*

A: Ah, ci vuole ancora un po' prima che inizi la scuola.

J: *Papà e mamma resteranno con te, finché non ti sarai sistemata a
scuola?*

A: Penso solo papà. Queste cose competono a lui.

J: *Dici che la scuola è vicina a St. Louis, non è proprio a St. Louis?*

A: Oh no. Non è in città, è fuori. E ti insegnano tutte quelle cose come
cavalcare e cose del genere.

J: *Sarà molto divertente.*

A: Ma possiamo andare in città a volte per delle commissioni. Non è così lontano da non poterci andare. Papà ha detto che sarà solo un po' più lontano che dalla nostra casa alla città. Solo un po' più lontano.

J: Hai il tuo cavallo lì a casa? Fai qualche cavalcata?

A: A volte sì. Però a dire il vero non sono molto brava. Mi piace, mi diverto.

J: Almeno sai già come si cavalca. Scommetto che alcune delle tue compagne che andranno in quella scuola non sanno neanche come si cavalca.

A: Potrebbero non saperlo, se non vengono da una piantagione. Alcune ragazze che vanno là sono ragazze di città. Alcuni non vivono fuori come noi. Io voglio cavalcare come fa papà.

J: Sa cavalcare bene?

A: Sì, e può sedersi sulla sella in maniera diversa da noi. Sarebbe più facile andare più veloce se potessi mettere le gambe a cavalcioni e andar via.

J: Ah, tu non puoi sederti così?

A: No, la sella… sono davvero… ho la sensazione di cadere. Ma papà dice che nessuno cade mai. Si può mettere la gamba su quella piccola cosa, e questo ti aiuta anche a tenerti su. Io mi aggrappo stretta, e papà dice che ho un talento per tirare troppo le redini. Quando si fa così, il cavallo s'innervosisce. Bisogna essere gentili col muso del cavallo. Se tiri troppo, gli fai male alla bocca. Così si rovina un buon cavallo.

Sembrava si riferisse alla cavalcata all'amazzone. Una situazione insolita emerse quando tornammo all'anno 1860, e ad Anita fu chiesto. "Che cosa stai facendo?"

A: (Pausa) Niente.

J: Fa caldo?

Johnny pensava che potesse essere sotto forma di spirito, anche se non avrebbe dovuto esserlo, visto l'anno.

A: No.

J: Fa freddo?

A: No.

J: Al punto giusto?
A: Confortevole.
J: Cosa vedi?
A: Beh, ci sono un sacco di fattorie qui in giro.
J: Dove ti trovi?
A: Sto riposando. Posso farlo... È bello... Tra non molto mi
sveglierò. (Quindi era questo, stava dormendo). Che bei posti.
J: Sono tutti belli verdi?
A: (Annuisce) questa primavera è tutto bello. (Pausa) Ho sentito che
le cose sono diverse in altri posti ma... penso ora sia così
dappertutto. Mi piacerebbe vedere se è tutto così.
J: Cosa intendi per altri posti?
A: Ah, dicono che se attraversi il fiume e vai su verso nord, entri nelle
montagne e in ogni sorta di cose. Ci sono posti che sono solo
praterie, non piantano molto come facciamo noi. Ci sono posti
dove è arido e non c'è acqua. E ci sono posti dove la temperatura
è quasi la stessa tutto l'anno e... e a volte se vai in direzione ovest
e fino a nord, d'inverno fa freddo. Perché, dicono che c'è la neve
a terra, a volte, più alta della testa di un uomo. Non riesco neanche
ad immaginarlo. Penso che siano tutte fattorie. Sono solo storie.
J: Presto ti sveglierai, Jane?
A: Beh, dovrei fare un pisolino. Ogni pomeriggio, dovremmo
riposare, come fanno le signore. Ma io me ne sto sdraiata e mi
metto a fantasticare e penso a come tutto appare. E a volte sto stesa
qui a guardare il glicine, e sogno ad occhi aperti.
J: Quanti anni hai, Jane?
A: Ah, 18.
J: E vivi a Memphis, c'è un grande fiume che scorre lì, giusto?
A: Sì.
J: Vivi vicino al fiume?
A: Beh, non proprio sul fiume. Quelli che ci vivono troppo vicino
vengono allagati di tanto in tanto e noi abbiamo costruito più
indietro. Questa casa è stata qui per tanto tempo. L'ha costruita
mio padre. È qui che lui la voleva.
*J: Ha capito dove costruirla in modo che le inondazioni non la
raggiungessero.*
A: Non siamo mai stati sfiorati. Abbiamo un terreno alto tutt'intorno
a noi. Qui siamo al sicuro.
J: Oh, bene. Avete molte persone a lavorare per tuo padre, lì attorno?

A: Intendi bianchi? Solo il sorvegliante è bianco. La donna che cuce per mamma. Lei è bianca. Abbiamo un sacco di schiavi.

J: *Sai quanti schiavi ha papà?*

A: Ah, ce ne sono oltre 50 famiglie.

J: *Sono un bel po'.*

A: Beh, si, ma sai, ce ne vogliono molti. C'è un sacco di terra.

J: *Un sacco di cotone da raccogliere?*

A: Si si. Cresce un sacco di cotone.

J: *Cos'altro coltivate nelle piantagioni?*

A: Beh, a papà piace avere un orto, e avere cose fresche. Sai, Molto del nostro cibo lo sistemiamo in questo modo.

J: *Avete il vostro orto?*

A: C'è un orto per la casa.

J: *Ma non ne hai uno solo per te… vai mai a lavorare nell'orto?*

Pensava alla povera Carol che lavorava nella fattoria.

A: (Scioccata) Aahh, avrei lentiggini dappertutto. Diventerei marrone come un negro. Non esco al sole. Devo mettere il latticello sulle mie mani, così com'è.

Questa cosa era di sicuro ben lontana da Carol.

J: *Perché metti il latticello sulle mani?*

A: Ah, mi aiuta a tenerle bianche. Se metti il latticello sul viso e sulle mani, eviti che ti vengano le lentiggini sai, se vai fuori al sole. Che dire, Sukey mi sta sempre dietro per farmi indossare il mio cappello e i guanti. Fa così caldo a volte, a me piacerebbe toglierli, ma è importante che una signora sia carina. Devi essere bianca e bella.

J: *Chi è Sukey?*

A: Ah, è la mia governante.

J: *Dove vivono tutti quegli schiavi?*

A: Beh, vivono fuori nei loro alloggi. Sukey rimane in casa. Lei piange e si lamenta di continuo se cercano di farla stare fuori. Ha una piccola baracca là dietro, ma non ci resterà. Vuole stare con me. Sai, è con me da quando era la mia balia. È così triste se non sono lì con lei. Mio padre la lascia stare nella stanzetta accanto alla mia.

J: In questo modo lei ti è sempre vicina. Hai qualche ragazzo?
A: Qualcuno.
J: Pensi che presto ti sposerai?
A: Si, sto per sposarmi.
J: Quando?
A: Non ci vorrà molto. Ma mi piace ancora parlare con tutti gli altri ragazzi, e ballare con loro.
J: Ah, quando ti sposi, non puoi parlare con gli altri ragazzi?
A: Beh, non è giusto... non si addice ad una signora. Dovrò togliermeli dalla testa, prima di sposarmi.
J: Chi pensi che sposerai?
A: Ah, sposerò Gerald. Questa cosa è stata concordata tempo fa.
J: Quando avete fatto questo accordo?
A: Beh, quando avevo circa 16 anni... in un certo senso è stato deciso. Non ho mai fatto storie ma tutto sommato lui era quello che volevo.
J: Sembra che ti piaccia proprio Gerald.
A: Oh si.
J: Dev'essere proprio un bel ragazzo.
A: Si, è molto bello.
J: Vive vicino a te?
A: Beh si, proprio accanto a noi. Costruiremo la nostra casa qui, esattamente in mezzo tra le due. Un giorno questo sarà mio, e un giorno la sua terra apparterrà a lui, e costruiremo questa casa proprio nel mezzo.
J: Mettete tutto insieme.
A: Si, voglio la mia casa. Mi piace questa ma ne voglio una mia.
J: Pensi che Sukey verrà in casa con te una volta sposati?
A: Ah, lei starà con me. Avrebbe sofferto a morte altrimenti. Mio padre ha detto che l'avrei avuta io, e mia madre ha detto che avrei preso Missy.
J: Chi è Missy?
A: È la nipote di Sukey, una piccolina. Lei sarà un po' di aiuto per casa. Avremo alcuni schiavi da casa di Gerald. Dovremo averne anche noi, se poi iniziamo a piantare. Penso che lui andrà a lavorare con suo padre per un po'.
J: Anche i suoi hanno una grande piantagione?
A: Ah, è più grande della nostra, bella grande.
J: E quando vi sposerete?

A: L'anno prossimo.

Johnny decise di avanzare di un anno, al tempo del suo matrimonio.

J: Ti sposerai in chiesa?
A: Mi sposerò proprio qui in casa e mi sto esercitando a scendere giù
   per le scale.
J: Sarà un grande matrimonio?
A: Ah, ci saranno tutti.
J: Che giorno è oggi?
A: Il primo di agosto.
J: Che anno è?
A: È il 1861.
J: Chi è il nostro presidente?
A: Abramo Lincoln.
J: Da quanto tempo?
A: Da non molto, e stiamo avendo un sacco di problemi per questo.
   Avremo Jefferson Davis come nostro presidente.
J: Jefferson Davis? Sarà un buon presidente?
A: È un bravo gentiluomo del sud.
J: (Pausa) Tra quanto vi sposerete?
A: Ci sposeremo molto presto, quando torna Gerald. È andato alla
   milizia per vedere qualcosa. Forse dovrà arruolarsi nella milizia.
   Abbiamo aspettato che terminasse gli studi, e ora potrebbe
   arruolarsi. Tornerà domani.
J: È stata la milizia a convocarlo?
A: Ha ricevuto l'avviso. Tutti i gentiluomini d'onore vanno.
J: Avete tutto pronto per il matrimonio? La casa è tutta a posto?
A: Stanno infornando a ripetizione. Avremo un sacco di gente in casa.
   Saranno qui tra due giorni. Ci sposeremo tra due giorni.
J: E oggi è il primo di agosto?
A: Esatto.
J: Ti sposerai il 3 agosto? Chi lo celebra il matrimonio?
A: Beh, Reverend Jones.
J: Di che religione siete?
A: Siamo Episcopali.

Johnny la fece avanzare al 3 agosto, il giorno del matrimonio.

A: Sto scendendo lungo questa scalinata in casa mia.

J: C'è della musica in sottofondo?

A: Bellissima musica... Sono così felice.

E lei era felice. Si poteva percepire autentica emozione nella sua voce.

A: Ed emozionata.

J: Riesci a vedere Gerald lì?

A: Si. È biondo e molto bello. È in uniforme, ma mi ha detto che non durerà a lungo.

J: Che tipo di uniforme è?

A: Grigia, con bottoni di ottone.

Il grigio era il colore delle uniformi degli Stati Confederati.

J: Dove andrete in luna di miele?

A: Non so. Faremo un viaggio, giù lungo il fiume, in barca.

J: Diretti dove?

A: Gerald vuole farmi una sorpresa.

J: Beh, giù al fiume è verso sud?

A: Oh si. Non andremo mai a nord dagli Yankee.

J: Ora ci spostiamo in avanti nel tempo, Jane. Tu sarai sposata. È il 4 agosto. Dove ti trovi?

A: Su di una barca, guardo in acqua. Stiamo andando giù verso New Orleans.

J: Sei mai stata a New Orleans?

A: No.

J: Pensi che ti piacerà?

A: Mi dicono che me ne innamorerò.

J: Che tipo di barca è questa dove ti trovi?

A: È una di quelle barche che hanno qui, con delle ruote. Proprio come le... sai...

J: Una barca con le ruote a pale?

A: Penso sia così che la chiamano.

J: Ci sono molti passeggeri sulla barca?

A: Oh diversi.

J: Hai conosciuto qualcuno?

A: No, per lo più stiamo tra noi.

Naturalmente: erano in luna di miele.

J: Dov'è tuo marito?
A: Ha ricevuto un messaggio quando stamane ci siamo fermati, e ora sta parlando col capitano della nostra barca.
J: Hai detto che tuo marito sta nella milizia?
A: Si, è luogotenente. È arrivato un messaggio per lui quando ci siamo fermati stamane, molto presto.
J: Gerald ti ha detto qual era il messaggio?
A: Mi ha detto che non mi dovevo preoccupare, ma... forse dobbiamo tornare prima. Potrebbero aver bisogno di lui.
J: Ma siete ancora diretti a New Orleans?
A: Lo vorrei tanto. Non voglio tornare ora.
J: D'accordo, adesso andiamo avanti al 6 agosto. Adesso conto fino a tre e sarà il 6 agosto.

Quando Johnny arrivò al tre, tutto il corpo di Anita cominciò a tremare come se stesse piangendo. Continuava a singhiozzare in maniera evidente mentre parlava.

J: Dove sei, Jane?
A: A casa.
J: Che ci fai a casa?
A: Gerald è partito. Ci sarà una guerra... una brutta guerra. È dovuto andare. È andato via con la milizia, diretto alla capitale dello Stato. (Sembra assai infelice).
J: Non ha detto quando sarebbe tornato?
A: (con rabbia) Stanno andando a mettere quei dannati Yankees al loro posto. Ritornerà.

Per farla uscire da questa situazione angosciosa, Johnny la fece avanzare al 15 settembre e chiese: "Cosa stai facendo ora?".

A: (ancora molto depressa) Sto aspettando... aspettando ancora.
J: Hai saputo qualcosa di Gerald?
A: No. C'è la guerra. Abbiamo notizie ma non molte.
J: Quando è iniziata la guerra?
A: A giugno.
J: Ah, prima che vi sposaste.

Cercando tra le enciclopedie per scoprire quando la Guerra Civile ebbe inizio ho trovato alcune sorprendenti incongruenze. I primi Stati si separarono dall'Unione già nel gennaio del 1861 e furono combattute alcune battaglie importanti verso l'aprile di quell'anno. Quindi, potrebbe sembrare che Jane avesse avuto torto, dicendo che la guerra era iniziata a giugno. Ma è così? Ho deciso di approfondire. Ho controllato la storia del Tennessee, e ho scoperto che il Tennessee aveva votato per non separarsi dagli stati originari. Attesero fino a che la guerra non entrasse nel vivo con i combattimenti. Fu l'ultimo Stato a separarsi dall'Unione per unirsi agli altri nel giugno 1861. Quindi, a quanto pare, Jane aveva ragione perché la guerra, per quanto la riguardava, era iniziata in quel mese. Inoltre, non era strano che le notizie viaggiassero più lente, in quei giorni in cui le comunicazioni erano di gran lunga più scarse rispetto ad oggi. A quanto pare Gerald aveva saputo che stava succedendo qualcosa, ma non aveva voluto allarmare la sua novella sposa parlando di guerra in luna di miele.

J: *Che giornata è venuta fuori, Jane?*
A: Sta piovendo. (Depressa) Nient'altro che pioggia.
J: *Dove sei?*
A: Sto con la mia governante.
J: *E tuo padre sta lì?*
A: Mio padre è qui... non faccio nient'altro che aspettare. Ogni giorno mio padre mi dice: "Non durerà molto".

Johnny pensò alla sua relazione con i genitori nella vita di June/Carol e in questa vita presente.

J: *Vuoi bene a tua madre e a tuo padre?*
A: Loro sono molto buoni con me, molto buoni con me.
J: *Jane, conto fino a cinque e sarà il primo dicembre. (Conta) Che stai facendo?*
A: Fluttuando.

Questa fu una sorpresa. Di solito questo significava che era in forma di spirito.

J: *Dove stai fluttuando?*

95

A: Me ne sto qui. Sto aspettando di capire se Gerald torna. Sono passati due anni da quando è andato via.

J: *(Sorpreso) In che anno siamo?*

A: È il '63.

A quanto pare, Jane si era spinta più in là di quanto le avesse detto.

J: *Sei morta?*

A: Polmonite, dicono sia stato questo.

J: *Per tutta quella pioggia?*

A: Non mangiavo.

J: *Quando sei morta?*

A: Circa due, tre mesi fa. Il tempo non ha molto significato ora.

Stimando che fosse morta in settembre, Johnny tornò a quel mese.

J: *Cosa stai facendo?*

A: Sto fluttuando.

J: *E cosa vedi?*

A: Vedo un sacco di spiriti. Gli chiedo di Gerald. Nessuno l'ha ancora visto. Dev'essere da qualche parte. Sto cercando dovunque. Nessuno spirito l'ha visto.

J: *Beh, probabilmente l'avrebbero visto solo se fosse morto.*

A: Devi essere morto. Non ho fatto altro che cercarlo. Credo sia prigioniero. Non so. Ho solo una sensazione.

J: *Tu sai dove?*

A: A nord. E voglio andare a cercarlo.

J: *Perché non ci vai?*

A: Odio andare lì. Odio quella gente. Non sanno di avere torto ma li odio per ciò che stanno facendo.

Di nuovo, Johnny la riportò indietro di un altro mese.

J: *È il primo di agosto. Che stai facendo?*

A: (Con voce molto bassa e morbida.) Non mi sento bene.

J: *Dove ti trovi?*

A: Nel mio letto.

J: *Hai la febbre?*

A: Penso di sì.

J: *Stai mangiando?*
A: Non posso mangiare. Mi fa male quando mangio.
J: *Il medico è venuto a visitarti?*
A: I medici sono impegnati con i feriti di guerra. È venuto una volta e mi ha dato delle medicine. C'è Sukey qui.
J: *Sukey sta lì con te?*
A: Ogni giorno. Dorme proprio nel mio letto. Ho la febbre, però ho freddo.
J: *Hai saputo qualcosa di Gerald?*
A: Ho ricevuto una lettera il mese scorso. La posta non arriva spesso.
J: *Dove si trovava Gerald? Te l'ha detto?*
A: Stava combattendo. La lettera è arrivata dal Nord. L'ha data a qualcuno che tornava a casa. Me l'hanno portata fin qui.
J: *Sta combattendo nel Nord?*
A: Sul fronte... in Maryland, ecco dove.
J: *È molto lontano.*
A: Vorrei che tornasse a casa.
J: *I tuoi come stanno?*
A: Papà è morto.
J: *Ah? Di cosa è morto?*
A: Non so. Una settimana si è ammalato... e poi è morto.
J: *Come sta tua madre?*
A: È così debole, ed è molto addolorata.

Facendola avanzare al 10 agosto, Johnny le chiese cosa stesse facendo.

A: Fluttuo e guardo.
J: *Cosa vedi?*
A: Vedo mio padre.
J: *Dove ti trovi?*
A: Vicino casa mia, nel nostro cimitero. Ha detto che presto mamma sarà con noi. Molto presto, dice.
J: *E tu stai aspettando tua madre lì?*
A: Voglio... ma voglio vedere Gerald. Mio padre dice di aspettare, di aspettare. Ma papà, io non voglio aspettare.
J: *Tu sai di cosa sta morendo tua madre?*
A: Ora ha anche lei la febbre.

Questa non sembrava polmonite. Sembrava più qualcosa di contagioso. Ho scoperto che è un dato di fatto ben documentato, che in quel periodo il Sud abbia subito un'epidemia di febbre gialla. Una domanda che mi rendeva perplessa era: perché anche Sukey non si ammalava se era qualcosa di contagioso? Era stata sicuramente esposta mentre si prendeva cura di Jane, e forse anche degli altri membri della famiglia. Quando ho studiato i sintomi della febbre gialla, ho scoperto che si pensa che la malattia abbia avuto origine in Africa, e gli africani hanno un minimo di immunità naturale. Non contraggono la malattia in maniera così grave come per i bianchi.

La sessione continuò.

J: *Bene, Jane, avanziamo all'anno 1878. Cosa stai facendo?*
A: Mi sto muovendo in giro… È bellissimo! Non fa né caldo né freddo, sto proprio a mio agio.
J: *Dove stai andando?*
A: Beh, sono stata a New Orleans a vedere il Quartiere Francese. Non l'avevo mai visto e volevo vederlo.
J: *Dimmi cosa vedi mentre viaggi.*
A: La nostra casa è andata ormai. Gli Yankee l'hanno incendiata.
J: *Perché l'hanno incendiata?*
A: Non lo so.
J: *Era una bella casa.*
A: Una bellissima casa, ma l'hanno incendiata. Sembra ci sia stata una battaglia e l'hanno incendiata.
J: *La guerra sta andando avanti?*
A: No, ora è finita.
J: *Hai più trovato Gerald?*
A: Ho parlato con lui una volta. Col suo spirito. Ci ho parlato.
J: *È morto in guerra?*
A: Non è mai tornato.
J: *Di cosa avete parlato?*
A: Abbiamo parlato di quando ci siamo sposati, quanto poco tempo. Due giorni. Mi ha detto che mi sarebbe stato vicino, e che un giorno ci rivedremo.
J: *Cosa farai ora?*
A: Sto aspettando che mi dicano cosa fare.
J: *Chi è che te lo dice?*

A: Questa voce me lo dice. Quando non ho nulla da fare, posso andarmene in giro e... a volte devo fare delle cose.

J: *Tipo?*

A: A volte cerco di aiutare delle persone. A volte ascoltano, ma il più delle volte no. (Pausa) Sono andata a vedere Sukey.

J: *È ancora viva?*

A: Quando l'ho vista, si.

J: *Dove viveva?*

A: Stava vicino agli alloggi, in fondo alla casa. Anche se gli hanno detto che erano liberi lei è rimasta e ha coltivato alcune cose da mangiare. Quando le ho parlato, non mi ha ascoltata. E ho lasciato che mi vedesse... e ciò l'ha spaventata. L'ha spaventata così tanto che se n'è scappata. Non volevo spaventarla. Volevo ringraziarla. So che ha cercato di dare una mano.

J: *Come hai fatto a permetterle di vederti?*

A: Io semplicemente... posso farlo. Se questo aiuta, posso fare in modo che mi vedano. Ma la maggior parte delle persone ha paura. A volte quando vedono, fanno finta di non vedere... oppure dicono che era un sogno. Non vogliono pensare di aver visto. Io non so perché tutti hanno paura di morire.

J: *È... non dovrebbero aver paura di morire?*

A: No!

J: *Che succede quando muori?*

A: Beh, all'inizio senti molto, molto freddo... e in un attimo, sei andato. E puoi guardarti intorno e puoi vedere le persone intorno a te. Le persone che ti hanno amato e che sono già morte. Ti vengono incontro perché tu non abbia paura.

J: *E... hai visto il paradiso?*

A: No, ancora non ci sono stata.

J: *Le persone che sono venute a trovarti te ne hanno mai parlato?*

A: Mi dicono che è bellissimo.

J: *Qualcuno di loro ci è stato?*

A: Credo che questa ragazzina ci sia stata perché continuava a parlarmene. Ma ha detto: "Prima che tu ci vada, devi imparare parecchie cose".

J: *Intendi cose buone, buone azioni o...*

A: Devi imparare ad essere buono. Non va bene essere buoni soltanto perché hai paura di essere cattivo. Devi essere buono perché tu vuoi esserlo. (Ci pensa un attimo su) E fai del bene per gli altri. Aiuti gli altri.

J: *La ragazzina ti ha raccontato che aspetto ha il paradiso?*

A: Ha colori sfavillanti, e tutto è magnifico.

J: *Ci sono edifici?*

A: Beh, vedi, è tutto spirito. E qualunque cosa tu voglia è lì. Se vuoi andare sull'acqua ci sarà acqua lì. Se vuoi essere in una foresta, è ovunque tu voglia che sia.

J: *C'è questo nel paradiso?*

A: Questo è ciò che ha detto la ragazzina.

J: *Ma ora, quando tu sei uno spirito e vuoi andare, diciamo, a vedere New York, fluttui fino a New York per vederla?*

A: È come essere trasportati. Non ci vuole molto. Solo qualche minuto e sono lì.

J: *Beh, continua a vagare e dimmi cosa vedi o senti mentre vieni trasportata.*

A: Beh, adesso sto per tornare, per rinascere. Ho parlato con mio padre di questa cosa.

J: *Lui sapeva che stavi per essere richiamata?*

A: Mi ha detto che presto lo sarei stata. Tutti vengono richiamati, più volte. Mi ha detto di cercare di imparare tutto ciò che posso. Ha detto di aspettarmi che sia diverso perché sarà ogni volta diverso. E in questa maniera impariamo tutto della vita. Dobbiamo essere qualsiasi cosa. Dobbiamo imparare qualsiasi cosa.

J: *E tuo padre ti ha detto che molto presto saresti tornata a nascere?*

A: Molto presto. Gliel'ho detto quando l'ho sentito, e lui mi ha detto che lo sapeva perché mi osserva. Ha detto che un giorno ci rivedremo di nuovo, forse sulla Terra, forse no. Che non devo preoccuparmi e che devo soltanto imparare. Mi ha detto che non ci vuole molto... sarò una bambina... e io ero spaventata.

J: *Perché eri terrorizzata?*

A: Per il fatto di tornare a nascere. Il Paese è tutto distrutto. (pausa) Quando questa bimba sarà nata, io sarò lei.

J: *Stai guardando la bambina che sta per nascere?*

A: Sì. Sta in grembo a sua madre. Nascerà molto presto.

J: *E quando è che sarai dentro... che diventerai quella bambina? Non sei ancora lì dentro?*

A: Non ancora. Continuo a trattenermi. E la voce mi dice di andare ora! E io chiedo: "Posso aspettare?" Ma al primo respiro, io devo essere la bambina.

J: Quando la bambina fa il suo primo respiro?

A: E gli chiedo se posso ancora cercare. Se posso cercare ancora Gerald. Ma lui mi ha detto che, quando diventerò la bambina, non ricorderò il resto. Sarò soltanto questa bambina. Quando diventerò nuovamente uno spirito, cercherò di nuovo Gerald.

J: E ci sono degli spiriti maligni in giro?

A: Non ne vedo nessuno... Noi ci arrabbiamo a volte.

J: Ma tu non cerchi di far male a qualcuno?

A: Oh no, ci arrabbiamo quando loro ridono.

J: Quando ridono chi?

A: Le persone. Loro non credono... e noi cerchiamo di dirglielo e di avvertirli. Non ascoltano.

J: Ma loro non possono sentirvi, possono?

A: No, ma noi ce la mettiamo veramente tutta.

J: C'è un modo per far sì che la gente vi senta?

A: Se loro ascoltassero, se pensassero ed ascoltassero molto, molto concentrati su di noi. Se ci hanno amato e noi abbiamo amato loro, allora potrebbero ascoltarci.

J: E hai mai sentito parlare dell'inferno?

A: Ecco perché non voglio tornare a nascere. Perché è lì che si trova.

J: Intendi che l'inferno è venire al mondo?

A: Essere sulla Terra è l'inferno.

J: Chi ti ha detto questa cosa?

A: Gli spiriti con cui ho parlato. Perché continui a fare cose e fai del male a te stesso e agli altri. Da umano fai cose cattive, che gli spiriti non fanno. È così che si impara. Si fa del male... e si impara.

J: Questa bimba che tu sarai, è dentro la madre ora?

A: No, lei... sta nascendo. Sto andando da lei.

J: Ha già fatto il suo primo respiro?

A: Sì.

A questo punto Anita è diventata più spenta e alquanto apatica.

J: Dove è nata la bambina?

A: In questa casa... non riesco a ricordare... non riesco a pensare...
non riesco a pensare (Impiega più tempo a rispondere).
J: Non sai in che città si trova la casa?
A: (Molto lentamente) Io... non... so.
J: Sai come è stata chiamata la bambina?
A: Non...so.
J: Non hanno ancora dato un nome alla bambina?
A: No.

Era ovvio che Anita non stesse rispondendo perché lei era la bambina. Così fu fatta avanzare all'età di cinque anni in quella vita, ed era Carol nella fattoria, e parlava di nuovo normalmente.

Al risveglio, Anita raccontò uno strano episodio accaduto nella sua attuale vita. Non sarebbe mai riuscita a spiegarlo in termini comuni, e ora si chiedeva se potesse essere collegato alla sua vita come Jane.

Come già detto, è una moglie della Marina, sposata con un militare in carriera. Nei primi giorni del matrimonio, lui aveva ricevuto i primi ordini. Dovevano essere trasferiti in Florida, e si decise che lei avrebbe aspettato a casa dei genitori nel Missouri mentre lui sarebbe andato per trovare un posto dove vivere. Lei l'avrebbe poi raggiunto. Sarebbe stata la loro prima separazione. I due stavano dai genitori di lei. Lui sarebbe partito la mattina successiva. Anita raccontò che quella notte non riusciva a dormire. Era molto agitata e aveva camminato avanti e indietro tutta la notte. Continuava a pensare: "Se lui va, non lo rivedrò mai più. Se lui va, non tornerà più". Poi si rimproverò pensando: "Che sciocca; cosa potrebbe accadere? Non siamo in guerra! Sta andando in Florida". Fu infelice tutta la notte perché non aveva alcun senso. Al mattino, prese la decisione: sarebbe andata con lui piuttosto che aspettare.

Questo episodio l'aveva sempre confusa, finché non vide il parallelismo con Jane, Gerald e la Guerra Civile.

Quindi avevamo portato Anita attraverso due vite distinte, due morti e due nascite, ognuna diversa. Cosa potrebbe esserci di più nelle profondità insondabili del suo subconscio? Non vedevamo l'ora di assistere alla sessione successiva!

Mentre frugavo tra le biblioteche cercando di trovare informazioni su Memphis durante la Guerra Civile, e sperando di poter trovare il nome di Gerald da qualche parte, Ho trovato un libro ricco di informazioni, intitolato "The Military Annals of Tennessee", di John Berrien Lindsley. Fu pubblicato nel 1886, a soli 20 anni dalla fine della guerra e contiene una grande quantità di informazioni, oltre a pagine e pagine di nomi e alcune immagini di coloro che erano stati uccisi durante la guerra. Erano organizzati in base ai loro reggimenti. Secondo l'autore, è il più completo archivio mai pubblicato sugli uomini del Tennessee che hanno combattuto per la Confederazione.

Citerò alcuni avvenimenti dal libro su Memphis all'inizio della guerra: Nell'aprile del 1861, in previsione della secessione venne organizzato un gruppo di volontari. Era all'incirca l'epoca del bombardamento di Fort Sumter (12-13 aprile 1861), che diede ufficialmente inizio alla guerra. Molti altri Stati si erano già separati prima di questo evento, ma il Tennessee aveva votato per non unirsi a loro. Successivamente, l'8 giugno 1861, anche il Tennessee si separò. L'11 giugno il governatore emanò il suo primo ordine, comunicando ai comandanti della milizia di tener pronte le loro truppe e cominciare l'addestramento. A partire dal 13 giugno, il Generale Pillow aveva stabilito il suo quartier generale a Memphis, la quale divenne un grande centro militare. Il 13 luglio, il Generale Maggiore Polk divenne comandante del Dipartimento 1 (a Memphis). Nel giro di poche settimane, le truppe furono messe in servizio, organizzate in reggimenti e inviate agli accampamenti presso la città e a Fort Pillow.

Sorprendentemente, questo ci ci porta alla prima parte dell'agosto 1861, che si adatta perfettamente a quanto riferito da Jane. Secondo il libro, fu impiegata l'intera estate per la formazione dei reggimenti e l'invio degli uomini in guerra. Molti reggimenti erano composti da uomini di una certa zona. Ce n'erano parecchi da Memphis. In particolare, il Quinto Confederato si componeva quasi interamente di irlandesi provenienti da Memphis. Anche il 154° fanteria del Tennessee e il 15° cavalleria del Tennessee provenivano da Memphis. Molti reggimenti ebbero perdite estremamente alte. Alcuni avevano cominciato con circa 1100 uomini per concludere la guerra con appena

100 superstiti. Anche se il libro ha fornito molti nomi, ovunque c'erano note che mostrano la sua incompletezza.

I documenti vennero persi durante la guerra, e alcuni sono stati erroneamente distrutti. In alcuni casi, l'unico registro disponibile era il diario di qualcuno. Gran parte del libro e le liste sono state scritte a memoria e molte osservazioni mostrano che molto manca a causa dell'errore umano. In molte occasioni il libro dichiara che erano stati uccisi così tanti soldati da rendere impossibile fornire tutti i nomi. E questo libro è stato scritto solo 20 anni dopo la guerra.

Quindi rimasi delusa nel non trovare alcun riferimento a Gerald Allby ma, date le circostanze, sarebbe stato un miracolo se avessimo trovato qualcosa. Ancora, la precisione della conoscenza di Anita circa la storia sia di questo periodo che di quello di June/Carol è assolutamente incredibile.

L'idea di cercare di ottenere campioni di grafia da Anita mentre era in trance profonda era puramente spontanea. Il pensiero venne a Johnny quando la piccola Carolyn si esercitava a scrivere il suo nome nel terreno. D'impulso, prese carta e matita. Poi le chiese di scrivere il suo nome, senza nemmeno sapere se sarebbe stata in grado di farlo. Ha avuto molte difficoltà ad aprire gli occhi ed entrambi siamo rimasti sorpresi quando in maniera così attenta e faticosa ha tracciato quegli scarabocchi infantili.

Più tardi, quando Jane stava parlando di frequentare la scuola di perfezionamento a St. Louis, sembrò naturale chiederle di nuovo di scrivere il suo nome. Poiché stava usando una matita, la firma risultante era leggera, senza molta pressione sul foglio. Se avessimo saputo che un giorno avremmo scritto un libro sul nostro esperimento, ci saremmo preparati e avremmo avuto una penna a portata di mano. Hai sempre il perfetto senno di poi quando stai facendo delle regressioni. Del resto, come ho detto prima, durante una regressione non si sa mai in quale periodo storico o in quale nazione il soggetto andrà. Non avevamo pensato di acquisire la sua calligrafia, soprattutto perché in passato poche donne potevano scrivere. Non erano ritenute degne di istruzione. Senza guida alcuna, abbiamo dovuto procedere d'istinto lungo il cammino per tutto l'esperimento, e abbiamo agito spontaneamente molte volte.

Quando l'idea di scrivere questo libro sembrava poter diventare realtà ho considerato l'ipotesi di includere i campioni di grafia. Pensavo però che i tratti fossero così leggeri (specie quelli di Jane), che non sarebbe mai stato possibile riprodurli. Avevo sottovalutato le nuove tecniche di stampa.

Quando abbiamo confrontato i due campioni (la firma di Jane e la normale calligrafia di Anita), ci sembravano molto diversi, ma magari siamo solo dei profani. Mi chiedevo cosa sarebbe successo se li avesse visti un analista esperto di grafia. Queste persone sono molto abili nel valutare la personalità, a volte in modo sorprendente. Gli esperti di grafia sono riconosciuti e impiegati come tali. È una scienza esatta che richiede anni di studio ed è quindi assai rispettata.

C'era sempre la possibilità che un esperto potesse dire che i campioni erano stati scritti dalla stessa persona che cercava di mascherare la propria scrittura. In realtà, questo era vero: sono stati scritti, e allo stesso tempo non sono stati scritti dalla stessa persona. Dipende da come si guarda la cosa. Era una situazione complessa, e non credo fosse stata affrontata da un ipnotista prima d'ora. Non riesco a ricordare un caso in cui sia stata acquisita la scrittura di un soggetto portato in regressione e analizzata da un esperto imparziale. Era un'idea intrigante e abbiamo pensato che sarebbe stato interessante cogliere l'occasione.

Ma dove avrei trovato un analista? Non volevo qualcuno che si limitasse a giocare con la calligrafia come hobby. Se la nostra storia doveva avere credibilità, allora l'analisi andava fatta da un esperto. Forse in una grande città non sembrerebbe un problema trovarne uno. Ma nella zona rurale in cui viviamo ora, potreste sperare allo stesso modo di trovare un esperto in scienze nucleari. Così l'idea rimase latente fino a che questo libro non fu terminato, nel 1980.

Poi, per caso, sentii parlare di una donna a Little Rock, in Arkansas, che faceva analisi grafologica. Dopo aver controllato, ho scoperto che era davvero un'esperta. Si chiama Sue Gleason ed è diplomata presso l'Associazione Internazionale di Grafoanalisi. Decisi di contattarla. Ho appreso che di solito lavorava partendo da qualche pagina della calligrafia dei soggetti. Sarebbe stata capace di trarre qualche conclusione da campioni così esigui? Tutto ciò che avevamo erano solo le firme e nessuna speranza di ottenere qualcosa di più. Sarebbero bastate?

Le mandai i tre campioni, e le chiesi di confrontare la scrittura e vedere cosa poteva dirmi sulle persone che le avevano scritte. Non le avevo detto nulla sulla fonte o sul metodo con cui li avevamo acquisiti. Non conoscendo la donna, avevo paura che potesse pensare che fossimo pazzi. Ho anche pensato che sarebbe stato meglio se avesse potuto darmi le sue prime impressioni in maniera imparziale.

Questo è ciò che ha scoperto:

Carolyn Lambert - La scrittura a stampatello è quella più difficile da analizzare. La mancanza di forma e di continuità delle lettere e il modo in cui sono prodotte mostrano una mancanza di maturità nella personalità. Questo indurrebbe a supporre che sia stato scritto da una persona più giovane. Sebbene anche molti adulti scrivano a stampatello, questo campione suggerisce una personalità meno matura. È difficile da analizzare perché il carattere non è formato fino a quando il soggetto non diventa più grande.

Quindi sembrerebbe che lei non potesse dirci molto di Carolyn, ma è significativo che non pensasse che il campione provenisse da un adulto. Carolyn era effettivamente una persona più giovane, essendo stata portata in regressione a soli nove anni di età.

Mistress Jane Rockford - Questo è un vecchio stile di scrittura, soprattutto l'uso della parola "Madama". C'è molta esuberanza. La struttura delle lettere e le fioriture sono un deciso ritorno al passato. Questa è una persona artistica ma appariscente. C'è molto ego, forse non egoista, ma decisamente egocentrica, introversa. Una vera e propria persona egocentrica. È una persona con molti ricordi del passato, aggrappata alla tradizione e al passato. Probabilmente è stata educata in maniera molto rigida ed è improbabile che si ribelli al suo posto nella società. Le lettere maiuscole in un nome indicano chi sei, e le sue maiuscole sono più grandi del corpo della firma, specie nel cognome. Ciò indicherebbe che è molto consapevole di "Chi è". Il nome di famiglia e il suo posto nella tradizione familiare sono molto importanti per lei. Il suo status personale e pubblico è fortemente sottolineato. I suoi sentimenti personali sono secondari alla sua immagine pubblica. C'è la tendenza a dipingere una immagine definita di sé.

La tradizione è molto importante nella sua vita, tanto che oscura ogni sentimento personale. Così, lei assume un atteggiamento di facciata, impedendo alle persone di vedere il suo vero essere.

La signora Gleason ha talmente sottolineato la posizione della famiglia di Jane da farla sembrare una snob!

L'attuale scrittura di Anita è stata acquisita dalla busta di una lettera scritta a me. Questo campione non apparirà nel libro per rispetto del suo desiderio di anonimato.

È una persona molto empatica, estroversa e sensibile ai sentimenti di altre persone. Si preoccupa per gli altri. È diretta, parla chiaro, è un'estroversa. Ha una mente aperta, e un desiderio di conoscere e capire gli aspetti più profondi della vita. Ha un grande senso dell'humor e guarda al lato leggero della vita.

Quando successivamente ho detto a Sue Gleason della fonte delle firme e del metodo con cui erano state acquisite, fui molto sollevata dal fatto che non pensasse che fossimo pazzi. È incredibile quanto la sua analisi corrisponda a ciò che già sapevamo di Jane, educata da una vera e propria famiglia del 'Vecchio Sud". Quando ho raccontato a Sue di Jane e della sua istruzione alla scuola di perfezionamento, lei ha commentato che ciò in parte spiegherebbe la cosa. Gli studenti che frequentavano queste scuole solitamente provenivano da famiglie benestanti che qui imparavano a proiettare una immagine molto sicura di sé. Veniva posta grande enfasi sulla propria presentazione. Questa naturalmente si sarebbe riflessa nella calligrafia. Agli studenti veniva inoltre insegnato a scrivere con molta attenzione e precisione, con particolare enfasi sulle lettere maiuscole. Come aveva detto Jane: "Mi sono esercitata tanto a scrivere i maniera distinta". La signora Gleason ha affermato che oggi molti scrivono con questo stile, soprattutto tra le generazioni più anziane. Queste persone hanno un forte attaccamento al passato e alla tradizione che viene evidenziata nella scrittura di Jane.

La signora Gleason fu sorpresa quando le dissi che tutti i campioni erano stati scritti dalla stessa persona. Rispose che non l'avrebbe mai sospettato. Se qualcuno le avesse chiesto se avesse potuto scriverli tutti e tre la stessa persona, avrebbe risposto che era altamente improbabile. Secondo la sua opinione, la scrittura di Jane e Anita erano quelle di due persone diverse, due personalità distinte. Infatti, le personalità erano talmente diverse da essere opposte. Una era introversa, l'altra estroversa! Queste personalità erano sempre state reali per noi, ma ora avevamo qualcosa che le rende ancora più autentiche. Sotto ipnosi, non solo la personalità di Anita cambia, la sua voce, le espressioni e i modi, ma anche la sua scrittura diventava quella di un'altra persona totalmente diversa!

È veramente notevole che un esperto imparziale sia riuscito a intrecciare così strettamente le personalità come le abbiamo viste noi. Penso che le probabilità che questo potesse accadere per puro caso siano sconcertanti.

Capitolo 7

Sarah a Boston

Quando è emersa la nostra terza personalità, eravamo entrati in una specie di schema. Avevamo cominciato ad accettare l'insolito come ordinario, se ciò sia possibile. Pensavamo di sapere cosa aspettarci mentre attraversavamo le fasi della sua vita come Jane e June/Carol; poi siamo scivolati tra i periodi in mezzo alle vite, nell'affascinante piano spirituale. Ma lei aveva ancora un bel po' di sorprese per noi.

Abbiamo iniziato a sentirci come se stessimo facendo un viaggio in una macchina del tempo. È stato un metodo entusiasmante per imparare la storia. Proprio quando cominciavamo a sentirci a nostro agio a parlare con persone del passato, è venuto fuori il prossimo personaggio, e quello che ci ha raccontato è stato incredibile!

Durante questa sessione, avevamo deciso di portarla indietro attraverso le sue varie vite per vedere quante ne avesse vissute e per vedere quanto lontano sarebbe andata nel passato. In seguito le esploreremo più a fondo. Alla fine abbiamo ottenuto più di quanto ci aspettassimo. Tutto cominciò in maniera abbastanza ingenua. Johnny la stava portando in regressione per salti di 20, 30 anni. Avevamo appena attraversato un altro periodo come spirito che racconteremo più tardi, dopodiché ci siamo imbattuti in un giacimento quando Johnny si fermò all'anno 1770 chiedendole: "Cosa stai facendo?".

A: Il burro (Cantilenando) Burro, latticello.
J: *Ti piace il latticello?*

A: Francamente non lo sopporto. La famiglia adora il burro fresco, così io lo faccio per loro.

J: Come ti chiami?

A: Sarah... Sarah Breadwell (fonetico).

J: Quanti anni hai, Sarah?

A: Adesso circa 60.

J: Sei sposata?

A: Certo! Da quando ero ragazzina, da quando ne avevo 14.

J: Dove vivi, Sarah?

A: Viviamo qui a casa nostra. L'abbiamo costruita noi.

J: Immagino sia stata una faticaccia.

A: Ricordo che ci abbiamo faticato tanto. Ora ha il suo pavimento, niente sporcizia. Molto meglio, era terribile avere il pavimento sporco quando i bambini erano piccoli.

J: Quanti bambini hai?

A: Beh, ne ho partoriti dieci, ma ne ho cresciuti solo due.

J: Vivete in una città?

A: No, siamo fuori, in una fattoria. La città più vicina è Boston. Non ci vado neanche.

J: Quanto dista casa tua da Boston?

A: Due giorni, signore. Due giorni interi.

J: E come la chiamate questa terra dove vivete?

A: New England. Un nuovo Stato, la gente lo chiama in modi diversi. Ad alcuni non piace chiamarlo New England. Dicono che siamo venuti qui per essere diversi, non vogliamo essere niente England.

J: Quando sei arrivata qui, Sarah?

A: Sono arrivata qualche anno fa... Più di qualche. Sono arrivata qui quando ero una ragazzina. Io stessa sono nata in Inghilterra.

J: Sei venuta con tuo padre e tua madre?

A: Si, è stata una lunga traversata! Ci abbiamo messo quasi cento giorni.

J: Come si chiamava la barca?

A: Oh, vediamo... è passato molto tempo e... molte cose a cui pensare. Era la King.

J: Avete avuto qualche problema con la traversata?

A: No, soltanto una tempesta. Ci ha colpiti una burrasca.

J: Hai avuto il mal di mare?

A: Sono stata l'unica a non averlo. Mamma dice che Dio protegge i bambini.

111

J: Si si. *Ora vediamo, questo è l'anno 1770, e stai ribollendo latticello...*

A: (Interrompe) Non sto facendo il latticello, cretino. Sto facendo il burro!

J: *(Pensando a quando ebbe inizio la Rivoluzione Americana) D'accordo Sarah, ora conto fino a tre, e sarà l'anno 1777. Stiamo avanzando. Uno, due, tre... è il 1777. Che stai facendo oggi, Sarah?*

A: Dondolo e cucio, cucio e dondolo. Rammendo calzini.

J: *Che tipo di giornata è oggi?*

A: Bel sole... autunno frizzante.

J: *E cosa sta succedendo in giro per il Paese?*

A: Ah, c'è una battaglia e le voci si rincorrono. Prima da un lato, poi dall'altro. È difficile da raccontare.

J: *Chi sta combattendo?*

A: Stiamo combattendo contro l'Inghilterra, e ci siamo già sbarazzati di loro. Non saremo il New England!

J: *E cosa sarete?*

A: Saremo liberi! Ci faremo le nostre leggi e regolamenti e il nostro governo! È così che la gente dovrebbe vivere, libera. Come le leggi della natura - vivere liberi!

J: *E tuo marito è in battaglia?*

A. Ha ha, no, ha quasi la mia età e anche di più. Non c'è adesso. È un dottore e fa quello che può per aiutarc. Ci sentiamo abbastanza spesso.

J: *È un dottore?*

A: È un dottore.

J: *Perché vivete in una fattoria se lui è dottore?*

A: Perché non ci piace vivere in città. Ci piace qui. C'è una piccola comunità qui, e dove c'è gente malata c'è bisogno di un dottore. Lui fa anche il contadino, e viviamo felici.

J: *Bello. Ora conto fino a tre e sarà l'anno 1740. (Decide di andare indietro). Che cosa stai facendo oggi, Sarah?*

A: Sto pulendo casa e facendo il mio lavoro e... si potrebbe dire che sto facendo la signora come si deve.

J: *Che tipo di giornata è questa?*

A: È Inverno, fa freddo fuori.

J: *Hai il fuoco acceso per tenere calda la casa?*

A: Si. La famiglia è qui, È bello.

J: *Quanto è grande casa tua?*
A: Beh, ho sei stanze. È una casa bella grande.
J: *(Controllando quello che lei aveva detto prima.) Tu e tuo marito le avete costruite tutte da soli?*
A: Una alla volta. Abbiamo iniziato con una stanza, e poi ne abbiamo aggiunte via via altre. Per ottenere qualsiasi cosa ci vuole molto tempo. Si lavora duro.
J: *È una cosa lenta ma poi, una volta che la ottieni, resta lì.*
A: È nostra.
J: *Tutta vostra. (Di nuovo, Johnny controlla ulteriormente le dichiarazioni precedenti). Cosa fa tuo marito, Sarah?*
A: È un dottore, contadino, lui si definisce un tuttofare. Si è trasferito qui fuori, lontano dalla vita di città. Io vivevo nella fattoria con i miei.
J: *Loro avevano una fattoria vicino a dove vivete ora?*
A: Abbastanza vicino. Eravamo vicini. Chiaramente ora sono scomparsi.
J: *E questo è l'anno 1740. In che mese siamo?*
A: Dicembre.
J: *Che tipo di fuoco hai per tenere la casa calda?*
A: Ho dei ceppi nel camino.
J: *Sono nel caminetto?*
A: (Irritata) Certo!
J: *Beh, pensavo che magari avevate una di quelle stufe.*
A: No, abbiamo tre camini in casa.
J: *Mantengono la casa ben calda?*
A: Sì, abbiamo un piccolo spiffero, ma ci si deve aspettare cose come questa. Le stufe vanno bene, e forse un giorno ne avremo una. Prima viene la casa.
J: *Quanti anni hai, Sarah?*
A: Ventinove.
J: *(Controlla ancora una volta) Da quanto tempo siete sposati?*
A: Da quando avevo 14 anni.
J: *Quanti bambini avete?*
A: Ne ho uno ora, un maschio. Ha 12 anni. Presto ne avrò un altro.
J: *Va a scuola?*
A: Insisto molto sulla scuola. Lo voglio brillante come suo padre.
J: *Come si chiama tuo marito?*
A: Bruce.

113

J: *Come hai detto che faceva di cognome?*
A: Breadwell. Anche lui è inglese, ma è nato qui.
J: *Quindi i suoi genitori sono venuti qui prima dei tuoi?*
A: (Sarcastica) Sarà così.

A questo punto Johnny riporta Sarah indietro al 1720.

J: *Cosa stai facendo ora?*
A: Scrivo. Mi esercito nella scrittura. Per me è terribile imparare.
J: *Ci vuole un sacco di pratica.*
A: Non ci riesco mai bene sul campione di scrittura.
J: *(Pausa) Che giorno è fuori?*
A: Fammi andare a vedere alla finestra… Arriva la nebbia.
J: *Dove vivi?*
A: Con mamma e papà. Mamma è in cucina a preparare la cena.
J: *E il nome della città in cui vivete?*
A: Si chiama Bostonia. Quando siamo arrivati qui si chiamava in un altro modo, poi l'hanno cambiato. Una volta si chiamava 'Incrocio su Post Road', papà ha detto che poi l'hanno subito cambiato un'altra volta. Lui sta nei campi.
J: *La vostra casa si trova vicino alla città o siete lontani?*
A: Viviamo vicino alla città, abbiamo un bel po' di terreno intorno. Non lo usiamo neanche tutto.
J: *Si deve viaggiare per raggiungere l'altra parte dei vostri terreni?*
A: Lui ci va a cavallo.
J: *Quanti anni hai. Sarah?*
A: Dieci.

Nota: Questo verifica i precedenti riferimenti alla sua età negli diversi anni. Per inciso, la voce e la dizione di Sarah corrispondevano ad ogni età con sorprendente naturalezza.

J: *Dieci anni! Stai diventando una ragazza grande!*
A: Sono piccola per la mia età. Perché dici "grande"?
J: *Beh, dieci anni, e stai imparando a scrivere…*
A: (Ridendo) Tutti sanno scrivere!
J: *Ah, ma ci vuole molto esercizio.*
A: Ce ne vuole, ce ne vuole.
J: *Ci sono Indiani qui in giro?*

A: Pochi, pochi. Stanno tra gli alberi. Papà ha detto che se noi non diamo fastidio a loro, loro non ne danno a noi.

J: *Quindi non hai mai parlato con uno di loro, o provato a fare amicizia?*

A: Li ho visti. Non so parlare la loro lingua. Sembra come... (emette dei grugniti) non riesco a pronunciare nulla di ciò che dicono. A volte parlano la lingua dei segni. Se vengono alla porta, mia madre gli dà del cibo. L'unica cosa che gli ho mai sentito dire nella nostra lingua è: "Brava donna... donna gentile". Danno dei bei nomi a mia madre. Mamma dice che è perché lei ne ha aiutato uno quando era malato. Era venuto da noi ma non avevamo medicine, e lei gli ha dato il tè salsapariglia, che lo aiutò ad abbassargli la febbre. Tornarono per portare delle pelli e le lasciarono davanti all'ingresso per la Brava Donna.

J: *Fu bello da parte loro.*

A: Papà dice sempre di essere amichevoli con loro e non mostrare di aver paura. Loro odiano la paura.

J: *Hai mai visto dove vivono gl'Indiani?*

A: Oh, no! Vivono nella foresta. Ne sarei terrorizzata. Io non vorrei mai allontanarmi da casa. Sono famosi per prendersi i bambini. L'hanno fatto, ne abbiamo sentito parlare. Papà dice che siamo loro amici finché loro vogliono esserlo, ma che dobbiamo stare sempre attenti perché possono cambiare.

J: *Capisco. Da quanto tempo vivete lì?*

A: Siamo qui da due anni. Il tempo va così veloce! Le cose cambiano sempre. Mamma non piange più per tornare a casa. Le cose che abbiamo portato sono le nostre, ci terremo quelle. Faremo qui la nostra casa. Non torneremo indietro.

J: *Perché, c'è gente che parla di tornarsene a casa?*

A: Alcuni vorrebbero. Noi siamo gente fiera, resteremo qui. Papà dice, se i tempi si fanno duri, stringi la cinta e lavora di più.

J: *Beh, suona bene. Conto fino a tre, Sarah, e sarà l'anno 1707... Cosa stai facendo?*

A: Niente.

J: *Niente? Dove sei?*

A: Non ne sono sicura

J: *Cosa riesci a vedere?*

A: Vedo cose strane... cose nuove che stanno accadendo... che la mente non ha mai conosciuto finora... queste cose accadranno realmente.

J: Quali cose?

A: Una nuova nazione in cui vivere, da far crescere! Nuove idee... Le persone cambieranno e non avranno paura di ciò che non conoscono. Le cose che non si sopportano, saranno lasciate andare.

Era ovviamente nello stato spirituale ma sembrava vago e confuso. Che stesse vedendo i primi coloni arrivare nella nuova nazione, in America? Johnny la fece avanzare rapidamente all'anno 1715, quando lei sarebbe dovuta essere viva come Sarah a cinque anni.

J: È il 1715. Cosa stai facendo?

A: Sto guardando delle cose.

J: Cosa stai guardando?

A: Famiglie. Famiglie che si preparano.

J: Quanti anni hai?

A: Non ho un'età. Sto per fare una cosa strana!

J: Cosa stai per fare?

A: Entrerò in un corpo già vivente.

J: (Stupito) Stai per fare... COSA?

A: Entrare in un corpo che vive ora. Lo spirito è malato e deve riposare, ma il bambino deve vivere.

Anita aveva una voce completamente diversa, serena e un atteggiamento tranquillo.

Johnny rimase per un momento senza parole. Poi chiese: "Quanti anni ha questo bambino?

A: È molto giovane... sto vedendo... posso vederlo... sarò una bambina adesso. Sarò una ragazzina.

J: Qualcuno ti ha detto di fare questo?

A: Sempre, noi seguiamo ciò che sentiamo. La voce ce lo dice.

J: Ascolti questa voce o la percepisci soltanto?

A: Gli spiriti non hanno orecchie. Ascoltiamo attraverso le sensazioni. Vediamo attraverso le sensazioni.

Johnny stava cercando di seguire questo strano sviluppo.

J: E il bambino... Il bambino è malato quando subentri tu?
A: Il corpo è malato ma - ciò che più importante - lo spirito... lo spirito ora deve riposare.
J: Ah, Lo spirito lascia il corpo e tu subentri?
A: Lo spirito andrà via e io entrerò, e... il bambino starà immediatamente meglio. Il tempo di una febbre... e non noteranno cambiamenti... perché io sarò il bambino. Starò zitto e imparerò com'è il bambino. Nessuno noterà grandi cambiamenti. Solo che dopo la febbre se n'era stata un po' in silenzio, come se stesse riposando.
J: E in questo modo, l'altro spirito potrà riposare?
A: Deve tornare ritornare indietro a riposare. Non era pronto quando è stato chiamato. Questo accade ogni tanto ma si corregge molto facilmente.
J: Si. E come si chiama la ragazzina?
A: La ragazzina si chiama Sarah.
J: Sarah, e quanti anni ha?
A: Credo tra cinque e dieci anni. È difficile dirlo finché non mi avvicino di più. Presto sarò lì.

A questo punto, Johnny decise di avanzare di tre anni, nella speranza di avere un quadro più chiaro di questa strana situazione.

J: Ora è l'anno 1718. Cosa stai facendo?
A: Sto aiutando mia madre.
J: Che tipo di giornata è?
A: È una giornata di sole.
J: Bella e soleggiata. Come ti chiami?
A: Mi chiamo Sarah.
J: Quanti anni hai, Sarah?
A: Sette. Presto ne avrò otto.
J: Dove vivi?
A: Io non... non sto vivendo nella mia famiglia ora. Starò qui finché non partiremo. Con queste persone. Anche loro vanno. È un po' confuso.
J: Tu starai con...chi... amici?

A: Si, partiremo insieme, per trasferirci in campagna.

J: *Oh, quindi vivi in città ora?*

A: In una città.

J: *E stai per trasferirti in una fattoria?*

A: Probabilmente sarà una fattoria.

J: *E sei stata sulla barca?*

A: Signorsì.

J: *Come chiamate questo posto, lo sai?*

A: New... New England.

J: *Oh, sei appena arrivata, dunque?*

A: Da non molto.

J: *E stai da amici. I tuoi stanno costruendo una casa in cui vivere?*

A: Non me l'hanno detto... devo comportarmi bene. Torneranno presto per me. Dicono che sono sconvolta. Non mi fa bene uscire troppo di casa... finché non sarò più me stessa.

J: *Sei stata male?*

A: Si, qualche tempo fa. Mi sono ripresa bene. Ora sono in salute, la mia mente vaga. E dico cose che loro non credono.

J: *Cosa gli dici che non credono?*

A: Gli dico di cose che vedo. Cose che accadranno in futuro. Ma loro dicono che io non posso vedere queste cose. Mia madre dice: "Shhh! È pericoloso parlare così!".

J: *Oh... beh, Io credo in queste cose. Cosa hai visto che accadrà presto?*

A: Mentre andavamo in città, ho guardato, e all'improvviso era una città di... dimensioni enormi. I miei occhi non riuscivano a coglierne la grandezza! La città era tutta intorno a noi, e gli edifici diversi da ora La gente per strada era vestita in maniera diversa. Le strade erano asfaltate, non acciottolate. Lisce, finemente spianate.

J: *Potresti dire dunque quando tutto questo accadrà?*

A: Solo che sarà in un futuro, molto lontano perché ci sono stati molti cambiamenti. E la città - appena l'ho vista - mia madre mi ha sfregato la fronte e ha detto: "Povera bimba, non è stata più la stessa da quando ha avuto la febbre", e si è messa a piangere.

J: *Ma tu l'hai vista questa città così grande?*

A: Era enorme, grandissima.

J: *C'era molta gente? Com'erano vestiti, Sarah?*

A: Forse se non gliel'avessi detto mi avrebbe creduta. Non mi credeva.

J : Dillo a me!

A: Tu mi crederai?

J: Io ti crederò.

A: Beh, i vestiti che indossano le donne cadono fino alle ginocchia, non del tutto, forse a metà. Indossano calze velate, che puoi vederci attraverso... e camminano su tacchi alti. Devono essere persone molto eleganti per camminare così. Gli uomini indossano cappelli strani e i loro pantaloni sono più stretti, scendono dritti a terra.

J: Hai visto altre cose nel futuro?

A: Ah, ho visto altre cose, ma mia madre dice che nulla coincide, e si preoccupa per me. Dice che la mia mente è scossa.

J: No, io non penso che la tua mente sia scossa. Penso che tu stia solo vedendo cosa sta per accadere.

A: Pensi che tutto questo accadrà?

J: Credo di si. E mi piacerebbe che mi raccontassi qualche altra cosa che hai visto.

A: Beh, una volta ho visto mia madre, e ho visto la malattia intorno a lei. Gliel'ho raccontato, e lei si è messa a ridere. Ma due giorni dopo ha perso il bambino che aveva in grembo. È stato molto brutto.

J: E neanche dopo questa cosa ti ha creduto?

A: No, no, mi ha detto che era solo un bambino e che non avrebbe potuto tener conto di ciò che le avevo detto. Avrei potuto dire qualsiasi cosa. Molte volte ho detto di piccole cose che vedo. Ora so di non dover dire loro le grandi cose che vedo, altrimenti pensano che sono troppo scossa.

J: Quali altre grandi cose hai visto?

A: Ho guardato il molo e ho detto che le navi sarebbero state costruite col materiale con cui facciamo le canne delle pistole. Sarebbero state grandi, grandi navi e avrebbero attraversato l'oceano in pochi giorni. Tutti intorno a me scoppiarono a ridere. "Povera bambina" mi disse mia madre, "ha la febbre, la febbre cerebrale". Per loro sono un caso strano.

J: Penso che dovrebbero ascoltarti.

A: Ho capito molte cose guardandoli. Vedendo una persona, vedo il bene e il male intorno a lei, e a volte, capisco cosa accadrà. Io li guardo, e loro cambiano, e appaiono come penso che saranno negli anni a venire. Una volta ho visto un uomo, lui… è scomparso davanti ai miei occhi e sapevo che sarebbe diventato presto uno spirito.

J: *E dici che vedi le persone e puoi vedere il bene e il male intorno a loro. Che aspetto ha il male?*

A: Il male appare come nero. È oscuro. A volte si vede una persona in parte coperta, come se si trovasse in una nuvola, o parzialmente avvolta dalla nebbia. E si capisce che questa persona ha fatto cose malvagie, o ne farà, o che accadrà qualcosa di brutto. Se li guardi e ci pensi, puoi dire cos'è. Li guardo attentamente, chiudo gli occhi e capisco se sta per accadere qualcosa di male. Possono stare male... persino nel passato. A volte vedo se in passato hanno fatto molto male.

J: *E che aspetto ha il bene?*

A: È luminoso, come se una persona si trovasse nella piena luce del sole. Un bellissimo aspetto.

J: *Ci sono colori diversi?*

A: Molti colori. Tanti come l'arcobaleno e ancora di più. Una veduta bellissima.

J: *Tu sai se i diversi colori hanno diversi significati?*

A: A volte li vedo come significanti cose diverse. A volte posso dirti esattamente come sarà. Altre volte ho dei dubbi, sono curiosa. E posso guardare e capire.

J: *Beh, tua madre e tutte quelle altre donne dovrebbero ascoltarti. Potrebbero imparare qualcosa.*

A: Pregano tutte per me. Pregano perché l'incantesimo che ho nella mia mente si spezzi.

J: *D'accordo Sarah, e siamo nel 1718?*

A: È il 1718.

J: *Ora conto fino a tre e andremo indietro all'anno 1700.*

Quando fu portata in regressione a quell'anno, divenne di nuovo spirito. Questi episodi verranno riportati in un capitolo separato. In una successiva sessione, Johnny toccò ancora un po' il 1770. Questa tecnica fu utilizzata un certo numero di volte, più o meno per verificare eventuali incongruenze. Tuttavia ogni personalità emerse abbastanza distintamente. Anita sarebbe passata istantaneamente dall'una all'altra come se non ci fossero state interruzioni, anche dopo diverse settimane. Questa parte successiva è degli anni intorno al 1770, quando le fu chiesto: "Cosa stai facendo?"

A: Beh... stavo dormendo!

J: *Ti sei appena alzata?*

A: Devo essermi... mi sento allegra... mi sono appena alzata... sarà una bella giornata.

J: *Il sole è gia sorto?*

A: Si, il sole è già lì fuori. Sembra bello... Mi piace il mattino.

J: *Che momento dell'anno è questo?*

A: È primavera. Sarà una bella giornata luminosa. Metto sempre il mio letto verso ovest, così posso vedere la mia finestra a est.

J: *Come ti chiami?*

A: Sarah.

J: *Come fai di cognome, Sarah?*

A: Breadwell. Sarah Breadwell.

J: *E quanti anni hai, Sarah?*

A: Ah, mi sto facendo vecchia, sto invecchiando... stanca.

J: *Sei sposata, Sarah?*

A: Si, sono sposata.

J: *Dov'è tuo marito?*

A: Beh, non è tornato ieri sera. È uscito per una visita.

J: *Qualcuno che sta male?*

A: Una ragazza, sta per avere un bambino. Ha avuto un momento difficile. La levatrice è andata con lui. Credo abbiano passato la notte lì. A lui non piace tornare col buio. Non ci vede più bene come una volta.

J: *E tra l'altro il cavallo può inciampare e cadere.*

A: Beh, certo. Per la verità conosce le strade a menadito, e anche il cavallo ormai.

J: *Da quanto tempo è via tuo marito?*

A: Ah, è partito ieri sera intorno alle... oh, appena prima che facesse scuro. Eravamo seduti a parlare qui sotto al portico e sono venuti a cavallo a chiedere di lui. Va sempre, difficilmente si fa pagare in denaro. Gli piace aiutare le persone. A volte gli danno del mais o quello che hanno. Questa ragazza, conosciamo la sua famiglia e so che lui è in pena per lei.

J: *Cosa farai oggi?*

121

A: Penso che me ne starò seduta qui fuori per un po'. Presto sarò in grado di alzarmi e andare in giro. Un'anca non può tenerti ferma per sempre.

J: *Ti sei fatta male l'anca?*

A: Beh, sai, quella volta sono caduta li', vicino alla cantina. Mi sono rotta questa maledetta cosa. C'è voluto un po' per rimetterla in sesto. Devo stare a letto. Ho cominciato a dare di matto, sdraiata nel letto così a lungo.

J: *Si, la convalescenza è la parte più difficile dello star male.*

A: Dopo che ha smesso di farmi così male voglio alzarmi. Ma quando mi muovo fa male. Ora ho paura che mi si irrigidisca. Voglio alzarmi e muovermi di più, e non farla calcificare.

J: *Già. Hai bambini, Sarah?*

A: Ne ho due.

J: *Dove sono?*

A: Oh, sono via. Sai, sono sposati, e non stanno sempre qui.

J: *Vivono molto lontano?*

A: No, non lontano.

J: *Come si chiama la città, Sarah?*

A: Credo Bostonia. È così che la vogliono chiamare, credo.

J: *Come la chiamavate all'inizio, quando siete arrivati qui?*

A: Beh, all'inizio non la chiamavamo. All'inizio era solo come un incrocio su Post Road. Percorrono quella strada da... credo dicano che arrivi fino a New York, dove vivono gli olandesi.

J: *Gli olandesi?*

A: Si, Tedeschi, Olandesi, vivono laggiù a New York. E percorrono questa strada, c'è molto traffico e tutto il resto. Che dire, a volte guardo su quella strada e vedo anche quattro, cinque stranieri al giorno. Le cose crescono. La faranno arrivare giù fino a Filadelfia. Questa strada inizierà a Filadelfia, passa per New York e arriva fin qui. Suppongo che stiamo ad un estremo della strada. Non ho mai sentito che vada più a nord. Penso si fermi proprio qui.

Quando ho cercato di verificare alcuni di questi fatti, ancora una volta ho incontrato diversi problemi. Ho scritto a parecchie società storiche di Boston e da ognuna ho avuto essenzialmente la stessa risposta. Ricevono troppe richieste di informazioni e quindi non possono rispondere per posta. I loro registri sono disponibili per la ricerca solo a genealogisti professionisti che, naturalmente, devono essere pagati.

Una società ha accennato che il termine 'Bostonia' sarebbe prossimo all'ortografia latina della parola 'Boston' e che per anni sia esistita una strada principale che conduceva a ovest, nota come la Boston Post Road.

Alcuni dati sono giunti da una fonte sorprendente: uno dei libri di storia dei nostri figli. Citazione da Storia dei Nostri Stati Uniti, Capitolo 12 - 'Soluzione dei problemi di trasporto': I sentieri diventano strade. Nei primi giorni del periodo coloniale la foresta sembrava infinita. Chi viaggiava via terra percorreva i sentieri indiani. Poco a poco, gli uomini hanno sgomberato alcuni di questi sentieri o ne hanno creati di nuovi, abbastanza larghi per passarci a cavallo. Alla fine del periodo coloniale, alcuni di questi sentieri erano stati allargati abbastanza per farci passare un carro con i buoi o una carrozza. Quando un viaggiatore arrivava presso un ruscello, doveva trovare un posto dove l'acqua fosse abbastanza bassa da attraversare. Nei pressi delle città, a volte un uomo intraprendente manovrava un traghetto. Vicino alle città inoltre, a volte venivano costruite strade.

Così nel 1760, l'unica lunga strada su cui le diligenze e le carrozze private potevano viaggiare da una colonia all'altra era quella che collegava Boston, New York e Filadelfia. In estate si poteva andare in diligenza da Boston a New York in una settimana o giù di lì, e raggiungere Filadelfia tre giorni dopo. Un viaggio invernale avrebbe richiesto più tempo.

Nel 1760, per viaggiare verso sud da Filadelfia, si doveva prendere una nave costiera per Savannah o per Charleston. Andando via terra, si doveva cavalcare a cavallo, perché in alcuni punti, la 'strada' costiera era impraticabile.

Sembra quindi che le migliori informazioni possano provenire dalle fonti più improbabili.

La sessione continuò mentre Johnny portava Sarah all'anno 1790 chiedendole: "Che cosa vedi?"

A: La famiglia.
J: Cosa stai facendo?

123

A: (Bisbigliando) Sto a letto.

J: Sei malata?

A: Molto malata.

Sembra che Sarah sia morta alla veneranda età di 80 anni, piuttosto anziana per quell'epoca.

A quanto pare, lo strano avvenimento del suo ingresso in questa vita e la conseguente abilità psichica acquisita svanirono dopo qualche anno; naturalmente la bambina non fu stimolata. Negli anni successivi la sua vita sembrò essere alquanto normale.

Può essere che Sarah avesse acquisito tali abilità psichiche perché non aveva avuto un parto normale, ma era entrata nel corpo del bambino direttamente dal mondo degli spiriti? Sembra che un parto normale sbiadisca e cancelli la memoria della vita passata e del mondo spirituale. Poiché l'attenzione del bambino è concentrata sull'apprendimento del funzionamento del corpo, del camminare, del parlare e così via, i ricordi sbiadiscono e nella maggior parte dei casi non ritornano più, tranne forse sotto ipnosi. Questo caso mostra un'eccezione alla regola. Sembra che il mondo degli spiriti e la nostra vita fisica siano molto più complicati di quello che possiamo mai immaginare.

Fu diversi anni dopo, nel 1970, che Ruth Montgomery inventò il termine 'walk-in' (ingresso senza preavviso) nel suo libro Strangers Among Us per descrivere casi come quello che avevamo sperimentato. Questo termine si adopera quando due anime per qualsiasi motivo si scambiano di posto ma al momento del nostro esperimento un'idea del genere era del tutto inaudita e rimanemmo sbalorditi dall'intero concetto. I walk-in (insieme al corrispondente concetto di 'Imaging') sono discussi in modo più esauriente nel mio libro Between Death and Life.

Capitolo 8

Mary in Inghilterra

Fino ad ora, Anita era stata straordinariamente coerente circa date e orari, per tutto ciò che riguardasse June/Carol, Jane e Sarah. Ma per il resto delle sue vite ha cominciato a confondere l'elemento del tempo. Dalle cose che ha detto, abbiamo potuto soltanto stimare da quale epoca stesse parlando.

Quando si è fatta avanti la quarta personalità, a quanto pare avevamo attraversato l'oceano e ora eravamo in Inghilterra. Ha fatto irruzione sulla scena come una vecchietta con una deliziosa cadenza irlandese. Abbiamo scoperto che si chiamava Mary e che viveva vicino al confine con la Scozia ma ancora una volta, per chiarezza, sarebbe meglio iniziare dalle prime registrazioni che abbiamo della sua vita.

Johnny l'aveva portata indietro all'età di dieci anni circa. Immediatamente la sua voce e la sua dizione diventarono quelle di una bambina.

J: *Cosa stai facendo Mary?*
A: Sto andando in carrozza... guardando i miei disegni... e mi chiedo presto dove saremo. È un lungo viaggio.
J: *Dove stai andando?*
A: Questa è la città di... la città di... papà! Papà hai detto come si chiama ma non ricordo. (Pausa, come se stesse ascoltando) Si? Papà mi ha detto che questa è Loch. Andremo a vivere lì. I nostri averi sono arrivati col carro, ora arriviamo noi.
J: *Dove vivevate prima?*

125

A: Un piccolo villaggio sulla costa. Non c'erano altri oltre noi!

J: *Era lontano da Loch?*

A: Ah, no. Forse facendo la strada lunga. Chiedo sempre a papà: "Possiamo fare la strada più lunga?". Ma se ci vai direttamente in carrozza sei lì in 2 ore.

J: *Come si chiama l'altra città?*

A: Crew.

Sapevo che Loch in Scozzese significa Lago. Ho dato un'occhiata alle mappe per cercare qualsiasi riferimento a una città chiamata Crew. Tutto ciò che ho trovato è stata una Crewe nell'Inghilterra centrale, costruita solo nei primi decenni dell'Ottocento, grazie allo sviluppo della ferrovia. Per fortuna, c'era una moglie della Marina che viveva a Beeville ed era scozzese. Le ho chiesto di Crew. Mi ha detto che c'era un villaggio chiamato Crew sul lato scozzese, ed era così piccolo che probabilmente non risultava neanche sulle mappe. Ha detto anche che è sempre stato un posto piccolissimo.

J: *E cosa faceva tuo papà a Crew?*

A: Temo nulla di buono. Ma qui avvierà un'attività in proprio.

J: *Che attività?*

A: Calzolaio.

J: *C'era un calzolaio a Crew?*

A: Lui ha lavorato dal calzolaio come apprendista.

J: *Sei andata a scuola?*

A: No. Mamma mi insegna ciò che può. Non si addice alle donne saper troppo. Papà dice che saranno infelici se, col loro cervello, imparano come un uomo. È contro natura.

Qui, Johnny mostrò una insospettabile vena di sciovinismo nell'osservare (compiaciuto, pensai): "Tuo papà è molto intelligente!". Mary continuò:

A: Papà ha imparato il suo mestiere e, quando gli ho chiesto di andare a scuola e imparare anch'io un mestiere, si è messo a ridere. Ha detto che avrebbe guadagnato abbastanza soldi per tutti noi e che io piuttosto dovrei imparare ad essere una signora e a fare le cose da donna. Sì, e non dovrei cercare di essere un uomo. Confonde il cervello, va contro natura. L'uomo dovrebbe imparare e la donna dovrebbe stare a casa. Sì, c'è molto da imparare, cucinare, e cucire, per tenere la casa come si deve. È peccato ed è una vergogna non farlo per bene.

La volta successiva che incontrammo Mary era più grande ed era sposata.

J: *Cosa stai facendo?*
A: Sto aspettando il sole.
J: *Ah, ancora non è sorto?*
A: No.
J: *Da quanto tempo sei sveglia?*
A: Da molto presto. Mi piace quando è così, né scuro, né tanta luce. Sto aspettando.
J: *Ti piace guardare il sole sorgere al mattino? È proprio bello.*
A: Mi piace.
J: *Come ti chiami?*
A: Mary.
J: *Qual è il tuo cognome, Mary?*
A: (Ride) Riley.
J: *Sei sposata, Mary?*
A: Si.
J: *Da quanto tempo sei sposata?*
A: Da molto tempo… molti anni.
J: *E cosa fa tuo marito?*
A: Fa le scarpe. Anche stivali e pantofole.
J: *Quanti anni hai, Mary?*
A: Io… credo almeno 40… penso di averne 40.
J: *Quanti bambini hai?*
A: Una, ho una figlia.
J: *Come si chiama?*
A: Mary.
J: *Come te?*
A: Come Santa Maria - che la Vergine possa sempre proteggerla.
J: *Vediamo, la tua casa… In che città si trova?*
A: Loch.
J: Da quanto tempo vivi a Loch?
A: Quasi tutta la vita. Sono venuta qui che ero una ragazzina.
J: *(Lui sapeva che Loch significa Lago) Vivete vicini all'acqua?*

A: Abbastanza vicino. Si può vedere dalla città. La città è stata costruita vicino al lago.

J: *Ah, vivi proprio in città quindi.*

A: Un po' verso la fine, ma in città.

J: *Vediamo, sei in Inghilterra, giusto?*

A: Si, Inghilterra.

J: *Chi è il Re?*

A: Abbiamo una Regina.

J: *Come si chiama?*

A: Mary.

Questa è l'unica cosa che ha detto che potrebbe fornirci una data. La ricerca ha rivelato che c'era una regina Mary I (Mary Tudor) chiamata anche Bloody Mary - Maria la Sanguinaria - che regnò dal 1553 al 1558. Era la figlia di Enrico VIII; quindi sorellastra di Elisabetta I. Il termine 'sanguinaria' le fu attribuito dai protestanti perché aveva intenzione di ristabilire la Chiesa Cattolica Romana (Papista) come Chiesa di Stato inglese, anche se ciò significasse guerra. Circa 300 Protestanti furono 'martirizzati' durante questo periodo. Ci fu anche un regno congiunto di Guglielmo III e Maria II dal 1689 al 1694. Potrebbe essere stata una di queste due sovrane.

J: *Hai mai visto la Regina Mary?*

A: Non sono mai stata lì; è troppo lontano.

J: *Dove vive?*

A: A sud. Ho sentito che viene qui ogni tanto, in un castello qui vicino, ma non l'ho mai vista.

Le ricerche hanno rivelato che il castello di Balmoral, nei boschi dell'Aberdeenshire nelle Highlands scozzesi, è la residenza scozzese del monarca britannico in carica. Potrebbe essere questo il castello di cui lei stava parlando?

J: *Probabilmente viene per le vacanze estive?*

A: Si, qui è meglio che lì. A lei piace l'acqua.

J: *Oggi dov'è tuo marito?*

A: Al lavoro.

J: *Ha il suo laboratorio?*

A: Quello fa, quello fa. Deve lavorare sodo, un paio speciale di stivali. Devono essere pronti per oggi.

J: *Ah, ha lavorato tutta la notte, o si è alzato ed è andato a lavorare presto?*

A: È andato da un po'. Gli ho preparato la colazione.

J: *Cosa mangiate a colazione?*

A: Il suo pancake scozzese preferito, uno scone, così lo chiama. Una piccola torta, poi faccio altre torte per il pranzo. Ci puoi mettere il burro, il miele, la marmellata. Sono buoni freddi o caldi. Una torta molto dolce. Sono un'ottima cuoca, sai.

J: *Si. Tua figlia sta ancora dormendo?*

A: Si. Sembra un angelo. I suoi capelli sono nerissimi. Una bimba bellissima, bellissima (la sua voce è così orgogliosa).

J: *Quanti anni ha?*

A: Presto avrà nove anni, presto.

Abbiamo incontrato Mary di nuovo, circa alla stessa età, in un'altra sessione.

J: *Cosa stai facendo Mary?*

A: Spazzo e pulisco, faccio luccicare tutto. Daremo una festa.

(Sembra felice ed entusiasta).

J: *Davvero?*

A: È il compleanno di mia figlia.

J: *Quanti anni compie?*

A: Ne farà dieci.

J: *Tu quanti anni hai, Mary?*

A: Ah… (risatina).. ne ho circa 40. Quasi 40.

J: *Chi verrà al compleanno?*

A: Tutti gli amici che conosce.

J: *Va a scuola?*

A: Va a scuola qui in città, una piccola cittadina, la scuola è piccola e lei apprende bene. È una bambina brillante, non come sua madre! Le brillano gli occhi.

J: *Come si chiama la scuola?*

A: (Ridendo) la scuola di Loch. Non la chiamiamo in nessun modo. Il prete dice, si, a volte la chiamiamo col nome della chiesa, sai. Lì le insegnano bene.

J: *Come si chiama la chiesa?*

A: St. Joseph. L'abbiamo chiamata così per il Santo Padre.

Questa era l'unica vita in cui lei parlava da cattolica.

J: *Cosa stai preparando per la festa?*

A: Le vanità! Mia figlia le adora così tanto.

J: *(Confuso) Cosa sono le vanità?*

A: È un impasto soffiato. Sembra leggero e soffice, e tu pensi che dentro sarà bellissimo. Ma quando lo apri, è quasi vuoto, ha un buco all'interno. Così lo chiamiamo vanità, rigonfio di vanità.

La ricerca in vecchi libri di cucina non ha rivelato niente con questo nome. Personalmente penso che somiglino a dei tortini lievitati.

A: E verserò loro del tè, come le signore. Lei vorrebbe che fosse come una festa per signore.

J: *Credo che a tutte le ragazzine piaccia atteggiarsi a signore.*

A: Oh si. E lei sarà la più bella di tutte. Bellissima. Ma se non ti spiace, vorrei continuare, così da non fare troppo tardi.

J: *Si, vai avanti. Ricorderà questa festa per tutta la vita.*

A: Si, lo spero. Abbiamo atteso così tanto per lei!

J: *Cosa le regalerai per il suo compleanno?*

A: Suo padre le ha fatto le scarpe più belle, e io le ho cucito un vestito… di velluto! Sarà così fiera.

J: *Lo sarà di sicuro.*

L'ultima volta che abbiamo incontrato Mary era una donna anziana e ci ha detto che stava lavorando uno scialle a maglia.

J: *È un bellissimo scialle quello a cui stai lavorando.*

A: Si, il colore è così luminoso, mi donerà.

J: *Che bello. Mary, non mi hai detto qual è il tuo cognome.*

A: Ah! Sei gentile e interessato a me? Mi farai visita per un po'?

J: *Si, lo farò.*

A: Bene, bene. Il mio cognome è Smythe-Riley (Sembra che Smythe fosse il suo cognome da signorina).

J: *Ti senti sola qui?*

A: La gente viene per comprare i miei lavori fatti a maglia. A volte vengono i miei nipoti.

J: *Hai molti nipoti?*

A: No, solo due. Dolci. I brownie sono dolci.

È stato detto che la divisione Brownies delle Ragazze Scout era così chiamata perché era così che le vecchie nonne irlandesi chiamavano i loro nipoti.

J: *Vediamo. Hai detto che hai settant'anni?*

A: Si. La mia vita è stata lunga ma mi sono divertita. Ora sto aspettando, la mia salute non è un granché. Se non mi muovo troppo, i piedi non mi fanno male. Faccio ancora scorrere le mie dita, posso lavorare bene a maglia. È bello tenersi impegnati. La mente, è nella la mente che invecchiamo.

J: *E dov'è questo cottage, Mary? Dove ci troviamo?*

A: (Ridendo) Che dire, siamo in Inghilterra! Si vede la riva scozzese da qui.

J: *Come si chiama la città?*

A: Viviamo ai margini della città, si chiama Loch.

J: *È una città grande?*

A: Ah... cosa è grande per te? Non è come Londra. Ho sentito che Londra è molto grande.

J: *Sei mai stata a Londra?*

A: No, mai. Ho attraversato l'acqua una volta per andare in Scozia. Ho attraversato l'acqua una volta per andare in Irlanda ma non sono mai stata a Londra. Sono una ragazza semplice, con una vita semplice.

J: *Sei inglese, scozzese, irlandese o cosa?*

A: Sono nata qui. Parlo come mio marito, dopo tanti anni trascorsi con lui. Lui era mezzo... mezzo irlandese e mezzo scozzese. Un brav'uomo (questo spiegava l'accento irlandese).

J: *Che lavoro faceva tuo marito?*

A: Lavorava qui in città, faceva scarpe, era un calzolaio. Faceva stivali e anche scarpe per signore. Era il migliore. Ha realizzato

131

lui le scarpe che indosso ora. Tengo cura di queste scarpe. Sono l'ultimo paio che mi abbia mai fatto.

J: *Come si chiamava tuo marito?*

A: Thomas. Thomas Riley. Un brav'uomo.

J: *Quanto tempo è passato dalla sua morte?*

A: Sono passati vent'anni.

All'epoca dovevano fare delle scarpe molto migliori di quelle di oggi, per durare 20 anni. Inoltre lei era una donna anziana che ovviamente non si muoveva molto.

J: *Quanti bambini avevi. Mary?*

A: Solo quella che è sopravvissuta. Questo ha addolorato il povero Thomas; avrebbe voluto una famiglia più grande. I miei bambini sono morti prima di nascere. Non ho mai portato che una sola bambina a termine della gravidanza. L'ho chiamata Mary.

Sembrava che Mary avesse vissuto a lungo in questa vita inglese, e che apparentemente fosse felice. Non sembrava esserci alcun collegamento con la vita attuale di Anita, tranne per il fatto che lei ora era cattolica e che i suoi figli avevano frequentato la locale scuola cattolica.

Capitolo 9

La Forte Gretchen

Pensavo che, arrivati a questo punto nelle regressioni, nient'altro ci avrebbe sorpreso. Ma ogni sessione conteneva qualcosa di fresco e nuovo per stimolare le nostre menti.

La parte che segue si è verificata quando Anita fu portata in regressione ad un momento di poco anteriore alla nascita nella vita in Inghilterra come la dolce e mite Mary. Naturalmente era uno stato spirituale, ma quello che ci disse fu poco chiaro. Parlava di un nuovo strano posto mai menzionato prima, un posto che sembrava diverso dal piano spirituale nel quale l'avevamo solitamente trovata.

J: D'accordo Mary, siamo andati un bel po' indietro. Cosa vedi?
A: È nero, scuro. Presto diventerà più chiaro.
J: Cos'è... notte?
A: Era notte, ora è l'alba.
J: Cosa stai facendo?
A: Sono venuta in questo posto per la prima volta in assoluto. Il mio spirito ha riposato per centinaia di anni.
J: Che posto è questo?
A: Inghilterra, credo. E ora sono pronta a iniziare le mie serie.
J: Serie di cosa?
A: Le mie lezioni. La mia anima dev'essere purificata e io devo imparare. Procederò per passi mentre sento la mia voce dirmi cosa fare. E ogni volta imparerò qualcosa di diverso, qualcosa di nuovo. Da ognuna imparerò qualcosa. Io osserverò e guarderò.
J: Dove sei stata?

A: A riposare, per molti anni… centinaia sembra, riposando.

J: Dove riposi?

A: Al di sopra della Terra, sopra ogni cosa. Nessun sentimento, vibrazione o colore. Quando ti riposi, sei completamente in pace.

J: Ma sei lontana dalla Terra?

A: Lontano. Ho sentito che ci sono problemi lì.

J: Sulla Terra?

A: Sempre guai, povere anime. Inviate dalla pace alla Terra. Impareremo, prima di poter tornare.

J: Vai sulla Terra per imparare lezioni?

A: Si, Devo imparare.

J: Ti sei riposata per molto tempo?

A: Molto, molto tempo.

J: Perché? Il tuo spirito era stanco?

A: Ha subito molta violenza. Molta violenza, e il mio spirito è stato lacerato e ferito. Avevo bisogno di riposare. Era qui, ma non parlavo questa lingua. Ma ora sto parlando a te. Ricordo qualcosa, ma per essere davvero riposato non dovrei ricordare. La voce mi dice che mentre si avvicina il momento dimenticherò sempre più. Io non devo ricordare. Influenzerebbe la mia lingua, il mio… influenzerebbe tutto, il mio modo di pensare, di imparare. Non dovrei ricordare il passato. Lo spirito entra fresco, senza conoscenza. E riposato, si entra nel corpo… e si comincia. Si comincia.

Tutto ciò era poco chiaro. Johnny cercò di orientarla verso un periodo o un anno definito, in modo da poter fare domande e riportare la sessione a qualcosa che potessimo comprendere.

J; Vediamo… dici che hai riposato centinaia di anni. Conto fino a tre e torneremo indietro di 100 anni. Sarai capace di parlarmi nella lingua che parlo. Dimmi, cosa stai facendo?

A: Mi sto preparando a riposare.

J: E dove stai riposando?

A: Non c'è un nome… non esiste un nome con cui lo chiamiamo. Siamo qui, siamo insieme.

J: Noi? Siete in molti?

A: Molti spiriti, molti, e riposiamo. Mi dicono che a volte puoi tornare molto velocemente. Se hai fatto qualcosa di assai sbagliato, a volte vuoi tornare prima che la memoria sia interamente cancellata. E cerchi di non fare gli stessi errori o sarai condannato a tornare indietro più volte. Meglio riposare e dimenticare.

J: D'accordo. Conto fino a tre e torneremo indietro di altri 100 anni. Cosa stai facendo ora?

A: Sto iniziando il mio riposo.

Stava appena iniziando il suo tempo in questo misterioso luogo di riposo? A quanto risaliva la sua vita precedente a questo momento? Avremmo continuato ad indietreggiare fino a quando non l'avremmo scoperto.

J: Bene. Conto fino a tre e saremo indietro all'anno 1300. Saprai parlarmi nella mia lingua. Cosa stai facendo?
A: Mi sto preparando per il banchetto.
J: Per cosa è stato organizzato?
A: Per i grandi festeggiamenti. Ci sarà un banchetto quando torneranno gli uomini.
J: Dove sono gli uomini ora?
A: Sono via in guerra. Noi siamo vittoriosi, noi non perdiamo.

Questa personalità era molto dominante e risoluta.

J: Chi sei tu?
A: Chiedo scusa? Capisco.. la tua domanda.. non.

Chiunque abbia studiato una lingua straniera riconoscerà cosa sta succedendo qui. Johnny le aveva chiesto di parlare in Inglese. Per poter tradurre da una lingua all'altra bisogna invertire l'ordine delle parole in mente. Sembra che lei non capisse la domanda perché stava pensando in un'altra lingua.

J: Ah... Come ti chiami?
A: Il mio nome? Gretchen.
J: Gretchen. E hai un cognome?
A: Vengo chiamata col cognome di mio padre: Müller.
J: Gretchen Müller. E dove ti trovi? In quale nazione ti trovi?
A: Conoscerai la mia nazione come Germania. Sarà Germania.
J: Tu come la chiami?

A: Nella lingua in cui mi hai detto di parlarti la chiamo Germania.

J: *Dimmi, come chiami la tua nazione nella tua lingua?*

A: Deutschland (la pronuncia in maniera diversa: Do-sch-land. L'accento era sull'ultima sillaba). Io sono la tua madre patria.

Io pensavo si fosse sempre chiamata la Terra Natia o è solo nei tempi moderni?

J: *E gli uomini sono via per la guerra. Chi stanno combattendo?*

A: Stanno combattendo contro il castello sul Reno. E vinciamo, i nostri sono forti e sono tanti.

J: *Quanti uomini avete lì, al castello?*

A: Saranno… quasi un centinaio, credo si direbbe. Molti uomini.

J: *E tuo padre, ora è via in battaglia?*

A: Mio padre è via. Mio zio, tutti gli uomini e i servi, combattono tutti per la protezione comune. Noi non verremo battuti, noi siamo forti.

J: *Gretchen, cosa fa tuo padre al castello, quando non combatte?*

A: Fa ciò che fanno tutti gli uomini. Aiuta suo fratello. Suo fratello possiede il castello ed è nella famiglia. Noi tutti viviamo qui: la famiglia.

J: *Ed è il castello del fratello di tuo padre,*

A: Mio zio Wilhelm. Il grande Wilhelm Müller.

J: *E l'altro castello contro il quale sono andati a combattere. Sono venuti fin qui a scatenare la battaglia?*

A: (Indignata) Hanno provato a prendersi terreni che non gli appartenevano! Certo, non tutti i nostri terreni sono all'interno del nostro castello. Viviamo tutti insieme, vicini, ma i nostri terreni si estendono tutti intorno. Loro hanno provato a prendersi alcuni dei nostri terreni! Prima sono andati a caccia, poi hanno persino provato a piantare delle cose su un nostro terreno. E questo è stato troppo. Per questo - dice mio zio - abbiamo dovuto dichiarare guerra.

J: *Dimmi, quanti anni hai Gretchen?*

A: Sono prossima all'età del matrimonio.

J: *Stai per sposarti?*

A: Quando mio zio e mio padre saranno d'accordo, e troveranno un uomo adeguato nella nostra nazione, con una proprietà adeguata, mi sposerò.

J: Non vedi l'ora di sposarti?
A: Tutte le donne dovrebbero essere sposate, avere dei figli forti. Noi siamo un grande popolo e nessuno ci conquisterà mai, siamo i più forti. Siamo forti nello spirito, nel corpo, nella mente e io dovrò avere dei figli così quando mi sarò sposata. I più forti. Combattiamo contro altri castelli intorno e vinciamo sempre. Nessun castello prenderà mai il nostro.

Sembrava che l'idea di una razza germanica risalisse a molti secoli addietro. Dev'essere proprio innata nelle persone.

J: E il vostro è un grande castello?
A: Lo è, per essere un castello, è grande. Comprende molte famiglie, ci sono molti luoghi sicuri. Le fondamenta sono grandi. Le mura sono doppie e alte.
J: E la tua età ora, quanti anni sono passati da quando sei nata?
A: Diciotto, credo mi abbiano detto. Non è la stessa cosa, vedi, una madre terrebbe traccia di tutto questo. Mio padre non ha tempo da perdere con queste cose. Lui è impegnato, lavora sodo.

Johnny sperava di farle parlare un po' di Tedesco. Anche se non saremmo stati in grado di capirla, l'avremmo almeno registrato. Pensò che forse qualcun altro avrebbe potuto tradurlo.

J: Ciò che voglio tu faccia, Gretchen, è parlarmi nella tua lingua. Dimmi del tuo castello. Descrivimi nella tua lingua quanto è grande e quante persone ci vivono, e cosa fai lì.
A: Come farai a capirmi?
J: Beh, imparerò la tua lingua.
A: (Rabbiosa) Non ho tempo per insegnarti. Devo essere al banchetto. Posso parlarti per un pò ma non ho tempo per impararti la lingua.
J: (Colto di sorpresa) Oh, beh, Io... qualcun altro mi sta 'imparando'. Voglio soltanto che mi parli un po' nella tua lingua.
A: Ti dirò le parole più gentili in tutta la mia lingua e in ogni lingua, parole che già conosci. Ich liebe dich (ti amo). Puoi dirle in qualsiasi lingua, sono sempre gentili.
J: E nella tua lingua come lo chiami il castello?
A: (Spazientita) Il mio castello? Il castello di mio zio. Si chiama Müller, il castello del Forte Müller.

J: E anche nella tua lingua lo chiamate 'castello'?

A: (bruscamente) Tu vuoi che io t'insegni ma non ho tempo, ti dico! (Ha un bel caratterino).

J: Mi dispiace, Gertrude... Gretchen.

Questo la fece arrabbiare sul serio. Cominciò a urlare.

A: Non ricordi il mio nome, non ricordi la lingua. Puoi ripetermi cosa ti ho detto nella mia lingua?

Johnny fece un misero tentativo di pronunciare: "Ich liebe dich".

A: (Si calma). Il tuo accento è peggio del mio, e il mio ha un accento di campagna.

J: (Ridendo) Beh, tutti dobbiamo imparare, ci vuole tempo. (Cambia argomento) Cosa stai preparando per il banchetto?

A: Sto preparando il cervo. Carne di cervo.

J: Ti piace il cervo?

A: Agli uomini piace la carne, noi serviamo carne. Uomini forti, cibo forte. Mangiamo ciò che coltiviamo, mangiamo ciò che cacciamo, e saremo tutti forti. Essere forti è tutto. Cosa più importante, devi essere molto forte per sopravvivere, per vivere.

Dunque ci era stata presentata un'altra personalità, certo l'esatto opposto della docile e mite Mary. Questa ragazza tedesca aveva temperamento.

Nella sessione della settimana successiva decidemmo di scoprire cosa le fosse successo di così violento da metterla a riposo per così tanto tempo. L'idea era un po' snervante per Anita a causa della sua grande avversione alla violenza di qualsiasi tipo. Temeva che la violenza potesse essere una cosa personale, ed era preoccupata che sarebbe stato traumatico affrontarla. Era disposta a tentare la regressione, ma ciò la disturbava ancora.

Quando Johnny incominciò l'induzione, Anita diventò irritabile, e oppose resistenza. Questa è stata l'unica volta che ha lottato per andare in regressione. Era come se una parte di lei sapesse che ci stavamo avvicinando a qualcosa di insopportabile che era stato a lung repressso. Ciò nonostante, era stata condizionata attraverso molte settimane di lavoro in ipnosi, così dopo qualche momento, si rilassò, scivolando nello stato di trance profonda che le era familiare.

Johnny le disse che avrebbe fatto del suo meglio per guidarla attraverso l'esperienza con il minor trauma possibile. Anita aveva sviluppato una gran fiducia in lui, come è chiaro durante questa sessione.

Poiché tutte le indicazioni ci dicevano che Gretchen aveva vissuto nei primi del 1300, John la portò in regressione a quell'epoca e le chiese: "Che cosa stai facendo?"

A: Sto cucendo, sto facendo una sciarpa.
J: Quanti anni hai?
A: Non ne sono sicura.
J: Come ti chiami?
A: Gretchen.
J: Dove vivi, Gretchen?
A: Con mio padre.
J: Fuori è una bella giornata?
A: No, piove... Piove molto forte.
J: Dov'è tua madre?
A: È morta da molto tempo.

Questo spiega il motivo per il quale lei aveva detto di non conoscere la sua età, perché una madre avrebbe tenuto traccia di queste cose.

J: Ah, stai badando a te stessa allora?
A: Mio padre, lui bada a me.
J: Vai a scuola, Gretchen?
A: Cosa?
J: Dico, tu vai a scuola?
A: No... Che cos'è?
J: Sai, quando ti insegnano cose nuove e come fare diverse cose.
A: (Sulla difensiva) Mi viene insegnato a fare le cose. Mia zia, mio padre, le donne qui m'insegnano. So come fare le cose.
J: Ti ha insegnato tua zia a cucire così?
A: Ci sta provando. Mia zia sa cucire e fare le cose.

J: *E dove vivi, Gretchen?*
A: Con mio zio, mia zia, mio padre, ciò che è rimasto della mia famiglia.
J: *Hai una casa grande?*
A: Una casa? Un castello, una casa, un posto dove vivere.
J: *Hai un castello?*

Come sempre, era necessario fare delle ripetizioni per ricontrollare e capire se avrebbe detto le stesse cose.

A: Lo chiamiamo così, è molto grande.
J: *Quante persone vivono nel tuo castello, Gretchen?*
A: Dentro le mura?
J: *Si, non ci sono altri oltre te, tua zia, tuo zio e tuo padre, vero?*
A: Oh si, si. La famiglia di mio zio, i servi, le persone che lavorano la terra. Vengono qui, ne abbiamo circa un centinaio tutti insieme. Alcuni non sono sempre qui.
J: *Coltivate il vostro cibo al di fuori del castello?*
A: Quelli che mangiano, lavorano. Quelli che non lavorano non mangiano!
J: *Lavori fuori nell'orto?*
A: No! Io cucino, rammenderò. Non lavoro fuori.
J: *Chi fa tutto il lavoro fuori negli orti?*
A: I contadini. Un po' di cibo lo coltiviamo qui, ma non tutto. Non è sicuro fuori dalle mura.
J: *Perché non è sicuro, Gretchen?*
A: Se ti vedono ti catturano.
J: *Chi è che ti cattura?*
A: Quelli del castello accanto. Sul Reno, il castello accanto. Combattiamo sempre, sempre.
J: *In che nazione vi trovate?*
A: Germania. È la Germania.
J: *È così che la chiamate?*
A: Sarà la Germania.
J: *Non è ancora Germania ora?*
A: Mio padre dice che è un buon nome. Noi non siamo barbari. Noi uccidiamo solo per sopravvivere. Saremo una nazione, non saremo la nazione di nessun altro.
J: *Chi governa la tua nazione ora?*

A: Non ne sono sicura. La Chiesa ha autorità su ciò che facciamo. Agli uomini non piace questo: gli uomini saranno uomini.

J: A loro non piace che la Chiesa dica loro cosa fare?

A: Nessuno dovrebbe dire a un uomo cosa dovrebbe fare sulla sua terra, è la sua.

Più avanti la ricerca ha rivelato che all'epoca la Germania non era conosciuta con quel nome. Faceva parte del Sacro Romano Impero. Quindi, tecnicamente, la Chiesa aveva autorità su tutta l'area.

J: Avete un re?

A: No, non so cosa intendi.

J: Forse un.. che ne dici di un sovrano, un imperatore?

A: Un sovrano? Ne abbiamo uno, è Earl. Lui sarà sovrano.

J: Earl. Tutto qui il suo nome?

A: L'ho sentito chiamare solo così.

J: È lui che governa tutti i castelli lì intorno?

A: No ma lo farà. Lui è un amico.

J: Ah, lui sarà sovrano.

A: Lo sarà. Quando tutti gli uomini lo aiuteranno, allora lui potrà essere il sovrano. Alcuni castelli fanno resistenza a questo.

J: Non lo vogliono come sovrano?

A: Per essere forti, dobbiamo avere un unico sovrano. Ogni castello vuole il suo leader. Avremo una nazione forte quando avremo un solo leader.

J: D'accordo Gretchen, vediamo. Questo è l'anno 1300?

A: Se lo dici tu, è così. Io non guardo le date.

J: Non tieni traccia del tempo?

A: Non me ne preoccupo. Solo quando è primavera o autunno. Conosco i lavori che facciamo in primavera e in autunno. L'inverno mi piace di più.

J: L'inverno, perché?

A: C'è meno lavoro. E gli uomini stanno a casa.

J: Non vanno fuori nei campi e a caccia?

A: D'estate possono uccidersi tra loro come degli idioti ma d'inverno è più probabile che restino a casa.

J: Va bene, Gretchen. Conto fino a tre e andiamo avanti di molte estati e molti inverni. (Conta) Cosa stai facendo?

141

Appena Johnny arrivò al tre, Anita si irrigidì sulla sedia stringendo fermamente le braccia. Aveva la bocca fortemente serrata e il volto sprezzante. Quando parlava, lo faceva a denti serrati.

A: (Lunga pausa) Non so niente, non posso dire niente. Non dirò niente. Chiedere non servirà a niente, non vi dirò dove stanno!
J: *(Sorpreso) Dove stanno chi?*
A: Mio padre, mio zio e gli uomini.
J: *Oh! Chi te lo sta chiedendo?*
A: NON RISPONDERÒ!

Fu una svolta inattesa. Era ovvio che fossimo giunti alla parte della sua vita che volevamo scoprire, ma come procedere? Come aggirare il blocco? Avrebbe richiesto un po' di tatto e strategia.

J: *Gretchen, qualcuno sta cercando tuo padre?*
A: Tu sai dov'è!
J: *È molto tempo che è andato via?*
A: NON LO DIRÒ... Io non ho paura, non ho paura!
J: *Va tutto bene, Gretchen. A me puoi dirlo. Chi ti sta chiedendo dov'è tuo padre?*
A: (Ribelle) Come posso sapere che non lo dirai?

Johnny stava cercando di pensare ad un modo per fare breccia su di lei e guadagnare nuovamente la sua fiducia.

J: *Ti sono stato amico durante molti di questi viaggi.*

Anita si rilassò visibilmente, ma rimaneva ancora tesa.

A: Mi aiuterai a cercarli?
J: *Si, ti aiuterò.*

Potrebbe sembrare una cosa strana da fare, ma Johnny stava inventando le sue linee guida personali. Concluse che l'unico modo per farla parlare era entrare nella storia come partecipante. Inoltre, forse inconsciamente, lei aveva paura di affrontarlo da sola.

A: Se li trovano li uccideranno!

J: Forse possiamo avvisarli.

A: Voglio uscire dal castello ma mia zia dice di no. Tutti dicono di no ma io so dove si trovano, devo avvisarli (È assai sconvolta).

J: Chi c'è qui al castello?

A: Gli uomini dell'altro castello. Sono venuti qui.

J: Come sono entrati?

A: Non sapevamo chi fossero, erano vestiti in modo diverso. Quello davanti stava sul cavallo di mio padre e li abbiamo fatti entrare. Una volta entrati, abbiamo capito che non erano dei nostri. Non erano i nostri uomini ad essere tornati. Ora sono qui da quasi tre giorni e io non gli dirò nulla!

J: No. Stanno sorvegliando i cancelli per non farci uscire?

A: Stanno a guardia. Hanno cercato, hanno fatto tutto a pezzi, tutto, mentre lo cercavano... ma non sanno che mio padre è andato a cercare aiuto. Avremo rinforzi da nord. Conosco la strada. So arrivarci attraverso gli alberi. Non ci sono mai stata prima ma lo so, ho ascoltato.

J: Quanto pensi che ci metteranno i rinforzi ad essere qui?

A: Se mio padre sta arrivando, se è vivo, potrebbe essere qui a breve, forse un giorno. Potremmo galoppare veloci, possiamo uscire stanotte.

J: Pensi che ce la caveremo?

A: Non lo sapremo se non ci proviamo. Non aver paura. Mostrare paura è da deboli. Io non li temo, non avrò paura.

J: In quanti sono entrati tre giorni fa?

A: Circa... circa... non riesco a contarli... diversi. Non abbastanza, non tanti quanto tutti i nostri uomini, neanche una parte di quelli che abbiamo.

J: Se i vostri uomini fossero stati tutti lì, non sarebbero mai riusciti ad entrare.

A: Non sarebbe potuto entrare nessuno, se fossero stati tutti qui. Nessuno sarebbe entrato. Pensavamo che fosse mio padre.

J: Mi chiedo dove abbiano preso il suo cavallo. Forse si era sperduto.

A: (Dolcemente) Ecco perché... dentro... mi dispiace. Lui amava quel cavallo, non l'avrebbe lasciato andare. Devono averlo preso... dentro di me mi dispiace. (Grida) Io non ho paura... di queste persone!

J: No. Ma sai, se avessero preso tuo padre, non starebbero qui a chiederti dov'è, lo saprebbero già, quindi dovrebbero ignorarlo.

143

A: È quello che dico a me stessa.

J: Dev'essere vivo da qualche parte, in cerca di aiuto.

A: Forse… forse è ferito.

J: Potrebbe essere.

A: Devo cercarlo. Mio zio avrebbe potuto sopravvivere.

J: Tuo zio è andato con tuo padre?

A: È uscito poco dopo. Sarebbe stato più sicuro non viaggiare insieme. Se non ce l'avesse fatta uno, ce l'avrebbe fatta l'altro. (Lunga pausa) Appena fa buio vado.

J: Beh, forse puoi passargli davanti e loro non vedranno.

A: Penso di potercela fare. Posso andare attraverso le mura.

J: Avete una porta di cui loro non sono a conoscenza?

A: Non è esattamente una porta. Ci sono delle rocce che si aprono tra le mura e credo che se riesco ad entrare lì… proprio dall'altro lato del muro, sono allentate anche lì. Il muro non è troppo spesso. Posso passarci. Li ho sentiti parlare, è nell'angolo a nord.

J: Forse riesci a trovare un cavallo lì fuori, così potresti cavalcare verso nord.

A: Non so. Andrò a piedi se devo. Forse camminando potrei trovare più facilmente la strada. Non so quanto mi ci vorrà… se provo a pensarci… sono terrorizzata. Hanno delle terre intorno a noi, potrebbero trovarsi lì. Se vado a piedi posso nascondermi. Potrei passare da lì.

J: Cosa hanno fatto queste persone? Hanno conquistato questa terra intorno al castello e alla fine sono riusciti ad entrare?

A: Hanno ucciso quelli che lavoravano per noi, hanno bruciato la loro terra, la loro casa, fuori dalle mura. E noi abbiamo combattuto con loro, abbiamo combattuto con loro per lungo tempo. Acquistano forza su di noi.

J: Continuano a ricevere altro aiuto?

A: Si.

J: Beh, continueremo ad aspettare qui finché non farà buio.

A: Tu verrai con me!

J: Si. (Pausa) Sta facendo scuro?

A: Quasi.

J: Forse noi due insieme riusciamo a tirar via le pietre.

A: Dobbiamo provarci, dobbiamo provarci. So dove sono più allentate. Stai molto attento a rimetterle al loro posto in modo che non capiscano dove siamo andati.

144

J: *Si.*
A: C'è un cattivo odore nell'aria… È buio anche qui. Molto buio…
Sbrighiamoci, proviamo a trovarlo dall'altra parte. Spingiamo
forte! (Bisbiglia) Ascolta!
J: *(Lunga pausa) Cosa senti?*
A: Sono proprio qui fuori!

Riesco quasi a vederla, schiacciata al muro, mentre trattiene il respiro.

J: *Ah-oh. Dovremo aspettare.*
A: Riesci a respirare?
J: *Penso di si; ha un cattivo odore però. Pensi ti abbiano sentito che
cercavi di tirare fuori quella pietra?*
A: SHHH! (Anita trattiene letteralmente il respiro per diversi
secondi)… Lì… sono andati via… stai attento… fai molto piano.
(Bisbiglia) Non farla cadere!
J: *Accidenti, è buio pesto.*
A: Shhh! Funziona… Riesco a passare.
J: *Vai avanti tu, ti seguo.*
A: Non voglio aspettare… andrò avanti.
J: *Sarò proprio dietro di te. (Pausa) Riesci a trovare il sentiero?*
A: Devo aprirlo tra gli alberi... Mi dico che non ho paura.
(Commovente) Non ho paura; non ho paura... Deve essere questa
la via, l'unico posto. (Improvvisamente) C'è qualcuno!

Si poteva percepire la paura. Poi Anita improvvisamente arretrò spalle
alla poltrona, afferrò i braccioli e sussultò bruscamente, come per un
uno shock improvviso.

J: *Che succede?*
A: Mi hanno vista… Non credevo che mi avrebbero vista, ma invece
si. Devo andare avanti.
J: *Vai avanti.*
A: Credono che sia morta.
J: *Cosa?… Ti hanno presa?*
A: Mi hanno colpita!
J: *Colpita? Con che cosa ti hanno colpita?*

Inutile dire che eravamo sorpresi.

A: Una pietra… sto sanguinando ma posso andare.

J: *Stai sanguinando molto?*

A: Striscerò… io vado… stanno guardando?

J: *Non penso.*

A: Sto sanguinando.

J: *Pensi di potercela fare?*

A: Il mio corpo rimane qui. (Lunga pausa) Il corpo rimane qui.

J: *Il tuo corpo rimane lì? Cosa stai facendo?*

A: Devo andare comunque.

J: *A trovare tuo padre?*

A: Devo avvisarli. È strano, sto guardando me stessa… Come posso stare in due posti diversi?

J: *Non hai mai fatto questo prima.*

A: No, non ho mai fatto questo. Trascinano il mio corpo.

J: *Ah, sono venuti a prenderlo? Pensavo se ne fossero andati.*

A: Hanno aspettato, hanno aspettato e basta.

J: *Cosa stanno facendo ora?*

A: L'hanno attaccato al cavallo. Lo stanno riportando indietro, trascinandolo. Stanno… tagliandomi a pezzi (nauseata). Davanti agli altri, per farli parlare. Non riesco a sentire la sensazione ma lo vedo… (È inorridita).

J: *Ma tu non sei lì.*

A: Sono io, ma non sono lì. Sono confusa, molto confusa. Io sento di poter continuare, devo avvertire mio padre. Presto i rinforzi dovranno essere qui. Tutto è luce ora, io riesco a vedere, posso vedere.

J: *Sai, ora non possono vederti.*

A: No, non mi hanno vista, vero? Ero lì in piedi a guardarli. Io… non so cosa sia questa cosa. Mi è stato detto che quando muori sei sottoterra finché Dio non ti resuscita.

J: *Ora sai che è diverso.*

A: È molto confuso. Mi muovo più veloce ora, vedi? Stiamo arrivando al castello… non ho visto mio padre da nessuna parte.

J: *È questo il castello dove si stava dirigendo?*

A: Il suo amico, il suo alleato, un cavaliere.

J: *Come si chiama?*

A: Earl.

J: *Oh, è l'Earl che sarebbe stato il sovrano?*

146

A: Non credo lo sarà più ora.

J: Perché?

A: Perderanno per un po'. Ci vorrà molto tempo prima che... non mi sentono bussare!

J: Puoi entrare direttamente.

A: Attraverso il portone?

J: Direttamente attraverso il muro. Ci hai provato?

A: No, non ci ho mai provato.

J: Guarda come funziona. (Pausa) Quel muro ti ha fermata?

A: No. Non ha fermato neanche te, vero? Andiamo! Non c'è nessuno dentro ad ascoltarmi. Andremo da una stanza all'altra. Non mi rispondono. È come se io corressi ma senza muovermi così. Molto veloce. Penso che sia lui.

J: Lo vedi?

A: Si, sta dormendo. È stato ferito.

J: Dev'essere stato così che hanno preso il suo cavallo.

A: È stato ferito, e qui stanno cercando di aiutarlo. Neanche lui mi sente. (Frustrata) Come posso svegliarlo? Come posso svegliarlo? Cosa?... Non riesco a smuoverlo. Cerco di toccarlo ma non lo muovo quando lo tocco. Lui non può sentirmi. Gli tirerò qualcosa addosso. Qui c'è un suo stivale.

J: Riesci a prenderlo?

A: Si.

J: C'è qualcun altro nella stanza?

A: No. È qui da solo. Ecco! Si sta agitando! Ha gridato.

J: Cosa dice?

A: Ha urlato chiedendo aiuto!

J: Probabilmente non sa cosa l'abbia svegliato.

A: Gli sto tirando altre cose. Gli oggetti volano per la stanza e lui non sa cosa sia.

J: Penso che ora sia confuso.

A: Eccoli qui. Ci proverò un'altra volta. Gli dicono che è un demonio a far muovere gli oggetti.

J: Sai dire quanto sia ferito?

A: Non è messo così male come pensano. Ecco! Giusto, giusto! Pensa... Pensa... Sì.

J: Sei riuscita a trasferirgli il pensiero?

A: Si. Lui sta dicendo a loro che deve tornare, ma hanno paura di lasciarlo andare. Gli sta dicendo di andare con lui, hanno paura di andare.

J: Non lo aiuteranno?

A: Gli dicono di aspettare fino al mattino. Pensano che potrebbe essere la febbre. Lui ha la sensazione che io stia cercando di raggiungerlo. Sta pensando a me, ha paura per me. E mentre mi pensa, posso dirglielo. Non sente la mia voce, ma mi sente in mente. Dice che deve andare. Andranno con lui. Quando partirà andranno con lui. Sono più debole ora. Non so...

J: Cosa pensi di fare adesso?

A: L'ho avvisato... Voglio tornare e capire...

J: Vuoi capire cosa è successo al castello? Torni indietro?

A: Sto tornando indietro. Voglio sapere cosa mi è successo.

J: Cosa stavano facendo quando siamo andati via?

A: Mi stavano tagliando a pezzi. Stavano parlando di questo, li ho sentiti. Mi avrebbero tagliato la testa e l'avrebbero messa sul cancello, all'interno, per farla vedere a tutti. Avrebbero messo un pezzo in ogni parte del castello. Non gli avrebbero permesso di sotterrarmi. (Inorridita) Non è giusto! (Scrolla la testa) No, non è giusto... Li vedo mentre lo fanno!

J: Sei tornata al castello ora?

A: La mia povera zia sta impazzendo. C'è una donna che grida, piange... l'hanno uccisa! (Singhiozzante) Le hanno tagliato la testa. (Gemendo) Ahhhh. Gli hanno ordinato di dirgli dov'è mio padre ma loro non glielo vogliono dire. (Urlando) Coraggio, non dirglielo! Ho spaventato mio padre, forse posso spaventare loro! Aspetterò che il loro capo sia nella stanza e vada lì. Gli prenderò la spada e gliela getterò addosso. Ah! Non è più così coraggioso ora!

J: L'hai spaventato?

A: È sconvolto, è molto scosso. L'ho presa e gliela ho lanciata più volte contro. Sta cercando di dire agli altri che il castello è infestato! Gli ho lanciato la sua spada così forte che gli ho ammaccato l'elmetto. Sta piangendo, è così terrorizzato!

J: Perché non se ne vanno?

A: Cosa devo fare? Gli uomini non lo ascolteranno. Quando arrivano, la spada sta a terra, e io non faccio nulla. Appena se ne vanno la faccio muovere di nuovo. Non devo lanciarla. Posso dirle di muoversi e lei lo farà. Balla davanti a lui, e lui la sfiora. (Ride) Ora, gliela lascerò afferrare. Non gli farò del male... farò in modo che si faccia male da solo. Guarda! Pensano che l'abbia fatto da sé. L'ha afferrata così forte, per paura che si muovesse, che gli ha tagliato la mano. I capi - loro saranno i capi - pensano che sia impazzito. Lo stanno lasciando da solo a sanguinare. Non stanno nemmeno cercando di aiutarlo. Lo portano fuori di qui. Non vogliono che la gente sappia ciò che ha fatto.

J: *Dove lo stanno portando?*

A: Il muro! Loro l'hanno sempre saputo!

J: *Ah, l'apertura nel muro?*

A: Lo stanno murando vivo lì dentro. Lo chiuderanno lì dentro.

J: *Forse può trovare l'apertura dall'altra parte.*

A: È debole... Soffocherà. Non lo aiuterò. Ho un compito da portare a termine, devo salvare questo castello.

J: *Chi è che comanda ora?*

A: I due che lo hanno trovato stanno discutendo. Sono entrambi spaventati. Non sono dei leader come lo era lui.

J: *Forse pensano ancora che il castello sia infestato.*

A: Non lo sanno con certezza. Sembra strano. Stava perfettamente bene, e poi è impazzito. E dicono che abbia ceduto a causa delle donne che gridavano.

J: *Forse se li convinci, prenderanno tutti e se ne andranno.*

A: No, non ho intenzione di parlare con loro. Lo hanno aiutato con me. Hanno sparso i pezzi del mio corpo in tutto il castello. E ora lo farò: starò in piedi davanti al fuoco. Mi vedono, mi stanno guardando dritta negli occhi. Sono ammutoliti! Quasi si scontrano l'un l'altro per scappare dalla stanza. Dovunque vadano, li seguo. Nessuno può vedermi tranne loro, persino in cortile. I cavalli sentono che io sono qui. I cavalli sanno che c'è qualcosa di strano. Li accarezzo e li tranquillizzo. Gli uomini dicono agli altri che stanno andando a cercare mio padre, lasciandoli senza un capo. Non stanno cercando mio padre; vogliono solo uscire dal castello. Andrò con loro. Se li faccio andare verso nord, andranno dritti incontro al gruppo di mio padre. Io sto nella strada che va a sud... Loro stanno galoppando verso nord, ora. Dovunque guardino, vedono me. Posso farli andare in qualsiasi direzione io voglia. Questo sì che è divertente! È divertente fare questa cosa! Mio

149

padre, sarà orgoglioso di me quando lo saprà. (Pausa) Guardali! Guardali lì a terra.

J: *Cosa è successo?*

A: Sono caduti dritti giù dalla scogliera! Hanno corso coi cavalli direttamente giù dalla scogliera. Ora non ho tempo di parlare con loro. Non so se sono morti. Torno al castello. Salverò quel castello, finché non arriva mio padre. Non sono sicura di come farò; ci sono ancora delle persone lì dentro. Tre sono andati. Ora lo so. Prima non sapevo quanti uomini fossero qui. (orgogliosa) Ora lo so!

J: *Quanti?*

A: Ci sono altri 14 uomini qui.

J: *Altri quattordici di cui sbarazzarti?*

A: Si. Hanno rinchiuso tutte le donne nella sala principale. Una per una, le portano fuori e le uccidono. Parlo con la prima che hanno ucciso ma non ho tempo di restare. Chiedo a lei di farlo. È nuova, neanche lei conosce questo spirito. È spaventata, come lo ero io, le dico che ci si abituerà. Le chiedo di restare qui e parlare con tutte le altre donne che uccidono. Rimarrò in questo castello. Rimarrò in questo castello finché non se ne saranno andati tutti. Li farò andar via uno per uno, o tutti insieme! Questo è il castello di mio zio!

J: *Perché stanno uccidendo le donne?*

A: Vogliono sapere dove stanno le cose, chi sono i rinforzi, chi sono gli uomini dalla parte di Earl. Alcune di queste donne non lo sanno neanche, e le stanno uccidendo lo stesso. (Disgustata) Ah, sono bestie! Questi sono uomini malvagi, malvagi.

J: *C'è un capo di questi 14 uomini?*

A: Stanno solo facendo ciò che gli era stato ordinato prima che gli altri andassero via. Alcuni di questi non sanno che gli altri sono andati. Se lo sapessero, se ne andrebbero anche loro, uccidendosi tra loro per stabilire chi sarebbe il nuovo capo.

J: *Forse c'è un modo per mostrargli che se ne sono andati.*

A: Voglio spaventarli… ma non queste donne, queste povere donne. Sono terrorizzate.

J: *Come le stanno ammazzando?*

A: Le tagliano una mano… poi un braccio… ne picchiano alcune. Ah, è terribile! Devo fermarli. Se mi metto di fronte a loro, magari si spaventano. Stanno cercando di far finta di non vedermi. Si guardano l'un l'altro. Strano!

J: *Credi che ti vedano?*

A: Loro mi vedono! Stanno cercando di non dire che mi vedono. Decidono di lasciare quella stanza. Stanno uscendo tutti, uno ad uno... Ne resta uno a guardia di queste donne. Gli dicono: "Non uccidere un'altra donna. Aspetta! C'è qualcosa di strano in questo castello". C'è qualcosa di strano. Non capiscono. Nessuno riuscirà a spiegarlo. Sono terrorizzati, molto terrorizzati. (Più ad alta voce) Ora, ora avranno di che essere terrorizzati. Sta tornando mio padre. Si è fatta quasi un'altra volta notte. Lui entra... loro scavalcano le mura, e gli uomini sono nel cortile. Non possono vincere, sono circondati. Mio padre ha visto la mia testa... sapeva cosa fosse successo, poiché è stato richiamato. Hanno fatto prigionieri gli altri.

J: *Li uccideranno?*

A: Li mureranno vivi. Fanno così con i prigionieri. E sotto al pavimento. Questo posto... oh, ne sono morti così tanti qui. Era il mio castello, era il mio e io lo amavo.

J: *Beh, ora tuo padre è tornato, e...*

A: Sto parlando con lui.

J: *Può ascoltarti?*

A: Ce la sta mettendo tutta. Sta così male per il fatto che sono morta. Sto cercando di dargli conforto. Pensa che la voce sia un mio ricordo ma sta ascoltando. Gli dico che resterò qui a protezione del castello.

J: *Quanto tempo resterai?*

A: Fino a che non finisca la battaglia. Penso di poter rimanere così a lungo, lo spero. Nessuno deve prendere questo castello. Potrei non essere in grado di rimanere così a lungo. Gli dico di non aver paura ma di cercarmi di fronte al focolare. Gli chiedo di ascoltarmi. Spero che mi ascolti. Lui può sentirmi ora, le nostre menti sono completamente allineate. Stanno bussando alla porta, interrompono i suoi pensieri, lui sta sgusciando via. Non provare a dirglielo, non ti crederanno!

J: *No, non gli crederanno.*

Johnny decise che era tempo di uscire da questa situazione. Quando è troppo è troppo.

151

J: Stai per andare via Gretchen, fluttuando via...

A: Io resterò in questo castello! Io devo rimanere qui! (Grida) Non richiamarmi indietro! Non voglio andare. Non voglio andare! Il mio lavoro non è finito! Resterò qui!

Questo poteva presentare un problema se non gestito correttamente. Ma Johnny rimase calmo e mantenne il controllo.

J: Ora stiamo fluttuando avanti, Gretchen, fluttuando avanti. (Usa un tono di voce molto rilassante). La battaglia al castello è terminata. Il tuo lavoro è finito. Il castello è stato ben protetto.

A: Ora dicono che è "infestato".

J: Il castello infestato.

A: È bruciato così tanto. Le pietre sono là. Alcune hanno ceduto quando sono stati incendiati i supporti. È il mio castello!

J: Cosa farai ora, Gretchen?

A: Devo riposare. Ero troppo forte. Perché dovevo essere così? Dovevo essere una buona combattente, ma non così forte. La mia voce mi dice... ero molto coraggiosa. Avevo buone qualità, ma non devo resistere alla voce. Sono rimasta lì per troppo tempo e alcune cose che ho fatto mentre stavo lì non erano giuste. Ho detto che non lo sapevo… Ma forse si. Non è giusto che io stia ancora lì, e ora cerco di ripiombare lì, per spaventare le persone che lo guardano. Voglio solo che non lo disturbino. Doveva essere mio. Ed io voglio essere Gretchen. Non posso lasciar andare, non posso lasciarla andare. Devo aspettare a lungo e poi me ne dimenticherò.

J: È stata la voce a dirti questo?

A: Si. E mi ha detto di non tornare. È molto paziente quando continuo a tornare indietro.

J: Dove stai riposando?

A: Beh, lui vuole che me ne vada... fino in fondo. Forse non ero ancora pronta per essere inviata. Ha detto che ero troppo forte. Devo tornare a riposare. Ho iniziato a piangere... e lui mi promette che il castello sarà sempre lì. Lui cancellerà il ricordo, io riposerò. Ritornerò. Quando ritorno, posso farlo ma non come Gretchen. Sarò di nuovo viva, ma non devo essere così forte. Il mio spirito era troppo forte.

J: La voce ti ha detto quando ritornerai?

A: Quando mi sarò riposata. E me lo dice lui. Io sono davvero uno spirito perfetto. Quella persona, i tempi, mi hanno resa troppo forte. Questo è il guaio, si rimane coinvolti. Si diventa quella persona. Il mio spirito era così forte. Mi hanno detto che ero forte e che potevo fare qualsiasi cosa perché io ero Gretchen. E io lo ero: il mio spirito gli credeva. Neanche la morte mi ha fermata. Questa non è una cosa comune. La maggior parte degli spiriti non è così forte. Sarò una persona diversa, molto più mite e gentile.

J: *Ci stiamo avvicinando al tuo ritorno sulla Terra?*

A: Devo riposare.

J: *Sai già chi sarai quando tornerai?*

A: Una donna gentile, quiete, pacifica. Sarò lontana da questa nazione e mi dispiace. Ho amato questa nazione.

J: *In quale nazione sarai quando tornerai indietro?*

A: Sarò in Inghilterra, mi è stato promesso che un giorno tornerò in Germania. Sarò di nuovo lì. No... Io un giorno sarò tedesca. (si noti che Anita è di origini tedesche in questa vita) Ma per il momento devo allontanarmi da tutta questa violenza, devo andare lontano da dove tutto questo ha avuto luogo. (Pausa) Ricordo molto flebilmente... (è più apatica)... Ricordo... beh... non molto bene. Posso starmene un po' in pace ed essere solo uno spirito.

Per quanto possa sembrare sorprendente, al risveglio Anita non ha avuto alcun effetto collaterale. Chi ha ascoltato la registrazione può pensare che sia stato terribile per lei, ma invece non ne aveva alcun ricordo, e abbiamo dovuto raccontarle ciò che ha detto. Quando successivamente ha riascoltato tutto, ha detto che era come sentire una storia, ma aveva un'immagine mentale di una ragazza con lunghe trecce bionde. Ha detto che si sentiva molto vicina a queste presunte altre vite, come ci si sentirebbe verso una sorella, e non voleva vederle soffrire. Così abbiamo concordato di fare tutto il possibile per proteggere i suoi alter ego.

Quando la gente dice a Johnny: "Sembrava che tu fossi davvero lì" (durante la sequenza del castello) Lui, con un luccichio negli occhi, risponde sempre: "Forse ero lì!".

La sequenza successiva è piuttosto complicata e avevamo considerato di ometterla. Erano così tante le cose di cui Anita parlava e che all'inizio erano strane e difficili da accettare. Poi decidemmo che la nostra incapacità di capire qualcosa non significava necessariamente che questa non fosse degna di interesse. Ciò darà anche un'idea di quanto spesso fossimo confusi.

Avevamo terminato con la traumatica vita di Gretchen e la stava riportando alla vita attuale. Ci siamo fermati alla vita di Mary in Inghilterra per orientarci, chiedendole cosa stesse facendo.

A: (Sembra sconcertata) Sto guardando, molte cose. C'è qualcosa di strano… Sarò sempre così? … Io sono diversa.

J: *Cosa stai guardando?*

A: Ho una vita… ma la osservo!

J: *Tu cosa?*

A: Osservo… Vado, vengo… Vedo cose… me, eppure sono…

J: *Sei cosa?*

A: È molto strano! Non capisco tutto questo!

J: *Sei tornata sulla Terra?*

A: Non sono sicura se la sto guardando, o se io sono lei… (Confusa) Forse tu puoi domandare per me.

J: *(Cerca di rassicurarla) Penso che tu sia lei. Si, tu sei lei. Sei tornata sulla Terra e hai preso un'altra vita.*

A: Guardo da lontano… percepisco la sua felicità.

J: *Come si chiama?*

A: Non ne sono sicura ora… sto guardando da molto vicino… devo stare molto attenta… mentre guardo.

J: *Che sta facendo la donna ora?*

A: È una persona molto gentile. La osservo, e ... è carina. Si sta spazzolando i capelli. Ha paura a causa mia. Anche lei lo sente, come io sento... le parlo, e lei parla a me. È molto... avrebbe voluto che io non l'avessi fatto.

J: *Fatto cosa?*

A: Io le parlo, e lei vorrebbe non essere in grado di ascoltarmi, ma la sua mente è forte.

J: *Come si chiama?*

A: Vorrei poterla chiamare in un altro modo. Non mi piace il suo nome.

J: *Come si chiama?*

A: Non sono sicura. Dal suono è un nome maschile, quello con cui la chiamano. Non mi piace. Le sto dicendo di cambiarlo.

J: *Cambiare il suo nome?*

A: Solo di dir loro che si chiama in un altro modo. Non essere troppo forte. Se ti chiamano con un nome forte, forse sarai come... l'altra. Troppo forte. Era troppo forte: non esserlo!

Questo potrebbe anche far luce su una parte di una precedente registrazione poco chiara. Presumibilmente era Mary in Inghilterra. Stava pulendo la casa, ma era sconvolta, ovviamente inquieta e spaventata. Non sembrava sapere di cosa avesse paura. Quando Johnny le chiese quale fosse il suo nome, lei rispose: "Mi chiamo Mary. Mi piace quel nome. È un bel nome". Eppure più tardi lo negò dicendo: "Io non sono veramente Mary. Questo è il nome di mia sorella. Non so perché ho detto che... sono stata malata... ero malata quest'inverno. Voglio stare alzata e non voglio più andare a letto... Ho così tanta paura oggi. Non capisco quale sia il motivo".

Come ho già detto, è un passaggio poco chiaro e complicato. Se è possibile per lo spirito eterno parlare a sé stesso - magari mettendo in comunicazione la mente razionale con l'inconscio - forse in qualche modo abbiamo avuto accesso ad entrambi gli aspetti della conversazione. Avevamo già incontrato talmente tante cose strane che sembrava non ci fosse nulla oltre il regno della speculazione. Forse il suo spirito ha tentato di farle cambiare il suo vero nome perché risuonava maschile e lei invece doveva essere dolce e mite in questa vita come Mary. Doveva essere l'esatto opposto di Gretchen? (Si veda il capitolo successivo) In ogni altra occasione durante la sua vita in Inghilterra, faceva sempre riferimento a sé stessa come Mary. Quando le abbiamo parlato da bambina non le abbiamo chiesto il nome, l'abbiamo dato per scontato.

Qualunque sia la risposta, a quanto pare la cosa si è risolta in maniera ottimale e lei non è stata più turbata da nulla di simile.

Una particolarità evidente in tutte e cinque le vite vissute da Anita era che erano tutte femmine. Quando ne ho fatto cenno ad Anita lei rispose, "Beh, certo! Sono femmina. Non vorrei essere nient'altro." A quel tempo, quando non sapevamo nulla della reincarnazione, sarebbe sembrata una spiegazione logica. Tuttavia negli anni successivi - e migliaia di casi più in là - mi sono dovuta rendere conto che dobbiamo essere sia maschi che femmine per molte, molte volte. Dobbiamo avere equilibrio, quindi non possiamo continuare a tornare per imparare solo lezioni nello stesso sesso. Dobbiamo sapere cosa significa vivere entrambi i punti di vista. Allora perché la vita di Anita era tutta femminile?

Mentre le esaminavo, ho trovato quella che credo sia la risposta. Lei aveva affermato che la vita come Gretchen era stata la sua prima sulla Terra, e si è scoperto che probabilmente era stata mandata troppo presto. Non era ancora pronta a vivere una vita da essere umano. La vita di Gretchen era quella di una donna dotata di una grandissima forza di volontà. I tempi e la cultura l'hanno resa troppo forte, tanto che nemmeno la morte l'ha fermata. Anche nel suo stato spirituale ha fatto cose che andavano contro le regole. Alla fine si è deciso di metterla a riposo per cancellare i ricordi, così sarebbe stata in grado di funzionare come un normale essere umano. E ci sono voluti centinaia di (nostri) anni per cancellare i ricordi. Così, quando le fu finalmente concesso di tornare, doveva essere una donna mite e gentile. Il totale opposto della forte Gretchen. In ciascuna delle vite successive era stata diversi tipi di donne. Ora capisco che se le fosse stato permesso di reincarnarsi come uomo, le forti tendenze si sarebbero moltiplicate, e questo non poteva essere permesso. Sarebbe stato più difficile neutralizzarle e bilanciarle. Forse in una vita futura sarà pronta a sperimentare l'essere un maschio, dopo che il suo spirito sarà stato condizionato e preparato a tollerare queste qualità in una maniera gestibile.

Capitolo 10

Uno Spirito Creato

Durante la successiva sessione, si è verificato un episodio ancora più strano all'emergere di una strana entità. Avevamo deciso di provare a vedere quanto indietro Anita sarebbe andata nel tempo. Volevamo scoprire quante vite avesse vissuto. Ci aspettavamo di andare molto più indietro di quanto non avessimo fatto. La prima vita di Anita sembrava essere stata nel 1300, all'inizio del XIV secolo, come Gretchen in Germania.

Le avevamo parlato prima come forma spirituale quando era tra una vita e l'altra, ma questa volta era diverso. Dal momento in cui questa nuova entità ha cominciato a parlare, sapevamo che c'era qualcosa di insolito al riguardo. L'abbiamo chiamato lo Spirito Perfetto. Aveva qualcosa che è molto difficile da descrivere: una qualità eterea, inquietante, ultraterrena, allo stesso tempo maestosa e sconcertante. L'impatto complessivo può essere sentito solo ascoltando la registrazione. La voce ha una qualità tutta sua, con perfetta, attenta pronuncia di un inglese parlato con un tono suggestivo di regalità. Anche gli altri l'hanno percepito, che c'era qualcosa che di sicuro non apparteneva a questo mondo. Avemmo la sensazione di rivolgerci a qualcuno di così avanzato da avere risposte per tutto. Sembrava possedere tutta la conoscenza.

Ripensandoci - e probabilmente con la consultazione di altri più edotti di noi - avremmo potuto pensare a domande più profonde. Ma è arrivata come una assoluta sorpresa e siamo riusciti a chiedere solo quello che ci era venuto in mente in quel momento. Qualunque cosa che potremmo pensare di chiedere in tali circostanze deve certamente apparire banale. Questo è uno dei problemi con l'ipnosi regressiva, quando si porta una persona in regressione non si sa mai a quale periodo temporale accederà. Solo successivamente puoi essere pronto a porre domande approfondite, dopo molte ricerche.

Purtroppo, ahimè, non abbiamo mai più incontrato questo magnifico spirito. Che ci sia stato concesso per pochi istanti di intravedere uno spirito all'atto della sua formazione, nel suo stato iniziale? Allora non sapevamo cosa abbiamo incontrato allora, e non lo sappiamo ancora. Ma quello che abbiamo visto era bello e meraviglioso.

Spero solo che alcuni dei sentimenti che ha generato in noi possano essere resi attraverso un mezzo così scarno come la parola scritta.

J: D'accordo Gretchen, adesso conto fino a tre e andremo indietro all'anno 1250. (Conta) È l'anno 1250. Cosa stai facendo?
A: Sono uno spirito.
J: Cosa vedi?
A: Vedo soltanto il bene che c'è. Non sono mai stato sulla Terra.

A quanto pare o Johnny non aveva capito, o era impreparato per dare una risposta.

J: Oh, sei appena arrivato sulla Terra?
A: Non sono mai stato lì. Chiedi ciò che vuoi. Ciò che so posso dirtelo. Quello che non so, non è rivelato, non l'ho imparato. Non posso aiutarti figlio mio. Come spirito sono felice qui.

La voce divenne carica di autorità, la lingua pura e precisa. Questa personalità sembrava sapere esattamente quello che stava dicendo, e sembrava assai superiore. Ma Johnny ancora non capiva.

J: E sei appena tornato sulla Terra?
A: Non sono mai stato sulla Terra, figlio mio. Tu devi esserci stato perché mi hanno detto che quando vai, perdi la conoscenza. Sarò paziente con te.
J: Grazie.

Johnny esitò mentre cercava di capire cosa stesse accadendo.

A: Sono gentile e bravo. Ho tutte le virtù.
J: *Quanto tempo sei stato qui come spirito?*
A: Sin da quando sono stato creato. Non conto in anni. Sono stato creato.
J: *E sai dove sei stato creato?*
A: Lo so, intendi un nome? Un nome per questo posto?
J: *Come chiami questo posto?*
A: Non ho bisogno di chiamarlo in alcun modo. So semplicemente che sono qui; che tutto è buono e bene. Ho ciò di cui ho bisogno. So quello che so, e farò ciò che mi è stato detto. Ma si può chiamare con qualsiasi parola che sia buona. Questa sarà accettabile per me.
J: *D'accordo. Conto fino a tre, e andremo indietro all'anno 1150. (Conta) è l'anno 1150. Cosa stai facendo?*

Johnny non si rese conto che - per quanto le riguardasse - aveva raggiunto l'inizio e non sarebbe andata oltre.

A: Sono stato creato e attendo. Ora conosco la purezza. Sono stato creato per soddisfare il creatore e il mio spirito è buono, tutto virtù. Non c'è nessun male in me.
J: *Quanto tempo fa sei stato creato?*
A: Il tempo non è qui. Il tempo non è qui. Sono stato creato sin dal principio del tempo.
J: *E hai aspettato qui sin da quando sei stato creato?*
A: Ho goduto di molta felicità qui.
J: *Non sei mai stato inviato, o chiamato sulla Terra o in qualsiasi altro posto in forma di corpo?*
A: No, no.
J: *Ma pensi che lo sarai prima o poi?*
A: Tutti noi, siamo stati creati per soddisfare il creatore, e andiamo ad aiutare. Il povero, povero Padre è così deluso nella famiglia che lui stesso ha creato.
J: *Hai visto il Padre?*
A: Ho visto il mio creatore.
J: *Hai parlato al tuo creatore?*
A: Egli ha parlato a noi tutti.

J: *Sai descrivermelo?*

A: Puoi comprendere uno spirito?

J: *Ci proverò.*

A: È luce. L'aura della purezza. Può materializzarsi in ogni momento in qualsiasi cosa voglia. Il creatore può toccare qualcosa ed è ciò che lui dice. Così sono stato creato. Ha preso un po' di purezza e mi ha creato. Io sono purezza e ora lo compiaccio. Un giorno andrò, imparerò e aiuterò le persone sulla Terra: la famiglia. Andrò lì più volte, me l'ha detto lui. Tutti noi dobbiamo, giacché viene creato solo un certo numero di spiriti e viviamo più e più volte. Si imparano cose cattive sulla Terra e si disimparano. Si ritorna puri e buoni.

J: *Il Padre, il creatore, ha creato tutto sulla Terra?*

A: Lui ha creato la Terra stessa.

J: *E ci ha messo tutto?*

A: Tutto ciò che è sulla Terra l'ha creato lui. Ha creato la Terra e altro.

J: *Dimmi, ha creato altri mondi oltre la Terra?*

A: Certo, certo, ha creato il nostro sole. Ha creato la luna. Ha creato tutti i pianeti intorno ad esso. Ciascuno ha la propria forma di vita, i propri spiriti. Solo la Terra è così travagliata, al punto che ci ha chiesto di andare ad aiutare, e noi dobbiamo aiutare le persone lì. Egli le ha create. Egli nel crearle sapeva che loro non avrebbero fatto come chiedeva, ma si sentì costretto, nella sua bontà, il più bello di tutti i pianeti, a darle le persone. Un animale con conoscenza, ed Egli sapeva che loro non avrebbero utilizzato la conoscenza correttamente. Sebbene egli cerchi di aiutarle, le persone rifiutano la fede.

J: *E ha creato e messo le persone su questo pianeta Terra. Ha creato e messo persone anche su altri pianeti?*

A: Non persone come le conosciamo in corpo umano, come quello che prenderò io sulla Terra ma, per ogni pianeta, quello più adatto per ciò che ha creato lì. Per i pianeti vicini al Sole, ha creato spiriti di fuoco che possono vivere nel calore e i loro corpi sono diversi da quelli degli umani. Per quelli più lontani dal Sole, ha creato corpi che possono vivere senza calore. La Terra è il suo pianeta preferito.

J: *E il Padre, ha mai messo un figlio sulla Terra?*

A: Il Padre, come ti ho detto, materializza a suo piacimento ciò che desidera che si materializzi. E così è stato; ha cercato di aiutare la Terra.

J: *È andato Lui stesso sulla Terra come Gesù?*

A: Una parte di sé. Egli era uno, ma è diventato due, e ha cercato di aiutare. È stato molti anni fa, e la gente poi, come ha sempre fatto e come sempre farà, ha rifiutato il suo aiuto. L'impazienza del creatore è minuscola, così piccola è la sua impazienza che continua a provarci. Continuerà a provarci fino... fino alla fine ci proverà.

J: *Fino alla fine? Quando è la fine?*

A: Oh, lontano, lontano nel futuro. Quando arriverà il giorno in cui dovrà vivere da sé sulla Terra, o diversamente portare tutte le persone via dalla Terra. Non ne sono sicuro. Egli ha cercato in ogni modo di rivelarsi a loro, ma essi non accetteranno la rivelazione. Un giorno tutto finirà, ma sarà tra molti milioni di anni. Non molto presto. Continuerà a provarci. E un giorno Egli stesso tornerà, come ha fatto la prima volta.

J: *Tu però non sai quando tornerà?*

A: Non conosco il momento esatto.

J: *Tu sai quando ha in mente di tornare?*

A: Conosco il secolo. Nel 21esimo secolo accadrà che Lui invierà sé stesso, non allo stesso modo come in passato. Apparirà e dirà: "Io sono Dio!" E sarà rifiutato come in passato.

J: *Intendi che le persone semplicemente non lo accetteranno?*

A: Alcune, così come alcune in passato l'hanno accolto.

J: *Apparirà in forma umana?*

A: Apparirà prima come spirito, credo. E si materializzerà proprio davanti ai loro occhi.

J: *Si materializzerà e prenderà una forma umana dallo spirito?*

A: Esatto, esatto.

J: *Avrà un nome oltre a essere Dio?*

A: Egli sarà Dio. Si chiamerà così perché è così che le persone l'hanno chiamato e lo riconosceranno nelle loro religioni.

J: *Apparirà lo stesso in forma umana come ha fatto la prima volta che è stato qui?*

A: No. Egli si manifestò così come le persone apparivano a quei tempi. Egli non verrà come un uomo anziano con la barba fluente, come la gente immagina Dio. Apparirà come un essere umano

161

molto ordinario. Ed essi giustificheranno la sua magnificenza come hanno fatto prima.

J: E verrà qui... ma non sarà la fine del mondo.

A: Non è la fine di cui parlano, no. Ci prova molte volte. Come ti ho detto, la sua pazienza è grande. Egli non ha impazienza con gli spiriti. Quando noi sbagliamo, Lui ci lascia fare ciò che è sbagliato. E quando torniamo, ci parla, e ci dice che abbiamo sbagliato. Ora dobbiamo tornare e imparare. Non dobbiamo ripetere gli stessi errori. Siamo stati creati puri, e dobbiamo imparare il bene. Noi saremo il bene. Noi saremo come è lui, come sono io ora.

J: Capisco. Dio ha mai parlato del diavolo, o del male?

A: So che sulla Terra le persone temono un essere malvagio. Lo chiamano il diavolo: Satana. Ciò che ascoltano è solo egoismo, e ogni uomo, ogni donna, ce l'ha nel proprio cuore. Questo è il diavolo, e ogni uomo lo vede in maniera differente. La Chiesa ha fatto molto per creare questa illusione, ma è solo un'illusione.

J: Ma la Chiesa è lì a rappresentare Dio.

A: La Chiesa deve parlare alla gente in termini che le persone possano afferrare e comprendere. Non riescono a comprendere come possano essere allo stesso tempo Dio e il diavolo. Il conflitto umano è molto difficile da accettare per le loro menti. Quindi è molto più facile se viene spiegato semplicemente così: c'è un Dio che vuole che facciate del bene, e che vi aiuterà. E: c'è un diavolo che vi farà fare del male. È tutto molto più facile.

J: Quindi non ci sono cose tipo gli spiriti malvagi?

A: Esistono spiriti egoisti, questo è il male. Esistono spiriti invidiosi, questo è il male. La maggior parte di questi spiriti, quando il Padre li riporta indietro - e tornano al nostro luogo del riposo - se non possono essere purificati li manda in un altro posto. Li tiene lontani dalle persone che lui si sta sforzando così tanto di rendere buone.

J: Tu sai dove manda questi spiriti?

A: Non so spiegartelo in termini che tu possa comprendere. È lontano, è nello Spazio. Un posto dove non possano far male a nessuno - si fanno male solo tra loro, con la loro stessa malvagità.

Che sia questo l'equivalente dell'Inferno biblico?

J: Ma è lontano nello Spazio?

A: È diverso dal nostro sistema solare come tu lo stai osservando ora, qui con me.

Da dove potrebbe parlare: da quale punto di osservazione?

J: Il nostro sistema solare è parte di molti sistemi solari, giusto?

A: Sì. Stai afferrando e imparando velocemente. È uno dei tanti.

J: Dio... ha... tutti i sistemi solari?

A: No, no.

J: Soltanto questo?

A: Questo sistema e altri, ma non tutti.

J: Non tutti?

A: No. Controlla così tante cose. La mente umana, persino la mia - mi ha detto - persino ora riesce a malapena ad accettare la grande estensione, la sua magnificenza.

J: Allora, in altri sistemi solari sotto altri dei... probabilmente ci sono anche altri esseri umani, come qui sulla Terra?

A: Il nostro Dio ha creato gli umani, ma io sono sicurissimo che altri dei potrebbero creare altri esseri umani nella loro forma o individualità in condizioni adattabili. Devi capire che la Terra è unica perché la Terra richiede un certo tipo di umano, un certo tipo di spirito. Ogni pianeta ha la propria vita, ognuno ha ciò di cui ha bisogno. Solo Dio nella sua grandezza conosce ogni necessità. Lui lo sa: si prenderà cura di tutto.

Tutto ciò non solo era inquietante, ma anche poco chiaro. Io e Johnny siamo stati bombardati da informazioni cui non eravamo mai stati esposti prima. Era il momento di tornare su un terreno più confortevole, come le varie vite passate. Johnny decise di fermarsi.

J: D'accordo... Sto per contare. Vediamo, siamo indietro nel tempo. Che anno è, il 1250, il 1150?

A: Puoi chiamarlo l'anno che ti pare. Per me non esiste il tempo. Il tempo non esiste. Il tempo è per gli umani.

J: Ma, un giorno in futuro sarai chiamato sulla Terra?

A: Sono sicuro che lo sarò. Per ora, nella mia forma, sono puro. E ogni nuovo spirito che arriva sulla Terra è purezza, e deve imparare su tutte le cose che sono lì. Io sono uno spirito creato per la Terra.

Comprensibilmente, dopo questa esperienza piuttosto sconvolgente, ci siamo chiesti come avrebbe reagito Anita quando sarebbe stata ricondotta al tempo presente e risvegliata. La prima cosa che fece fu sbadigliare, stiracchiarsi e chiedere: "Che ne dite di una tazza di caffè? Ho sete". Il contrasto era così marcato che scoppiammo a ridere. Naturalmente, Anita non aveva modo di sapere cosa ci fosse di così buffo. Non ricordava nulla di ciò che aveva detto e si era goduta un bel sonno. Con una tazza di caffè al tavolo in cucina, le raccontammo ciò che era appena accaduto. Rimase completamente sbalordita. Questa non era certamente la dottrina della Chiesa cattolica alla quale era stata educata, ed era troppo per lei. Era troppo difficile per lei accettare di aver detto tutto ciò. Disse che era troppo tutto in una volta, e voleva del tempo per abituarsi poco a poco. Così ha chiesto a Johnny di rimetterla sotto per cancellare il ricordo di ciò che le avevamo raccontato, cosicché non se ne preoccupasse, cosa che fu fatta prima che andasse via.

Ma quando la settimana successiva Anita tornò per la sessione, ci disse di essersi tormentata per tutta la settimana. Sapeva che il ricordo dell'ultima registrazione era stato cancellato per qualche motivo. Continuava a pensare che dovesse contenere qualcosa di alquanto brutto o tremendo, per non aver voluto ricordare. Per tutta la settimana si era chiesta cosa fosse. Le risposi che poteva tornare la sera successiva per ascoltare la registrazione che l'aveva infastidita. In questo modo avrebbe potuto capire da sola che non c'era nulla da temere, o comunque nulla di male. Era stato soltanto il diverso tipo di teologia ad averla turbata.

Quindi, la sera dopo è venuta e le ho fatto ascoltare il nastro in modo che si tranquillizzasse. Così accettò ciò che aveva detto senza confusione e non fu mai più turbata a questo modo nelle altre sessioni.

Capitolo 11

Vita da Spirito

Ogni volta che Johnny portava Anita in regressione attraverso le sue varie vite, si imbatteva in diversi episodi risalenti a quando lei era uno spirito nel cosiddetto stato di 'morta'. In questo stato 'tra le vite', spesso diceva che c'erano momenti in cui sarebbe stata chiamata a fare delle cose, che la voce le avrebbe detto di andare in determinati posti, e che non ci si poteva rifiutare di farlo. Naturalmente, eravamo curiosi di sapere che tipo di cose avrebbe dovuto fare. Così, di tanto in tanto, lei ci raccontava che cosa fossero questi compiti. Ho pensato che la loro lettura sarebbe stata più scorrevole se inclusi tutti insieme in un unico capitolo, piuttosto che disseminati per tutta la narrazione.

Per tutta la vita abbiamo sentito parlare di angeli custodi. Personalmente ho sempre avuto l'idea che ognuno di noi ne avesse uno che ci è stato assegnato in modo particolare. Forse è vero, ma dalle nostre indagini sembra anche che qualsiasi spirito che non sia occupato in un particolare momento di bisogno può essere chiamato al servizio dalla 'voce'. Certo i lavori che Anita ha detto di essere stata chiamata a fare sono molto suggestivi rispetto a quelli solitamente associati agli angeli custodi. Qualunque sia la risposta, penso sia molto confortante sapere che ci siano in giro queste entità.

Il seguente, quindi, è un saggio di cosa significhi essere uno spirito secondo Anita. Personalmente, ho la sensazione che dopo la morte sia molto più soddisfacente fare una cosa del genere, che fluttuare su una nuvola suonando un'arpa per l'eternità.

J: È l'anno 1810. Cosa stai facendo?

A: Sto solo vagando, sto facendo ciò che posso. Sono stata in diversi posti in questo Paese. Qui è dove mi piace di più.

J: Dove ti trovi ora?

A: Tra New York e Boston, vado avanti e indietro. Mi piace qui.

J: E dici di essere stata in altre parti del Paese?

A: Si, vado in giro e vedo diverse persone strane vivere qui.

J: In quali parti del Paese si trovano queste persone strane?

A: Credo mi trovassi quasi al centro di questo Paese quando sono diventata uno spirito. Non ne sono sicura, sono andata molto lontano a ovest. Molto presto ho attraversato il fiume. Non so se lo chiamano lo stesso Paese o no. Se non lo fanno, lo faranno presto. Ci sono persone che vivono lì che sono molto diverse. Fondamentalmente sono buoni, ma selvaggi. Sono molte le cose che non capiscono. Ho osservato lì per un po'.

J: Hai osservato dove vivevano?

A: Si.

J: Dove vivevano?

A: Sono costruzioni dall'aspetto strano, credo si chiamino pueblos. Persone molto strane.

J: Erano di legno?

A: No, Ce n'è un po' nei sostegni ma sono come fuori dal terreno e forti, quasi come dei mattoni, lisci sopra.

J: Dici che queste persone sono dei selvaggi?

A: Beh, alcune cose che fanno sono diverse da quelle che fanno le persone che vivono li', dall'altro lato del fiume.

Naturalmente si stava riferendo al Mississippi. Ne parlava quasi come di una linea divisoria.

J: Dimmi quali cose sono diverse.

A: Beh, sembrano diversi, vestono in maniera differente, parlano una lingua diversa.

J: Come si vestono?

A: Beh, indossano a malapena qualcosa.

J: Non hanno abiti addosso?

A: Oh, beh, sai. Coprono qualcosa. Ma non indossano abiti come laggiù. Certo, fa tremendamente caldo, e loro cacciano e uccidono animali. È stata una strana esperienza osservare queste persone.

Io non ho mai, mai compreso nulla di simile prima d'ora. Sono stata inviata lì, e dopo averli osservati per un po' mi sono spaventata. Non volevo nascere lì.

J: Sei stata mandata lì. Pensi che avresti dovuto nascere lì?

A: No, sono stata mandata lì per aiutare. L'ho capito dopo, ma all'inizio avevo paura. Avevo paura di essere come quelle persone. A volte sono violenti. (Si noti l'antica paura della violenza.) Ma ho dovuto aiutare qualcuno. Quest'uomo - stava cacciando ed era stato ferito - ha cercato di uccidere un animale, e questo è corso dritto verso di lui. Così l'ho tolto dalla sua traiettoria. Poi ho fermato quell'animale. Era ferito, presto sarebbe morto. Ha fatto solo un'ultima carica contro di lui ma io l'ho fermato. Lui è rimasto sorpreso e... una cosa di queste persone è che credono negli spiriti.

J: Dunque in un certo senso lui sa cosa ha fermato l'animale?

A: Penso di sì. Ha detto alla sua gente che è stato il Grande Spirito. Certo io non sono un grande spirito ma lui ha detto che il Grande Spirito ha messo una mano e l'ha fermato, ed è proprio quello che ho fatto. Ho teso la mano e gli ho mandato il messaggio di fermarsi, e l'animale si è fermato cadendo morto prima che mi si avvicinasse. Penso che ciò che gli ha fatto pensare che fosse il Grande Spirito sia stato il fatto che ho dovuto farlo arretrare. Ho fatto in modo che lui saltasse indietro. Era stato ferito e non poteva camminare, e all'improvviso ha fatto un salto all'indietro. Questo sulle prime l'ha terrorizzato. Poi l'ho aiutato, gli ho detto cosa fare per la gamba.

J: Ti capiva?

A: Beh, quando è tornato hanno pensato che fosse strano il modo in cui aveva fasciato la gamba e tutto il resto, ma lui ha raccontato che una voce gli aveva detto di farlo. Credo mi abbia sentito. Ha fatto esattamente ciò che ho detto. Ha detto che è stato il Grande Spirito ad aiutarlo e ora pensano che forse lui sia benedetto. Pensano che lo spirito parlerà con lui.

J: Era un uomo anziano?

A: No, questa è una delle ragioni per le quali l'ho aiutato, è ancora troppo giovane, ha ancora delle cose da fare. Non può morire proprio ora.

J: E una voce ti ha detto di andare ad aiutarlo?

A: Si, noi facciamo così. A volte le situazioni diventano molto complicate e le persone si mettono proprio in brutti guai. Devono ricevere aiuto. A volte non c'è nulla che un mortale possa fare per toglierli dalla situazione in cui sono. Dobbiamo solo intervenire noi.

J: *Quando aiuti le persone e parli con loro, ti ascoltano sempre?*

A: No, no. Spesso non vogliono ascoltare. Anche quando si stanno concentrando al massimo su un problema e ce la mettono tutta per trovare una soluzione. Cerchi di parlargli ma non riescono proprio a crederci. E alle volte, proprio come con quel nativo Americano, ho dovuto proprio farlo muovere. A volte fanno solo delle cose, e non riescono a cavarsela da soli o non pensano di poterlo fare.

J: *Ma vi viene detto di farlo?*

A: Ci viene detto cosa fare. Lo sappiamo proprio.

* * *

J: *È l'anno 1933. Cos'hai fatto di recente, June?*

A: Beh, mi sono presa cura di un ragazzo aiutandolo.

J: *Perché, stava male?*

A: Era malato, e scappò di casa. Ovviamente ho dovuto riportarlo a casa.

J: *Dove viveva, lì a Chicago?*

A: No, nel Tennessee. Un paesino sulle colline. Il ragazzino era scappato e stando all'aperto aveva preso freddo. L'ho aiutato.

J: *Non riusciva a trovare la via di casa?*

A: No, era molto spaventato. Un ragazzino molto carino. Faceva davvero freddo, non nevicava ma quasi. Avrebbe preso la polmonite.

J: *Aveva dei vestiti pesanti che gli tenessero caldo?*

A: No, quel giorno era scappato ed era piuttosto caldo. Andò verso il bosco, per non farsi trovare, e si perse.

J: *Sei riuscita a portarlo indietro sano e salvo?*

A: Ah, si.

J: *I suoi erano contenti di rivederlo?*

A: Si.

J: *Scommetto che non scapperà più di casa.*

A: Non fino a che farà caldo. Penso che scapperà di nuovo. È un bambino con una personalità molto forte.

J: Come si chiama?
A: Jimmy. Non so il cognome. Quando sono accorsa, sua madre stava gridando per Jimmy, così ho capito che era il suo nome.

* * *

J: È il 1930. Cosa stai facendo?
A: Sto aspettando che accada qualcosa.
J: Sai cosa sta per accadere?
A: Qualcosa sta per succedere tra pochi minuti. Devo essere qui.
J: C'è qualcosa che dovresti fare?
A: Si, devo aiutare questi bambini.
J: Dove ti trovi?
A: Sto sul fiume. Penso sia il Missouri.
J: Sei in una città?
A: No, in campagna.
J: Sei vicina ad una città?
A: Si. Credo... Atchinson. È questo il nome.
J: Cosa sta per accadere lì al fiume?
A: Un ragazzino sta per cadere in acqua e... l'altro ragazzino dovrà salvarlo. Io devo aiutare lui. Il fiume è molto profondo qui e c'è molta corrente. Questo ragazzino non è molto forte. L'aiuterò a salvare il suo amico.
J: Cosa stanno facendo i bambini al fiume?
A: Stanno pescando.
J: Soltanto loro due?
A: Si. Non avrebbero dovuto farlo. Avrebbero dovuto trovarsi a scuola. Avevano fame, volevano qualcosa da mangiare e hanno pensato di poter prendere un pesce per cena.
J: Sono fratelli?
A: No, credo siano cugini. Molto amici, parenti comunque.
J: Vivono nella stessa casa?
A: Si.
J: E il ragazzino che sta per cadere in acqua, cosa sta facendo, prende un pesce che lo tira dentro?
A: L'argine è ripido. Scivola. L'altro ragazzo ha paura. Io lo aiuterò a non avere paura.
J: Sa nuotare?
A: No. Ecco perché devo aiutarlo. Lui non sa farlo.

169

J: *Quanti anni hanno questi ragazzini?*

A: Credo siano giovani, forse dieci o dodici, molto piccoli. Sto per aiutarli. Vedi come nuota bene? Non lo sapranno mai.

J: *Tutto ciò che sa è soltanto che l'ha fatto.*

A: È molto buffo, mi piace questo ragazzo.

J: *Sai cosa farà da grande?*

A: No. Credo che farà il contadino. Mi piacerebbe fare qualcosa per lui. Penso che farò sempre in modo che sappia nuotare. Lo saprà sempre, d'ora in poi. Farò in modo che non dimentichi come abbia fatto. Saprà nuotare. A lui piacerà.

J: *Scommetto che l'altro ragazzo si è sicuramente spaventato.*

A: Lui sapeva che l'altro ragazzino non era capace di nuotare. Non lo era affatto. Ci rideranno sopra per tutta la vita. Mentre prima non sapeva nuotare, così poi si è tuffato e ha nuotato. E diranno che in seguito ha sempre saputo nuotare benissimo. Sono bravi ragazzi. È molto difficile per le loro famiglie: sono poveri. Stavano cercando di dare una mano. Ecco perché stavano pescando. La loro famiglia ha fame.

J: *La loro famiglia vive in una fattoria?*

A: Si. Volevano qualcosa da mangiare. È tutto ciò che volevano fare.

J: *Vediamo. Quella è Atchinson, la grande città più prossima sul fiume?*

A: È l'unica, è sul fiume.

J: *E ci troviamo in... che Stato è questo, il Missouri?*

A: No, siamo in Kansas. È molto pianeggiante qui.

J: *Ci sono molte fattorie lì intorno?*

A: Ce ne sono molte qui.

Ho cercato su una mappa per vedere se Atchinson, Kansas, si trovasse su un fiume. Aveva ragione, si trova sul fiume Missouri.

* * *

J: *Non credo che tu sia mai stata chiamata per aiutare gente cattiva, vero?*

A: Oh si.

J: *Aiuti chiunque?*

A: Beh, a volte le persone attraversano varie tappe della loro vita. A volte attraversano un periodo in cui sono molto cattive e poi cambiano. A volte sono state molto buone, poi cambiano e fanno del male. Ma se è necessario le aiutiamo, se non è giunto ancora il loro momento. A volte le aiutiamo attraverso la malattia, le aiutiamo a portare i loro compiti a termine. Una volta ho aiutato un uomo cattivo.

J: *Come l'hai aiutato?*

A: Beh, era davvero un malvagio, un cattivo, ma... doveva avere molta bontà dentro di sé. Siccome un cavallo era scappato, e stava per colpire questa bambina in strada, lui si è buttato in mezzo per tirarla via da lì. E quando l'ha afferrata e l'ha tirata indietro, è caduto e uno zoccolo del cavallo l'ha colpito alla testa. La gente pensava che sarebbe morto, e molti di loro ne erano contenti. Ma io sono stata inviata ad aiutarlo. Dal momento che aveva fatto qualcosa di buono, la sua vita stava per cambiare. E dopo questo episodio, tutta la sua vita cambiò. Lui sapeva che era come un miracolo, così lo chiamò, il fatto che era guarito. E lui cambiò, cominciò a sentire che forse c'era una ragione per la quale era guarito. L'unica volta che gli era successo qualcosa di fortunato è stato subito dopo aver fatto qualcosa di buono, così iniziò a cambiare.

J: *Dici che era un uomo cattivo e malvagio? Cos'aveva fatto di malvagio?*

A: Beh, aveva rubato del denaro. Aveva anche ucciso delle persone ed era scappato via con i soldi. La legge non era riuscita a fermarlo per mancanza di prove. Aveva imbrogliato un sacco di gente. Barava alle carte, credo. Una volta vinse i terreni e tutti gli averi di un uomo, e l'uomo disse che la partita non era stata corretta, così lui gli sparò, gli sparò proprio. Ma più tardi, dopo essere stato aiutato, inizio a cambiare e si dispiacque molto per ciò che aveva fatto. Si trasferì, ma prima di partire, diede tutti i suoi soldi al prete del paese per costruire una chiesa. Il piccolo villaggio non aveva ancora una chiesa. La gente pensò che era impazzito dopo aver ricevuto il calcio in testa. Pensavano che fosse molto strano che quest'uomo che aveva una reputazione così cattiva e che aveva fatto così tante cattiverie potesse fare un cambio così improvviso. Ci ho parlato quando stava male. A volte lo facciamo quando una persona sta male. Cerchiamo di aiutarlo, loro poi ci parlano. Sembra che dopo sia più facile per una persona. A volte non ricordano quando si ristabiliscono, a volte sì, ma noi possiamo dirgli come sbrigarsela da soli. A volte anche quando, in seguito, non ricordano di aver parlato con noi, ricordano quello che gli abbiamo detto. Questa è la cosa importante.

J: *Dici che si ammalano e che puoi dirgli come farcela da soli? Beh, com'è stato? Dici che quest'uomo è stato colpito con un calcio in testa. Come ha potuto curarsi la ferita da solo?*

A: La testa era ferita e io gli ho soltanto messo le mani sopra...

J: *Quindi gli hai sistemato tu la testa. Intendo dire, tu non gli hai detto come curarsi la ferita da solo.*

A: No. Ho parlato con lui. Era fuori di sé quando sono andata lì. La gente pensava che delirasse e, quando hanno lasciato la stanza, ho parlato con lui e gli ho imposto le mani... ho allentato la pressione al cervello. L'osso era leggermente lesionato, e c'era un piccolo coagulo di sangue che si stava formando lì. L'ho asportato. Poi gli ho detto che si sarebbe riposato e avrebbe dormito per quasi 48 ore. E al risveglio sarebbe tornato perfettamente normale. Poi gli ho parlato delle cose che aveva fatto e mi ha ascoltato.

J: *Gli hai fatto ripensare a ciò che aveva fatto?*

A: Si. L'ho tenuto lì accanto a me, e abbiamo guardato indietro ad alcune delle cose che aveva fatto. E ha pianto, ed era molto dispiaciuto. Poi ho rimesso il suo spirito nel suo corpo e ho riparato la sua mente. Avrebbe potuto continuare; questo è ciò che lo ha cambiato. Non è stato qualcosa che poteva aver fatto il medico perché non possono fare nulla per questo. Il coagulo di sangue si stava formando lì, e non sapevano cosa fare. Non riescono nemmeno a vederlo. Molte volte, questi medici non sanno nemmeno che è lì.

J: *Ma tu lo vedi, o ti viene detto?*

A: Beh, mi è stato detto che era ferito e che aveva bisogno di aiuto.

J: *Intendo il grumo di sangue...*

A: E quando l'ho guardato, potevo vedere quale fosse il problema. Sapevo che se avessi imposto la mano l'avrei guarito. Non l'avevo mai fatto prima ma...

J: *Ti è stato detto che sapevi farlo?*

A: Si, so farlo. Sembra che quasi ogni giorno io scopra qualcosa di diverso che so fare.

J: *Accidenti, c'è molto da imparare.*

A: C'è molto da imparare, è proprio vero. Vedrai.

J: *Tutti gli spiriti sono capaci di questo?*

A: Quando è necessario... direi che possono. Penso che tutti possano. Tutti quelli con cui ho parlato sanno farlo. Tutti quelli con cui loro hanno parlato sanno farlo. È proprio una... penso che sia nella natura degli spiriti fare ciò. Dovremmo.

* * *

Il seguente episodio fu insolito perché, sebbene non le fosse mai stato detto di farlo, Anita ritornò allo stesso evento in tre diverse occasioni. Ha raccontato essenzialmente la stessa storia ogni volta, sebbene con parole diverse. Qui le ho unite in un'unico racconto.

J: *È il 1810. Cosa vedi?*
A: Una città, alcuni edifici.
J: *Cosa stai facendo?*
A: Sto aspettando qualcosa.
J: *È molto che aspetti?*
A: Ah, non so esattamente. Non calcolo il tempo come prima.
J: *Dove sei?*
A: Qui, a New York. Sto aspettando che accada qualcosa. Qualcosa accadrà presto. Qualcosa di brutto. Quando accadrà io aiuterò.
J: *È l'anno 1810? In che mese e in che giorno siamo?*
A: È marzo... il 18.
J: *E tu non sai cosa sta per accadere?*
A: Presto verrà a nevicare e sarà sempre peggio. E un bambino sarà spaventato, molto spaventato. Si, sto per aiutare una ragazzina, credo sia una ragazzina. L'ho osservata per un po'. È una ragazzina molto carina, molto gentile.
J: *Cosa sta facendo?*
A: Beh, vive in una fattoria. Non è tanto quello che sta facendo ora. Lei è... prima di morire diventerà importante. Sta andando a fare alcune cose e ad aiutare un sacco di gente qui in questa città. Questo è tutto pianificato. Sarà in pericolo. Dovrò salvarle la vita in modo che non muoia. Sarà spaventata, molto spaventata. E io la aiuterò a tornare a casa.
J: *Come fai a sapere che sta arrivando questo pericolo?*
A: Noi sappiamo quando le cose stanno per accadere. A volte, quando all'inizio arriviamo in un posto e diamo un'occhiata in giro, sai. E quando ho visto questa ragazzina, io sapevo che era quella che

dovevo salvare. E quando l'ho vista, ho visto tutte le cose che farà nella sua vita.

J: Conosci il nome di questa ragazzina?

A: No, non lo conosco. Credo che potrei scoprirlo. Io...

J: Beh, non è molto importante, vero?

A: No, non è importante quali siano. Aiuterà molte persone in questa città. Penso che... ah, sì... che sta per sposare qualcuno di molto ricco. E aiuterà molti poveri, e questo è molto importante. Penso anche che aiuterà delle persone che sono scappate, delle persone di colore.

Supponevo che si stesse riferendo alla ferrovia sotterranea che porta in Canada, che ha aiutato gli schiavi fuggiaschi a scappare dai loro padroni prima e durante gli anni della guerra civile (1860 circa).

A: E aiuterà i poveri qui in questa città. Quindi è importante che lei viva. Stamattina aveva paura di uscire. A volte i bambini percepiscono le cose più dei genitori.

J: Ah, lei sa che sta per accadere qualcosa?

A: Si. È un po' spaventata e sua madre la manda a... scuola? Si, è la scuola. Sta andando a scuola.

J: Sta per accadere qualcosa mentre va la scuola?

A: Si. Comincerà a nevicare più o meno quando arriverà a scuola, e nevicherà molto forte. Non si aspettano una nevicata. Hanno avuto alcune belle giornate e stanno iniziando a pensare che sia primavera, e che non nevichi più. Ma arriverà, e presto lasceranno andare via i bambini che hanno tanta strada da fare. Lei starà fuori con tutta quella neve. Se non l'aiutassi, potrebbe cadere nella neve, perdersi o morire congelata. È molto spaventata e sola, quindi ho intenzione di aiutarla.

J: Bene! La condurrai fino a casa?

A: Si. La terrò per mano e sentirà che ha avuto un'esplosione di forza, come una nuova energia, e i passi saranno più leggeri. La trascinerò un po' e l'aiuterò. Dandole un po' della forza in più di cui ha bisogno, così tornerà a casa.

J: Ha molta strada da fare?

A: Sì, quasi tre chilometri. Non voglio che le accada nulla ora. Più tardi, la gente le chiederà come ci sia riuscita. E lei dirà: "Non lo so, ho soltanto camminato". Prima che arrivi a casa, la neve le arriverà alla vita. Sta soffiando molto forte. Nell'ultimo tratto prima di casa, ci sono alcuni tratti in cui neanche i cavalli sono riusciti a passare.

J: È arrivata a casa sana e salva ora?

A: Si, è al sicuro. Avevano perfino paura di andare a cercarla in quella bufera. Erano così sorpresi di vederla.

J: Lei sapeva come ha fatto a farcela?

A: No, non lo saprà mai. L'ha fatto, è tutto ciò che dirà. Sua madre sente che è stata come la risposta ad una preghiera... e ha ragione.

Dal momento che avevamo avuto una data, il 18 marzo 1810, ho scritto all'ufficio meteo dello Stato di New York per capire se in quel giorno avessero registrato una forte tempesta di neve fuori stagione. Ero di nuovo in un vicolo cieco. Hanno risposto che non potevano aiutarmi perché i loro registri non andavano così indietro.

* * *

J: È l'anno 1934. Cosa stai facendo ora?

A: Ho cercato dappertutto.

J: Cosa stavi cercando?

A: Voglio vedere le cose. Amo andare a est. Mi piace l'est. È molto bello lì. Mi piacerebbe vivere lì un giorno.

J: Sul fiume?

A: Si, guardo spesso l'acqua.

J: Sei mai stata lì prima d'ora?

A: Devo essere stata qui che molto tempo fa. Mi sento molto vicina a questo posto.

Era vissuta vicino a quella zona come Sarah. Inoltre si è trasferita da Beeville, Texas al Maine negli anni Settanta. Questo potrebbe aver soddisfatto il suo desiderio di vivere a est un giorno.

J: In che parte dell'Est ti trovi?

A: A nord. Adoro le montagne, gli alberi, l'acqua. È molto bello qui. Devo essere stata qui circa... Non sono sicura quando. È molto difficile per me stabilire il tempo, ma sono venuta qui per aiutare qualcuno che era caduto, che si era perso.

J: Erano caduti?

175

A: Si, nella neve. E li ho aiutati a tornare alla festa dove si trovavano. Poi ho pensato di rimanere qui il più a lungo possibile.

J: *Di rimanere lì fino alla prossima chiamata?*

A: Si, è molto bello qui e mi piace guardare le persone.

J: *Cosa stanno facendo?*

A: Beh, mi piace guardare questi qui. Vengono qui e mettono cose strane ai piedi e scivolano lungo una collina. Ridono e sono molto allegri.

J: *Mettono qualcosa ai piedi e scivolano giù per la collina?*

A: Si. Mi piace guardarli. Mi piacerebbe farlo, credo, ma non riesco a tenerli addosso. Ci ho provato.

J: *Hai provato a metterteli ai piedi?*

A: È stato molto buffo. La gente si è spaventata quando è successo.

J: *Cosa è successo?*

A: Avevo visto un uomo mettere questi affari ai piedi, così sono andata lì e li ho messi sul pavimento. Questo sorprese tutti: pensavano che fossero caduti. Ho avuto molta difficoltà a farli uscire dalla porta. Non sono sicura di come queste persone lo facciano. Penso li mettano all'esterno. Se non fossi stata in grado di passare attraverso la porta non ci sarei mai riuscita. Ho dovuto toglierli, aprire la porta, tornare indietro e metterli. Non avrei potuto prendere quei cosi attraverso la porta senza fare una confusione terribile. Ho cercato di non farmi notare, ma tutti sembravano vedermi. Quando hanno visto quegli sci passare attraverso la porta si sono spaventati molto. Tutti e quattro sono rimasti seduti lì spaventati a morte. E quando sono uscita, hanno cominciato a scivolare giù in maniera impressionante. Quel pover'uomo ha passato dei brutti momenti per ritrovarli.

J: *(Grossa risata) Ha dovuto cercarli dappertutto?*

A: Beh, uno era abbastanza vicino, l'ha preso su un albero. Ma dopo rideva da morire. Disse che per un attimo aveva pensato che ci fosse un fantasma ma che un fantasma sarebbe stato capace di tenerli su.

J: *Non ne sa molto di fantasmi, vero?*

A: No, non credo ne abbia mai visto uno. Non sembra saperlo. È stata molto dura ma è stato divertente. Ci riproverò una di queste volte. Questa gente non tornerà più in quel posto.

J: *Non torneranno?*

A: Era un piccolo cottage, apparteneva ad un tizio. Loro avevano le chiavi per il weekend. Si sono sicuramente spaventati.

J: *Non pensavano che quegli sci dovessero farlo.*

A: No. Non hanno capito cosa stesse accadendo. Io pensavo che fossero tutti occupati con le loro cose. Sono andata dritta pensando che nessuno mi avrebbe notata, ma mi hanno sentita. Molto buffo, hanno riso tanto su questa cosa. Le loro ragazze erano così spaventate, erano atterrite. Sono andate via subito dopo. Se ne sono andate col buio. Lui voleva restare ma tutti gli altri se ne sono andati, appena hanno recuperato le loro cose. Hanno messo i vestiti in valigia e se ne sono andati.

J: *Come erano arrivati lì, in macchina?*

A: Erano venuti in macchina e in treno. Venivano da... da una grande città. Dopo ho osservato quella ragazza per un po'. È tornata a casa ed era così spaventata. Sapeva che non avrebbe dovuto essere lì e pensava che fosse successo per quel motivo. Era andata in un posto infestato. Era molto giovane, molto bella, sui 18, 19 anni.

J: *Dici che lei sapeva che non avrebbe dovuto trovarsi lì?*

A: No. Lei era andata con qualcuno col quale non avrebbe dovuto. Quindi ha pensato che fosse una punizione. Così l'ho seguita. Stavo per dirle cosa era successo ma non sono riuscita a parlarle. L'ho guardata per un po' e una volta ho provato a parlarle ma non sono riuscita a farmi ascoltare. Era davvero atterrita. Tutto sembrava spaventarla a morte. Ma questo è successo molto tempo fa. Ogni tanto torno in quel posto e guardo le persone che vanno lì. Ancora dicono che è infestato. Pensano che sia stato di un fantasma.

Questo episodio dimostra che anche uno spirito può avere senso dell'umorismo e trovare il tempo per divertirsi. Nulla a che fare con i fantasmi spaventosi di cui siamo stati abituati a sentire tutta la vita.

J: *Dimmi, esistono spiriti per i diversi animali?*

A: Non come me. Non sono spiriti, sono un tipo di essere assolutamente diverso. Percepiscono le cose, hanno un'intelligenza che gli umani non comprendono affatto.

J: *Non hanno uno spirito?*

A: Non come le persone. Gli umani sono davvero stupidi riguardo agli animali. Pensano che se l'animale è intelligente farà ciò che la persona voglia che faccia. A volte gli animali sono più intelligenti. Se riescono a percepire il pericolo non fanno ciò che le persone vogliono fargli fare.

* * *

J: *Siamo nell'anno 1930. Cosa stai facendo?*
A: Beh, sono stata qui per un po'.
J: *Dove sei?*
A: Mi hanno detto che questa città si chiama Seattle.
J: *È una grande città?*
A: Oh, si bella grande. Ci sono un sacco di bei fiori.
J: *Cosa stai facendo qui?*
A: Beh... vedi quella donna laggiù? Sta per essere investita. Io non posso fermare la macchina. Non posso fermarla. Quando lei sarà stata investita mi prenderò cura di lei.
J: *Ah, così non morirà?*
A: Esatto.
J: *Ma non puoi impedire alla macchina di investirla?*
A: No, non posso. Il giovane alla guida, questo fa parte della sua vita. Lui colpirà questa donna e per un po' crederà che lei morirà.
J: *Oh, è qualcosa che sta per succedere a lui. È una cosa che deve accadere?*
A: Deve. Lui scapperà, sarà spaventato a morte dal fatto che questa donna sia morta, ma io aiuterò lei, l'aiuterò perché il dolore non sia così forte, l'aiuterò a tornare a casa. Lei starà male solo per un po', e la metterò a dormire, così al risveglio non avrà più niente. Non uscirà mai nulla di questo sui giornali ma quel ragazzo dovrà preoccuparsi per tanto tempo. Questo lo metterà in condizione di ripensare a come abbia condotto la sua vita.
J: *Come ha vissuto?*
A: A lui non importa cosa faccia o a chi faccia del male. Questo invece lo spaventerà.
J: *La donna viene investita... ma immagino che non verrà colpita molto forte, vero?*
A: Ah, lui la colpirà molto forte. Dev'essere abbastanza forte da fargli credere che l'abbia uccisa. Deve pensare di averla uccisa. Tornerà su questa strada dopo un po', non trovando nulla nei giornali. Guiderà in lungo e in largo in cerca di questa donna ma lei non ci

sarà: andrà a far visita a sua figlia. Sarà via per molto tempo e avrà un piacevole soggiorno. Questo ragazzo, sarà molto preoccupato. Vivrà tutta l'esistenza a rimediare per aver ucciso quella povera donna.

È incredibile rendersi conto di quale serie meravigliosamente complessa di eventi viene costantemente intrecciata alle nostre spalle, a nostra insaputa. Sembra che tutto abbia un significato, se non nelle nostre vite, allora in quella di qualcun altro. È anche rassicurante il fatto che un'intelligenza superiore tenga traccia di tutto ciò.

Capitolo 12

Uno Spirito Guarda al Futuro

In alcune delle prime sessioni, mentre era sul piano dello spirito, Anita fece più volte riferimento alla capacità di osservare le persone e vedere cose che gli riguardassero. Per esempio, quando morì nella vita di Chicago e stava aspettando che Al morisse, affermò che poteva guardarlo e capire cosa gli sarebbe successo. Siamo stati incuriositi dall'idea che lei sarebbe stata in grado di farlo in via sperimentale. Sarebbe stato certamente interessante provare. Dal momento che sembrava essere una capacità associata solo alla forma spirituale, avremmo dovuto portarla in un periodo di mezzo tra le vite. La prima volta che abbiamo provato, era stata portata in regressione al 1810, attraverso le vite di June e Jane. Qui ci siamo fermati, e lei ci parlò dell'esistenza come spirito, cose di cui in parte abbiamo riportato nel precedente capitolo.

J: *Quanti spiriti ci sono in giro?*
A: Proprio qui? Ce ne sono diversi esattamente qui.
J: *Riuscite a vedervi tra voi?*
A: Oh si… noi parliamo.
J: *Di cosa parlate?*
A: A volte parliamo di cose che abbiamo fatto, o di dove andiamo, o di posti in cui siamo stati.
J: *Puoi descrivermi uno di questi spiriti?*
A: Beh… scegline uno!

Johnny l'assecondò, perché ovviamente non poteva sapere cosa lei stesse vedendo.

J: Beh, quello che sta lì.

A: Lui? Oh, lui è simpatico. È un uomo davvero piacevole. È stato uno spirito per diversi anni. Somiglia molto, direi, a come quando era vivo. Certo, uno spirito non, sai... beh, tu mi vedi. Io... beh, immagino che la parola giusta sia "esile". Puoi proprio vedere attraverso me. Io posso vedere attraverso lui. Posso vedere attraverso gli altri spiriti. È divertente come possiamo essere così e avere la forza di fare le cose. Cambiamo molto. Sei mai stato uno spirito?

J: (Sorpreso della domanda) No, di sicuro.

A: Beh, ti ci dovrai abituare.

J: Di sicuro. Questo è molto strano.

A: (Sembra molto rassicurante) Beh, ora, non aver paura.

J: Cercherò di non averne. Quell'uomo ti ha detto per cosa è stato chiamato qui?

A: Beh, è stato qui per molto tempo, e ha aiutato delle persone. Credo stia aspettando di nascere un'altra volta. Ora sa dove andrà. Sarà ancora tra un po' ma rinascerà.

J: Come fa a saperlo?

A: Beh, gli è stato detto, lo sente. Non posso descrivere questa sensazione. Ti ci abituerai. Non è come quando sei vivo e qualcuno ti dice qualcosa e ascolti con le tue orecchie. O come quando una persona è lontana e la sua voce sembra tenue. Ascolti questa voce proprio come se lui ti stesse davanti. Ascolti la voce, la percepisci più che altro, ma è sempre molto precisa, non è vaga. Sai esattamente cosa dovrai fare. E noi possiamo anche parlarci l'un l'altro a volte, senza neanche dire una parola, esattamente come ti sto parlando ora. A volte facciamo anche questo, dipende.

J: (Decide che è il momento di provare l'esperimento) Dimmi, voi potete guardare nel futuro?

A: Beh, si, se proviamo a concentrarci. Se davvero abbiamo bisogno di sapere, o se vogliamo sapere, possiamo vedere. A volte dico alle persone cosa sta per accadere per rassicurarle.

J: Puoi vedere nel futuro proprio ora e vedere qualcosa che sta per accadere e dirmelo?

A: Beh... su di te o sulla nazione, o...

181

Johnny all'inizio aveva intenzione di chiedergli qualcosa sulla nazione ma quando lei disse così, la sua curiosità fu troppo forte.

J: *Su di me. Puoi vedere qualcosa su di me che sta per accadere?*
A: Fammi concentrare. (Pausa) Posso dirti alcune cose. Posso dirti che tu non sei uno spirito. (Sorpresa) Non so cosa sia questa cosa, tu non sei uno spirito!
J: *Non lo sono?*
A: No, tu sei vivo! Ma non in questo tempo [1810]. Tu vivrai molte vite ancora oltre a questa in cui sei ora.
J: *Sono nella mia prima vita?*
A: No, oh no! Hai vissuto molte vite prima di questa. E ne vivrai molte altre.
J: *Sai dirmi cosa farò in questa vita?*
A: Beh, è molto strano perché tu mi stai parlando da una vita diversa, da un'epoca diversa. Credo che tu stia vivendo... nel futuro! Da me. Non so quanto lontano ma io posso vederti come credo che tu appaia. E posso dirti che, in quella vita, vivrai una vita molto molto lunga. Di base sei una persona molto buona. Ci sono alcune cose che fai che non sono esattamente giuste. Ci sono cose... ma fondamentalmente le lezioni stanno cominciando ad arrivare. Hai imparato molto.
J: *E tu dici che vivrò ancora a lungo in questa vita?*
A: Si, Penso che arriverai ad essere anziano. Ti vedo mentre ti guardo ora, come un uomo molto anziano. Hai dei nipoti... no, sono pronipoti. Hai dei pronipoti. Vivrai una vita molto più lunga di quella che le persone vivono di questi tempi. Questo è un modo in cui ho saputo che eri nel futuro.

Johnny le chiese dove avrebbe vissuto, e lei continuò descrivendo il posto. Una cosa strana che ha detto è che lo Stato che avremmo scelto, non era ancora uno Stato in quel momento [1810]. Alla fine ci siamo stabiliti in Arkansas, che non era uno Stato al momento in cui lei era stata portata in regressione. Inoltre, nessuno sapeva dove intendessimo andare quando ci siamo ritirati dalla Marina. A quel tempo, neanche noi eravamo ancora sicuri, e abbiamo pensato che ci sarebbero voluti diversi anni prima di preoccuparcene. Lei continuò descrivendo perfettamente il nostro posto in campagna. Siccome a quel tempo Johnny era interessato a svolgere part time un lavoro di riparatore di televisori e radio oltre al suo lavoro di controllore radar in Marina, le chiese che tipo di lavoro avrebbe fatto. Lei divenne molto turbata e inquieta. Disse che era qualcosa di molto strano per lei.

A: Però è in quel tempo. È con cavi... tubi. È strano... spaventoso. Sei una persona diversa. Non ho mai fatto una cosa del genere prima d'ora... come questa. È molto confuso quando vedo cose che non capisco. Questi tubi sono molto strani. Ha a che fare col futuro, molto più in là. Cominceranno a lavorarci credo in un altro secolo. Credo intorno al 1930 cominceranno a lavorare a questa cosa. Questo è ciò di cui ti occuperai nel lavoro della tua vita.

J: *Immagino che mi divertirò, quindi?*

A: Ti piacerà. Sento che sei molto felice in questa vita. Hai dei problemi ma non cose importanti. Beh, sai, a ogni persona in vita, i propri problemi sembrano grandi. Ma rispetto ai problemi che potresti avere, questi sono piccoli. Questa vita è più scorrevole delle tue ultime vite.

J: *Vediamo, noi ogni tanto dovremmo rinascere e imparare nuove lezioni?*

A: Non c'è un tempo stabilito. All'inizio pensavo di si ma non c'è.

J: *Ma comprendo che abbiamo lezioni da imparare?*

A: Si, ogni volta devi imparare qualcosa. Proprio in questo momento stai imparando nella tua vita, cose che avevi bisogno di imparare dall'ultima volta. Vedo la bontà intorno a te, stai imparando. Ecco perché vivrai a lungo. Raggiungerai molti obiettivi in questa esistenza. E ogni volta sarà una vita sempre più facile. Lo scoprirai nelle tue vite future, avrai problemi diversi ma ogni volta l'esistenza sembrerà più spianata, e ti sembrerà di raggiungere traguardi sempre maggiori e cose sempre più importanti. Questo è ciò che vedo quando ti guardo... Ma sono turbata.

Dal momento che sembrava così agitata nel guardare a cose così di là da venire che non capiva, Johnny smise di farle fare questa cosa partendo da un tempo così lontano. Successivamente, quando abbiamo riprovato, la portò solo agli anni Trenta, nel suo stato di spirito più recente, e ciò non sembrò inquietarla così tanto. Da quest'epoca, ci ha parlato ancora del nostro futuro e voleva anche scoprire cose su di sé. Quando parlava del suo futuro, diceva che riusciva a seguire con difficoltà il suo spirito. Parlava di vedere sé stessa come se stesse guardando un'estranea, in maniera molto obiettiva. Ciò fu molto interessante per noi da un punto di vista personale. Ad ogni modo, pensammo di dover cercare di scoprire cose interessanti per più persone. Ad esempio cosa sarebbe successo al nostro Paese. Ricordate che queste sessioni risalgono a metà del 1968.

Anita venne portata in regressione al 1930 e si trovava nello stato spirituale tra le vite.

J: *Puoi concentrarti e guardare avanti di molti anni e dirmi cosa accadrà?*

A: Posso provarci. Nessuno me l'aveva mai chiesto prima. A volte so cosa sta per accadere. A volte lo vedo in maniera molto chiara. Mi concentro seriamente. Lo faccio solo quando cerco di aiutare la gente. Cerco qualcosa di specifico, cerco di trovare qualcosa che gli dia coraggio o che non vedono l'ora che accada, o che li aiuti. Così cerco di guardare al futuro per quella persona. A volte quando lo faccio vedo cose che riguardano molte persone.

J: *È quello che stavo pensando, se tu potessi guardare avanti e vedere cosa farà questo Paese, che riguardi molte persone. Loro probabilmente vogliono saperlo. Vediamo, è il 1930? Puoi guardare avanti al 1968? Sarebbe 38 anni in avanti.*

A: È un anno molto brutto. Stanno succedendo molte cose brutte. Ci saranno un sacco di guerre.

J: *Questo Paese sarà coinvolto nelle guerre?*

A: Si. Moriranno molte persone, e molte famiglie staranno male. Ci saranno due guerre nel 1968.

Questa era una sorpresa. Stiamo ancora combattendo in Vietnam, ma dove altro?

A: Si, ma loro non le chiamano guerre. Non la chiameranno guerra ma è una guerra. Ci sono due nazioni contro le quali combatteremo.

J: *Sai dire quali sono queste due nazioni in guerra con questo Paese?*

A: Beh, combattiamo contro una nazione, ma non è quella che stiamo combattendo realmente. Combattiamo in due nazioni, ma le ha iniziate entrambe la stessa nazione. Combattiamo contro… la Russia.

J: Combattiamo contro la Russia?
A: Tutte e due le volte, ma in posti diversi, in diverse nazioni. Non combattiamo qui e non combattiamo in Russia. Combatteremo in nazioni diverse da quelle.

J: In quali nazioni combattiamo?
A: Beh, stanno combattendo in una da molto tempo, da più tempo di quanto tutti sappiano: Indocina… Vietnam. Abbiamo combattuto per lungo tempo prima di quest'anno, il 1968, abbiamo combattuto lì per… dieci anni.

J: Lì è in Indocina?
A: Una volta si chiamava Indocina, hanno cambiato nome. Si chiama Vietnam.

J: E l'altra nazione?
A: L'altra nazione sarà più avanti quello stesso anno. Inizieremo una guerra in Corea.

J: (Sorpreso) In Corea?
A: Si. In passato abbiamo combattuto contro questo Paese, circa 20 anni fa, e combattono di nuovo. Inizierà nel 1968. La vedo nel '68, tardo autunno… credo a novembre: il giorno del Ringraziamento. Ci sono molte persone agitate perché la guerra era appena iniziata.

J: Non c'è molto da ringraziare, vero?
A: No.

Come oggi sappiamo, non siamo entrati di nuovo in guerra con la Corea, ma l'incidente della nave Pueblo si è verificato nel corso di quell'anno. Fu evitata una guerra con l'azione intrapresa allora? Per coloro che non ricordano che cosa sia successo, può aiutarci una breve spiegazione. Dall'Annuario 1968 dell'Enciclopedia Collier:

L'attenzione internazionale si concentrò sulla Corea nel mese di gennaio, quando le forze coreane sequestrarono la nave dell'Intelligence della Marina statunitense USS Pueblo. Affermando che la nave era stata catturata mentre si introduceva nelle proprie acque costiere (accusa negata dagli Stati Uniti), il governo nordcoreano ha continuato a detenere la nave e gli 82 membri dell'equipaggio nonostante i tentativi del governo americano di ottenerne il rilascio. L'episodio portò ad un rinforzo delle forze di difesa USA in Corea del Sud. Nel frattempo i media riportavano che i

185

nordcoreani stessero costruendo una propria presenza militare e c'era il timore che una parte o l'altra potessero essere tentate da una provocazione che avrebbe potuto sfociare nella ripresa delle ostilità su vasta scala. L'isteria di guerra tuttavia si placò, quando divenne chiaro che gli Stati Uniti non avevano intenzione di intraprendere azioni belligeranti per liberare la nave e il suo equipaggio. La Corea del Nord rilasciò l'equipaggio della USS Pueblo in dicembre, dopo aver raggiunto un accordo con gli Stati Uniti in cui questi firmarono una falsa confessione di spionaggio ripudiandola pubblicamente, un compromesso senza precedenti nel diritto internazionale.

J: *L'anno 1968: è questo l'anno in cui questo Paese avrà un nuovo presidente, giusto?*
A: Potrebbe essere, potrebbe essere.
J: *Sai guardare avanti fino alla fine del 1968 e all'inizio del 1969? Riesci a capire chi sarà eletto presidente di questo Paese? Viene eletto in novembre, giusto? E si insedia a gennaio?*
A: Non lo so. Non ho mai seguito la politica. Non mi piacciono.

In questa vita, Anita è molto interessata alla politica e voleva che scoprissimo il più possibile sulle imminenti elezioni.

A: Ma vedo il presidente. È dicembre. Questo sarebbe il presidente in carica ora, nel 1968. Ce ne sarà uno nuovo in carica molto presto, ma non fino all'anno prossimo. Questo qui non mi piace. È stato eletto qualcun altro. Quest'uomo, quest'uomo è proprio malvagio... vedo molta oscurità intorno a lui.
J: *(Questa era una sorpresa) Come si chiama?*
A: Sto parlando di quest'uomo che è in carica ora. Il suo cognome inizia per J (Johnson?)
J: *Ed è lui quello con il male intorno a sé?*
A: Sì, è coinvolto in molte cose in cui non dovrebbe essere. Ha causato un sacco di problemi al Paese.
J: *Continuerà ad essere il presidente anche per l'anno prossimo?*
A: No, ce ne sarà uno diverso l'anno prossimo.
J: *Guarda avanti e descrivi quell'uomo. Puoi vedere quel nuovo presidente?*

Questa cosa fu molto tesa. La suspence mi stava uccidendo.

A: Lo vedo.
J: *Che aspetto ha?*
A: È alto... e scuro.
J: *Ha dell'oscurità intorno?*
A: No, non è così ma è confuso. È un uomo debole. È stata una cattiva scelta.
J: *Come si chiama?*
A: Nixon.

Questa fu una grande sorpresa, perché Nixon non aveva annunciato la candidatura o non aveva detto nulla sull'eventualità di candidarsi in questo momento. Si supponeva che Robert Kennedy sarebbe stato eletto con poca opposizione. Il suo successo era quasi garantito.

J: *E tu dici, c'è una guerra in atto contro il Vietnam e l'Indocina. Puoi vedere la fine di quella guerra?*
A: Inizierà a concludersi. Cominceranno ad esserci delle trattative quell'anno. E la gente vuole i nostri soldati a casa, ma resteranno ancora lì. E si combatterà ancora per tutto il '68. Cercheremo di andarcene da lì ma saremo ancora molto coinvolti, più di chiunque altro. Più di quanto la gente di questo Paese sappia. Ci saranno colloqui di pace nel 1968, ma ci vorrà molto tempo prima che tutte le persone lascino quel Paese per tornare a casa. L'altra inizia con cose molto piccole e banali. Non la chiamano guerra, ma io sì. È una guerra. Tutto il '68 è in guerra ... un anno molto brutto.
J: *E questo nuovo uomo che diventerà presidente, non è in grado di fermare le guerre?*
A: È un uomo debole e stanno cercando di aiutarlo. L'hanno buttato in mezzo: era il meno peggio. Non ha molto potere. Non può fare quello che vuole. E a volte non sa a chi dare ascolto. Ce la metterà tutta e ha qualche buon aiuto. Non avrebbe dovuto essere presidente però. È stata una pessima scelta.
J: *Chi sarebbe dovuto diventare presidente?*
A: L'uomo che avrebbe dovuto essere eletto è molto diverso da lui. È più piccolo... biondo. Sarebbe dovuto essere presidente questa volta.
J: *Stava cercando di diventare presidente ma hanno eletto quest'altro uomo?*

187

A: Si è trattenuto troppo a lungo. Avrebbe dovuto esserlo, ma non era ancora sicuro di essere pronto.

Non eravamo sicuri se lei stesse parlando di Robert Kennedy o forse di Gerald Ford. Non è stato mai chiaro.

J: *Vedi accadere qualcos'altro di grande? Qualcosa che potrebbe interessare molta gente?*
A: Persone che faranno del male ad altre persone. Un mucchio di rivolte. Ce ne saranno molte quell'anno.
J: *Ci sarà una rivolta più grande di altre?*
A: La più grande sarà... sembra a Chicago.
J: *In che periodo dell'anno accadrà?*
A: Molto caldo... una calda estate.
J: *È una rivolta con gente nera?*

Ce ne furono molte durante gli anni Sessanta.

A: Ci sono anche altre persone coinvolte. Bianchi, neri...
J: *Sono i bianchi a provocare i disordini?*
A: Alcuni di essi li provocano.
J: *Perché pensi che che stiano facendo questo? Puoi capire?*
A: Credo per indebolire il Paese. Vogliono mostrare quando possano essere potenti le loro forze. Sono persone molto egoiste... usano i neri per trarne vantaggio.
J: *Sono persone di questo Paese?*
A: Alcuni... sono stati qui a lungo, molto infiltrati nelle nostre vite.
J: *Stanno solo creando molti disordini?*
A: Si. Molta agitazione... Ooo... Non mi piace quell'anno. Ci sono molte poche cose buone. Così tante persone uccise inutilmente. Il Sessantotto sarà disastroso: molti guai, davvero un pessimo anno.

Pensavamo che stesse parlando di una rivolta razziale a Chicago, perché sembrava la conclusione più ovvia. Siamo rimasti tutti sorpresi nel sederci intorno al televisore nell'agosto del 1968, a guardare la rivolta che si svolgeva per le strade fuori alla Convention democratica a Chicago. Era diventata così grave che vennero schierate diverse migliaia tra guardie nazionali e truppe della Riserva Federale per aiutare la polizia. I media ritenevano che uno dei fattori che l'avevano provocata fosse che Chicago stava vivendo una delle estati più calde mai registrate. Mentre Anita sedeva con noi a guardare la polizia antisommossa combattere contro i rivoltosi, ci ha detto che era una sensazione molto strana: "Ho già visto tutte queste scene".

Poi, mentre le campagne elettorali proseguivano in estate e in autunno, sembrava molto strano. C'era una sensazione di delusione generale. Tutta l'eccitazione era svanita. Non c'era più suspense. Dopotutto, sapevamo già chi sarebbe stato candidato e chi avrebbe vinto le elezioni. E dopo lo spoglio delle schede, e Nixon che stava lì a ricevere le congratulazioni, avemmo una sensazione di déjà vu. L'avevamo già visto; l'avevamo già sperimentato mesi prima.

Il Sessantotto fu davvero un pessimo anno in più di un senso. Quell'anno avvennero anche gli omicidi di Martin Luther King Jr. e Robert Kennedy. Ci è stato chiesto più volte perché non avesse visto quegli eventi né riferito di essi. Forse lo ha fatto quando ha detto, "Non mi piace quell'anno. Pochissime cose buone quell'anno. Così tante persone uccise inutilmente. Il Sessantotto sarà disastroso, molti guai, davvero un pessimo anno".

Da allora, lavorando ulteriormente con l'ipnosi, ho imparato che il soggetto spesso vede molto di più di quanto riferisce. A meno che non gli venga rivolta una domanda diretta, potrebbe non farne mai cenno. Spesso le scene si susseguono troppo velocemente.

La sessione continuò.

J: *Dimmi, nell'anno 1968 in questo Paese si parlava di mandare qualcuno sulla Luna. Sono riusciti ad arrivarci?*
A: Costruiscono aggeggi che vanno sulla Luna ma non ancora come pianificano. Le persone non ci andranno ancora. L'anno seguente.
J: *Nel Sessantanove?*
A: L'anno seguente le persone andranno sulla Luna.
J: *Torneranno indietro?*
A: Non senza… tragedia. È tutto molto oscuro, non è per niente buono. Non va bene.
J: *È questa la nazione che manderà queste persone?*

A: Noi saremo lì ma non quest'anno, nel 1968. Nel 1969 manderemo uomini sulla Luna.

J: *E qualcuno di loro tornerà?*

A: Non so quanti andranno e non so quanti torneranno ma il loro capo viene ucciso. Sta per morire.

Come ora sappiamo, siamo atterrati sulla Luna con la prima spedizione dotata di equipaggio nel 1969. Ci siamo seduti di fronte ai nostri televisori e abbiamo guardato con stupore come un'altra previsione si sia avverata. Ma che dire della tragedia? Le uniche di cui sappiamo erano la navicella Apollo che prese fuoco al suolo uccidendo tutti i componenti a bordo, e i cosmonauti Russi che morirono cercando di raggiungere la Luna. Potrebbero esserci state altre morti tra gli astronauti che il governo non ha mai reso pubbliche?

J: *Dunque atterreranno sulla Luna. Pensi che dovrebbero farlo?*

A: No, ma non nuoce a nessuno se non a loro. Non toccava a loro farlo, ma non fa male a nessuno. Non faranno ciò che pensano. Vogliono costruire piattaforme spaziali. Vogliono controllare il mondo. Non sarà così per molto tempo. Un giorno, molto lontano, ci saranno cose come questa nello Spazio. Adesso pensano di poter conquistare tutto per il solo fatto di arrivare lì, ma hanno molto, molto di più da imparare. Ci sono molte cose che non sanno. Non faranno mai ciò che pensano adesso.

J: *Stanno progettando di andare su altri mondi?*

A: Vogliono esplorare. Pensano che ci siano cose li fuori.

J: *Ci sono cose lì fuori?*

A: (Lei sorrise come se avesse avuto un segreto) Oh, si, oh, si! Ma non ciò che pensano.

J: *Cosa sono queste cose che stanno lì fuori?*

A: Beh, ci sono molti altri pianeti, ciascuno con una vita. Ma non ciò che si aspettano di trovare.

J: *Si aspettano di trovare questa vita in forma umana, come loro?*

A: No, non esattamente. Ma pensano di essere in grado di comunicare immediatamente. Questo non è vero. Non lo faranno, non per un bel po', forse mai. Non li vedo far questo, come credono.

J: *Ci sono cose che sono state riferite per tutto il Paese, che loro hanno visto. Ciò che chiamano "navi spaziali, dischi volanti e* sfere di fuoco". Dicono che giungono da un altro mondo, un altro pianeta. Tu le hai viste?

A: (Di nuovo ridendo) Ma certo!

J: Cosa sono?

A: Sono veicoli spaziali. Loro viaggiano lì dentro.

J: Chi c'è lì dentro?

A: Beh, dipende da quali intendi. Ci sono cose che loro vedono. Pensano che siano dischi volanti, li chiamano oggetti non identificati, che non sono altro che spiriti. A volte, sono navi che provengono da un altro pianeta. In sostanza hanno molta paura di queste cose. Se scoprono qualcosa, non lo dicono alla gente. Sono molto spaventati da cosa potrebbero essere perché le loro comunicazioni non passano.

J: Dici che sono navi spaziali provenienti da un altro pianeta?

A: Alcune di queste lo sono, si.

J: Ci sono persone dentro, persone come noi?

A: Loro possono essere una persona se vogliono. Quelli che hanno visto quest'anno e negli ultimi anni sono una forma di vita che può assumere diversi corpi. Diversi insiemi di cose, li fanno sembrare diversi. Loro possono assumere l'aspetto degli umani.

J: Tu sai da quale pianeta provengono?

A: Non conosco il nome. Mi è stato detto ma non lo ricordo. Non appartiene a questo sistema solare, sono di un altro sistema, il più prossimo al nostro.

J: Ah, il più prossimo a questo sistema solare?

A: Si. Stanno qui. Sono persone molto curiose, si trovano ad un diverso stadio evolutivo. Osservano la Terra, i suoi problemi. Interferiscono molto raramente. Osservano ed apprendono. Sono molto curiosi.

J: Pensi che atterreranno sulla Terra per provare a vivere qui?

A: No, non come credi, non come credi. Sono stati qui a lungo.

J: Sono stati?

A: Sono venuti e sono andati via. Possono somigliare alle persone sulla Terra. Le persone non lo sanno quando li vedono. Loro non fanno male a nessuno, non fanno mai male a nessuno. Osservano, a volte vengono e vivono qui per un po'. È un posto molto frenetico la Terra. A loro non piace qui. E se ne tornano.

J: Cercano di aiutare le persone?

A: No, interferiscono molto raramente.

191

J: *Si limitano ad osservare cosa succede? Sono davvero curiosi?*

A: Si. Hanno attraversato una fase molto simile a questa diverse migliaia di anni fa.

Queste erano informazioni incredibili da ricevere. Soprattutto perché c'era ben poco di scritto su UFO e alieni a quel tempo.

Capitolo 13

Kennedy e lo Scorpion

Le sessioni erano diventate ormai così abituali che stavamo cominciando ad essere più fantasiosi. Avevamo coperto tutte e cinque le vite di Anita il più accuratamente possibile, e stavamo cercando nuovi e diversi esperimenti da provare. Quanto segue è parte dell'ultima sessione tenuta. Anita aveva già dimostrato la capacità di guardare al futuro e vedere eventi specifici. Ora, alcuni amici ci avevano suggerito di scegliere un evento importante, farla andare a quella data e descrivere l'episodio mentre lo vedeva accadere. Abbiamo pensato che sarebbe valsa la pena provare.

L'evento più spesso suggerito fu l'assassinio del presidente John F. Kennedy, principalmente a causa del mistero che ancora oggi lo circonda. Queste sessioni si sono svolte nel 1968, solo cinque anni dopo l'evento del 1963. La Commissione Warren aveva completato le indagini ed era giunta alla conclusione che Lee Harvey Oswald aveva agito come assassino in autonomia. Sebbene vi fossero state speculazioni su altre possibilità, le conclusioni della Commissione Warren erano state generalmente accettate. È stato solo negli ultimi anni che altre teorie avevano avuto credibilità. Così, nel 1968, i risultati di questo esperimento furono abbastanza sorprendenti, sebbene per gli standard di oggi, siano più credibili.

A causa della natura dell'esperimento, diverse altre persone vollero essere presenti a questa sessione. Erano amici comuni che avevano seguito altre sessioni e sui quali potevamo contare per proteggere l'anonimato di Anita. Sebbene avessimo discusso l'argomento dell'esperimento, non avevamo detto ad Anita cosa avremmo tentato di fare. Pensavamo che questo avrebbe aggiunto maggior validità alla prova. Dovremo lasciare che siano i lettori a decidere da soli se lei stesse guardando l'evento reale, e se quello che ha visto potrebbe essere la verità.

Forse nessuno lo saprà mai veramente.

J: June, tu hai questo potere di guardare molto avanti nel tempo e vedere cose che stanno per accadere?

A: Ho capito molte cose su Al, soltanto guardandolo.

J: Hai mai sentito parlare di Dallas, in Texas?

A: In passato, intendi?

J: Si, o adesso. Hai mai sentito parlare di Dallas, Texas?

A: No.

J: È una grande città giù in Texas. Hai sentito parlare del Texas, vero? È un grane Stato nella parte meridionale dell'America.

A: Ho sentito del Texas. Si, i cowboy.

J: Voglio che ti concentri e guardi al 1963, nel mese di novembre a Dallas, Texas. Sta succedendo qualcosa lì, puoi vederlo?

A: È una grande città, più grande di Chicago. È molto grande. Deve essere quasi mezzo milione o un milione di persone. Grande città.

J: Beh, questo giorno di novembre, oggi è... ah... (stava cercando di ricordare la data in cui era successo).

A: Un giorno molto caldo, vero?

J: Si. È fine novembre, intorno al 22, 23.

A: Il clima è molto diverso. È una giornata molto calda.

J: C'è un uomo... in un'auto... che va per strada...

A: Si, è una parata.

J: Una parata?

A: Sembra una parata.

J: Quell'uomo in macchina: è seduto con un altro uomo e altre due donne?

A: L'auto scoperta, si.

J: Si. È il presidente della nazione.

A: (Sorpresa) Si! Bell'aspetto... bellissima donna.

J: Riesci a vedere qualcosa che succede?

A: (Sorpresa) Sta per essere ucciso!

J: Lui? Quando?

A: Penso che lui... questo giorno di cui stai parlando. Viene colpito da un fuoco incrociato di proiettili.

A questa osservazione, tutti nella stanza si guardarono l'un l'altro e rimasero a bocca aperta. Fuoco incrociato! Non era mai stato ipotizzato a quel tempo.

J: *(Sorpreso) Un fuoco incrociato?*
A: Si. Viene colpito da davanti e da dietro.
J: *Riesci a vedere chi sta facendo fuoco? Chi sta sparando?*
A: Si. Ci sono due uomini. C'è un uomo là, dietro a quella staccionata.
J: *Sai dire chi è?*
A: Non conosco il suo nome. Ha un aspetto diverso. Forse è sudamericano o qualcosa del genere, sembra scuro.
J: *È un tipo di uomo straniero?*
A: Si. Parla Spagnolo... non parla molto bene questa lingua.
J: *E dici che sta dietro ad una staccionata?*
A: Si, stava fermo su di un'auto... e ha sparato.
J: *Con che cosa ha sparato?*
A: (Con sdegno) Ha sparato con un fucile.
J: *Voglio dire, che tipo di fucile?*
A: È pensato per avere una canna più lunga. Sembra che avrebbe dovuto essere un fucile ma non lo è.
J: *Ha una canna corta?*
A: Più corta di un fucile.
J: *E dici che stava dietro ad una staccionata.*
A: Si, una recinzione di assi, alta.
J: *E quanto è lontana questa recinzione dall'auto del Presidente?*
A: Beh, non è molto lontano. È... Non riesco a vedere la distanza ma non è molto lontano. L'altro uomo è più lontano. Sta in alto in quell'edificio.
J: *Sta in un edificio? Sai dirmi il nome di quell'edificio? Puoi leggere il nome o se ha un nome sull'ingresso?*
A: Credo ce ne sia uno lì. È un edificio di archiviazione. Penso che dica (lentamente come se stesse leggendo) Deposito di Libri?
J: *Deposito di Libri?*
A: Si, credo. Non ne sono sicura ma credo di si. L'edificio è pieno di libri e cancelleria, per lo più libri di scuola.
J: *Riesci a vedere quell'uomo? Che aspetto ha?*

A: Non mi piace! È magrissimo, non ha molti capelli e ha degli occhi strani. Ha un viso rotondo. Quell'uomo è pazzo!

J: *È pazzo?*

A: L'uomo è malato di mente. È molto confuso. È pietoso. Ha fatto un sacco di cose cattive, ma è profondamente convinto di stare nel giusto. Anche ora, pensa di aver fatto qualcosa di meraviglioso per cui la gente lo elogerà.

J: *Davvero? Riesci a capire cos'ha fatto in passato?*

A: Beh, è confuso. Sta avendo molti problemi con sua moglie. Lei vuole lasciarlo, e lui è arrabbiato con lei. E le ha provate tutte per essere buono con lei, ma lei vuole molto di più di quanto lui possa mai darle. Lui ora lo sa.

J: *Dici che quest'uomo pensa che le persone lo elogeranno per ciò che ha fatto?*

A: Le persone con le quali lavora si.

J: *Ah, lavora con delle persone?*

A: Si.

J: *Riesci a vedere queste persone?*

A: Vagamente. Non è strettamente associato a loro. Ha cercato di entrare in questo gruppo. E lo hanno scelto subito per i suoi trascorsi. Sanno che è uno squilibrato. E l'hanno incastrato per fare questa cosa. È il capro espiatorio, si potrebbe dire.

J: *Beh, se sta sparando lui, perché sta sparando anche l'altro uomo dall'auto dietro alla staccionata?*

A: Non hanno intenzione di correre rischi. Devono essere molto sicuri. Vogliono fortemente uccidere quest'uomo. Non possono correre rischi.

J: *Chi sono loro?*

A: Cosa intendi?

J: *Puoi descrivere queste persone che hanno indotto questi due uomini a sparare a questa persona?*

A: Intendi il loro aspetto o la loro organizzazione?

J: *La loro organizzazione. I loro nomi, se li puoi vedere.*

A: Non sono sicura dei nomi perché non ha avuto contatti stretti con loro. È difficile dirlo se non ha avuto contatti. Sono Comunisti.

J: *È quella la loro organizzazione?*

A: Si. Appartengono all'organizzazione Comunista, il Partito Comunista.

J: *E dici che quest'uomo lì sul deposito è stato sacrificato?*

A: Beh, loro sanno che non può farla franca. Non può uscire dall'edificio senza essere visto. La gente vedrà che il fucile ha sparato dall'edificio. Sanno che sarà catturato, ma l'hanno convinto che può cavarsela. È una persona molto egoista. Li crede quando gli dicono che può farlo. Sarà catturato e loro lo sanno ma pensano… meglio perdere lui piuttosto che non riuscire. Lui non conta niente per loro.

J: E… non gli hanno detto molto dell'organizzazione?

A: Ne sa molto poco.

J: Dici che non ne era così vicino?

A: Non in questo Paese. È stato contattato e ha cercato di contattarli.

J: Ha contattato questa organizzazione in un posto diverso da questo Paese?

A: Si, si trovava nel suo Paese, in Russia. Lui sa di questo gruppo.

J: D'accordo. Ora, in questo giorno di cui stiamo parlando, voglio che tu guardi nello stesso giorno e mi dica dove mi trovo. Non sono lì a Dallas.

Questo era un test che Johnny aveva ideato sull'impulso del momento per vedere quanta accuratezza potessimo attribuire a quanto sopra. Anita non aveva modo di sapere che lui si trovasse a bordo di una portaerei (la USS Midway) mentre si avvicinava alle Hawaii al momento dell'assassinio. Il giorno seguente attraccarono a Pearl Harbor.

J: Riesci a vedere dove mi trovo?

A: (Pausa) Ci provo ma non vedo… non riesco a vedere…

J: Non mi vedi da nessuna parte?

A: No. Tu non sei da quelle parti.

J: No, sto da qualche altra parte. Devi scorrere dappertutto.

A: (Pausa) No. Non riesco a vedere, mi dispiace.

J: D'accordo June, conto fino a cinque e andremo avanti al 1968 (porta Anita avanti al giorno presente).

Quando Anita venne svegliata, la prima cosa che disse fu che era confusa. Quando le fu chiesto cosa ne pensasse, lei rispose: "Perché mi hai fatto una domanda a cui non potevo rispondere, vero?". Disse che le aveva chiesto dove si trovasse in una certa data. Disse di aver visto tutti gli Stati Uniti continentali disposti sotto di lei come una mappa per bambini. Lei poteva vedere i contorni delle coste e l'acqua che lambiva i bordi, e il centro pieno di migliaia di persone, come tante minuscole formiche. Andava su e giù per la costa e avanti e indietro attraverso la mappa molto rapidamente guardando ogni volto. Poi disse: "Non riuscivo a trovarti. Non so dove fossi, ma scommetto la mia vita che non eri da nessuna parte negli Stati Uniti. Ne sono sicura".

Quindi quello che sembrava un fallimento per quanto riguarda il test, in realtà non era affatto un fallimento. Semplicemente non aveva visto abbastanza lontano.

Durante il periodo in cui tenevamo le sessioni, nel maggio 1968 il sottomarino nucleare USS Scorpion scomparve nell'Oceano Atlantico senza lasciare traccia. Si erano fatte molte ipotesi su cosa fosse accaduto. Quindi abbiamo pensato che sarebbe stato interessante vedere se Anita potesse scoprire qualcosa al riguardo.

J: *June, mentre guardi l'anno 1968, guarda al mese di maggio, verso la metà di quel mese. Guarda verso est verso quel grande oceano.*

A: Si, vedo l'acqua.

J: *A est del Paese, c'è una nave che va sott'acqua. Si chiama sottomarino. Ed è andato in un altro Paese, oltre l'oceano. Sta tornando in questo Paese. Riesci a vederlo? È una grande nave che va sott'acqua. Deve avere, oh, quasi un centinaio di uomini a bordo.*

A: Uno di loro è pazzo, sai!

J: *Uno degli uomini sulla nave?*

A: Si.

J: *Puoi vedere il nome dipinto sulla nave?*

A: No, vedo dei numeri.

J: *Che numeri?*

A: È molto difficile da vedere. Non voglio andare in acqua. Quell'uomo sta dando di matto, e sta facendo qualcosa che danneggia la nave. Tutti moriranno su quella nave. Lo sapevi?

J: *No!*

A: Soffocheranno.

J: *A causa di quell'uomo?*

A: Sì. È un tipo molto strano. Dà di matto, e va in una stanza in cui non dovrebbe trovarsi. E mentre l'altro gli sta parlando, lui danneggia alcuni comandi. La nave comincia a immergersi sempre più in profondità, e non riesce a tirarsene fuori.

J: *È in acqua, sta andando giù?*

A: Sì, verso il fondale. Loro sanno che non possono risalire.

J: *Non riescono a lasciare il fondale?*

A: No. Ha combinato qualcosa quando l'ha fatto. Ha toccato il fondo. La nave è danneggiata, i comandi sono danneggiati.

J: *Che aspetto ha quest'uomo che impazzisce e fa questa cosa?*

A: È alto, con i capelli rossi.

J: *Riesci a vedere il suo nome sulla maglietta?*

A: No. Non ha il nome sulla maglia, è una maglia color kaki.

Da questo dettaglio abbiamo dedotto che doveva essere un ufficiale o un sottufficiale capo, poiché sono gli unici marinai che indossano l'uniforme color kaki. I marinai semplici di solito indossano maglie con i loro nomi scritti sopra. Al risveglio, Anita stava discutendo questa visione, e poteva ancora visualizzarla in parte. Aveva la chiara sensazione che non fosse un ufficiale. La sensazione era che fosse un sottufficiale o un capomandamento, più probabilmente un sottoufficiale.

J: *Questi altri uomini a bordo, non dovrebbero essere capaci di riparare il danno alla nave?*

A: Non possono. Il danno blocca i comandi, e quando colpisce il fondale, danneggia ancora di più il sottomarino. Non possono. Quella nave sta andando ad adagiarsi esattamente lì.

J: *E tu vedi dove giace ora?*

A: Vedo acqua tutt'intorno. È lontana da qualsiasi costa.

J: *Possono comunicare in qualche modo con qualcuno all'esterno?*

A: No, non possono. Ci hanno provato troppo a lungo. Hanno provato e riprovato ad aggiustarla ma stanno perdendo potenza. Stanno perdendo tutti i comandi sulla nave. Non si vedrà mai più nulla di quella nave finché non andrà in pezzi per la pressione.

J: *Andrà in pezzi?*

A: Sì.

J: *Qualcuno troverà mai pezzi di quella nave?*

A: Non in quest'anno 1968.

J: *Sarà in seguito?*
A: Molto più in là. Identificheranno alcuni suoi pezzi. (Pausa) È molto triste.

J: *Gli uomini riescono ad uscire e risalire a galla?*
A: No, stanno molto, molto in profondità. C'è qualcosa per la quale stanno così in profondità, per la cui ragione non possono uscire.

J: *Devono restare dentro la nave?*
A: Se provano ad uscire, moriranno immediatamente. È una strana nave, non ne ho mai vista una simile prima d'ora. Molto ben costruita, vero?

J: *Che dire... Immagino di si.*
A: Non sarebbe mai successo se non fosse stato per quell'uomo. È vergognoso. Certe persone più in alto di lui lo volevano fuori da quella nave, ma non erano riuscite a produrre la documentazione, così lui ha fatto quest'ultimo viaggio con loro.

J: *Ah, qualcuno voleva che scendesse prima di quel viaggio?*
A: Mostrava segni di tensione.

J: *Beh, quegli uomini vivono lì sotto mentre la nave sta adagiata sul fondale? Voglio dire, non si spezza subito?*

Siccome nessuno sapeva cosa fosse successo alla nave, Johnny pensava che ci fosse una possibilità che gli uomini restassero vivi per un po', e magari essere messi in salvo.

A: Perdono ossigeno, e potenza per... devono produrre ossigeno. Devono avere aria lì dentro in qualche modo. Ma la nave perde potenza un po' alla volta. Moriranno in circa 48 ore.

J: *E tutto a causa di quest'uomo che ha manomesso, o ha fatto qualcosa ai comandi?*
A: Voleva così tanto uccidersi che ha ucciso tutti gli altri con lui.

J: *Perché voleva farlo? L'hai capito?*
A: È molto turbato, ha alcuni problemi finanziari. Penso che sia tutto. È molto preoccupato, e sua moglie lo preoccupava. Voleva uscirne definitivamente.

J: *Riesci a vedere altri uomini in giro sulla nave? Immagino che stiano tutti lavorando per risolvere quel problema, vero?*
A: Alcuni di loro. Altri sono a pezzi. Hanno paura che non usciranno mai più da lì.

J: *Qualcuno degli uomini ha il nome scritto sulla maglia?*

Speravamo di poter ottenere almeno un nome da verificare, di qualcuno che fosse realmente elencato nell'equipaggio.

Improvvisamente Anita sembrava accaldata e a disagio. Ha iniziato a sudare.

A: Fa molto caldo sulla nave. Fa molto caldo lì dentro.

J: *Ah, sei entrata nella nave?*

A: Ci ho guardato dentro.

J: *Riesci a vedere qualche nome sulle magliette dei marinai? Riesci a dire chi sia qualcuno degli uomini?*

A: Gli uomini hanno solo i pantaloncini, alcuni di loro. Non vedo nessun nome. Fa molto caldo. Non conosco nessuno dei nomi.

Certo era deludente che non vedesse alcun nome da verificare, ma allora nessuno conosceva il destino del sottomarino. Abbiamo dovuto aspettare come tutti gli altri finché lo trovassero per scoprire cos'era successo. Rimase un mistero per mesi. C'era anche l'ipotesi dell'affondamento da parte di una nave russa. Alla fine, attraverso il sonar, la Marina riuscì ad individuare ciò che probabilmente era la nave dispersa. Essendo talmente in profondità che gli esseri umani non potevano scendere, hanno inviato fotocamere gestite in remoto per cercare di identificare il relitto. Il seguente articolo apparve sul Corpus Christi Caller (Texas), Venerdì 3 gennaio 1969:

Affondamento dello Scorpion: Probabile Causa Interna

Washington - Giovedì il Pentagono e alcune fonti del Congresso hanno rivelato che le foto subacquee del sottomarino nucleare USS Scorpion affondato al largo delle Azzorre lo scorso maggio con 99 uomini a bordo, hanno convinto gli esperti della Marina che il tragico incidente sia stato causato da problemi interni.

Una fonte ha affermato: "Se lo Scorpion fosse stato colpito da un siluro o strisciato da una nave mentre era prossima alla superficie, avrebbe riportato danni identificabili, ma le foto suggeriscono che ci sono stati problemi all'interno dello Scorpion che l'hanno trascinato al di sotto della quota massima".

È emerso che una speciale corte d'inchiesta della Marina a Norfolk, Virginia, che ha raccolto testimonianze da giugno, ha terminato il suo lavoro.

Le risultanze e le raccomandazioni della Corte sono in fase di revisione da parte del quartier generale della Flotta Atlantica a Norfolk e si prevede che siano trasmesse all'Ammiraglio Thomas H. Moorer, Capo delle Operazioni Navali, entro i prossimi giorni. Si attende qui una dichiarazione pubblica entro la fine del mese.

Fonti vicine alle conclusioni della Corte affermano che non è stata individuata la causa precisa della perdita, ma che la gamma delle possibili cause è stata ridotta a quattro.

Queste sono:

Avaria dei comandi. Se il sottomarino, di ritorno negli Stati Uniti dopo un'escursione nel Mediterraneo, stava viaggiando veloce e in profondità e il suo meccanismo di immersione si fosse improvvisamente bloccato nella posizione di "immersione", esso si sarebbe immerso al di sotto della quota massima prima che si potessero apportare correzioni meccaniche.

Gli esperti affermano che, se la nave si fosse trovata al di sopra di quota 60 metri, come si pensa sia probabile, ci sarebbe stato il tempo di correggere un simile guasto. Un ufficiale ha affermato: "L'equipaggio dei sottomarini viene continuamente addestrato su cosa fare in una tale circostanza, ma si ricordi che una volta che comincia a scendere in profondità, va veloce. Dopotutto, un sottomarino è fatto per immergersi".

Allagamento per piccole crepe. Testimoni a Norfolk hanno detto che lo Scorpion aveva minuscole crepe nello scafo e negli assi portaelica. Più il sommergibile scendeva, maggiore sarebbe stata la pressione sulle crepe, che avrebbe potuto aprire un'improvvisa breccia con conseguente ingresso d'acqua. La nave stava tornando per la manutenzione, ma era considerata in condizioni di sicurezza per operare fino ad una certa profondità segreta.

Un siluro difettoso all'interno del sottomarino. *Di tanto in tanto i siluri si attivano accidentalmente. In tal caso, i sommergibili tirano fuori il siluro dal tubo e lo disarmano, o lo sparano fuori dal tubo. Se si tratta di un siluro progettato per puntare allo scafo di un'altra nave, la nave adotta una procedura segreta per garantire che il siluro non torni indietro sulla nave che l'ha lanciato.*

Dal momento che le foto scattate dalla nave di ricerca Mizar non mostrano alcuna prova di un'esplosione al di fuori dello Scorpion, ciò tende a scartare la teoria che la nave sia stata colpita dal suo stesso siluro. Ma non elimina la possibilità che un siluro malfunzionante possa essere esploso all'interno della nave.

Panico. *In caso di qualsiasi dei problemi di cui sopra, uno o più membri dell'equipaggio potrebbero essere andati nel panico e hanno iniziato a tirare le leve sbagliate. Tuttavia una fonte ha dichiarato: "Ma si credeva che questo equipaggio fosse molto ben addestrato e stabile".*

Quindi non c'è molto di più da aggiungere. Se la Marina non ha saputo arrivare ad una conclusione definitiva, chi altri avrebbe potuto? Ma ci chiediamo, Anita ha davvero visto cos'è effettivamente successo a bordo di quella nave?

Capitolo 14

Cala il Sipario

E così l'esperimento iniziato per caso si era esteso per molti mesi e aveva aperto molti nuovi orizzonti. Ci erano state presentate cinque affascinanti personalità che diversamente non avremmo mai incontrato, ed avevamo intrapreso un'avventura che non avremmo creduto possibile. In quei pochi mesi, gli atteggiamenti e i modi di pensare di molte persone erano stati cambiati per sempre. Crediamo sinceramente che siano cambiati in meglio.

Sebbene Anita volesse ancora rimanere anonima, molti amici sono venuti a casa in quei mesi per ascoltare l'ultimo capitolo, come una storia infinita. Molte di queste persone non la conoscevano ed era così che lei voleva. Avrebbero ascoltato l'ultima registrazione in uno stato di totale meraviglia e incredulità, e avrebbero fatto i loro commenti in seguito. Siamo stati tutti esposti per la prima volta ad un modo totalmente nuovo di pensare. Eravamo stati bombardati da nuove idee e concetti come nulla a cui eravamo stati esposti prima. Sebbene alcuni fossero confusi e sbalorditi dal fatto che le loro strutture di credenza erano state minacciate ed allo stesso tempo ampliate, non avevano alcuna spiegazione per le cose emerse durante le sessioni.

Hanno tutti offerto molti suggerimenti su nuove cose da provare, nuove strade da esplorare. Le possibilità sembravano infinite. Forse potremmo provare a guardare avanti per determinati eventi futuri. Anita aveva fatto così bene guardando indietro alla scomparsa dello Scorpion e all'assassinio del presidente Kennedy, forse poteva guardare ad altri specifici eventi storici e capire cosa fosse realmente accaduto. La morte di Adolf Hitler nel bunker di Berlino era una possibilità che era stata menzionata. Ce n'erano innumerevoli altre, le cui riflessioni erano emozionanti e stimolanti. Sembrava che fossimo sulla soglia di ogni conoscenza, limitati solo dalla nostra immaginazione. Quindi cosa è successo nel bel mezzo di tutto questo? Perché l'esperimento si è concluso all'improvviso, lasciando i nastri a prendere polvere su uno scaffale per 11 anni?

Tutto si fermò una notte buia nel settembre del 1968, con una rovinosa e stridente battuta d'arresto. Molte coincidenze (se ce ne sono state) erano in atto quella notte per portare tutto ad un culmine fragoroso che avrebbe cambiato per sempre il corso delle nostre vite.

Johnny aveva giocato in città ad un torneo di bowling e stava tornando in servizio alla base. Le macchine per il bowling avevano fatto i capricci quella sera e lui stava andando via più tardi del solito. Allo stesso tempo (coincidenza?), un ufficiale della Marina era stato tutto il giorno a bere al Club "O" (Officer's) alla base, e aveva scelto quel momento per decidere di andar via e tornare a casa in città. Quest'uomo si era messo nei guai in numerose altre occasioni a causa dell'alcol, e in seguito avrebbe detto che non si ricordava nemmeno cosa fosse successo quella notte.

Il film alla base stava terminando, e una lunga fila di traffico stava lasciando la base per dirigersi verso la città. L'ufficiale decise di provare a superare l'intera fila, e Johnny si trovò faccia a faccia con i suoi fari accecanti in una curva, senza via di fuga. Ne venne fuori un terribile scontro frontale, con Johnny schiacciato e maciullato tra le lamiere del suo furgoncino Volkswagen.

Tutta la forza si era scaricata sulle sue gambe e aveva reciso l'arteria principale della caviglia. Subì anche tre commozioni cerebrali. Coincidenza (?), nell'auto dietro c'era un infermiere, fu il primo sulla scena dell'incidente. Fu solo grazie alle sue prime cure che Johnny non morì dissanguato. Seguirono 45 minuti di indicibile agonia mentre le squadre di emergenza tentavano disperatamente di rimuoverlo dalla macchina. Il dottore era giunto alla conclusione che l'unica soluzione era amputargli le gambe nell'auto stessa, per liberarlo. Esitò soltanto perché aveva paura che lo shock lo avrebbe ucciso. Johnny infatti era rimasto cosciente nonostante i farmaci che gli erano stati somministrati, e la morfina sembrava non avere effetto.

Quindi, i vigili del fuoco volontari decisero di provare un altro metodo. Se fosse fallito, l'amputazione sarebbe stata l'unica alternativa. Agganciarono uno dei loro camion alla parte anteriore e una macchina sul retro del furgone e cercarono di far spazio tra le lamiere. Il tentativo ebbe successo e Johnny fu messo in tutta fretta a bordo di un elicottero in attesa, che si avviò verso l'ospedale Navale a Corpus Christi, distante 113 chilometri.

Durante il frenetico volo, aveva perso tutto il sangue che aveva in corpo, e il cuore si era fermato tre volte. Il suo sangue era di un tipo raro, 'A negativo', e l'unico disponibile era il tipo '0', donatore universale. A quel punto non importava più, dovevano fargli avere qualcosa. Il dottore cominciò a disperarsi perché non riusciva a infilare gli aghi in vena. Poi, ancora una volta per coincidenza (?), c'era a bordo un infermiere appena tornato dal Vietnam, che chiese di provare una procedura eseguita in guerra. Praticò un'incisione nell'arteria femorale e vi inserì l'ago. In seguito ricevette un encomio per le azioni compiute quella notte.

L'elicottero atterrò sul prato dell'ospedale e Johnny fu portato di corsa al pronto soccorso, dove cinque medici lavorarono freneticamente su di lui. Il volto era devastato, aveva subito tre commozioni cerebrali, aveva perso tutto il sangue e le gambe erano frantumate come il vetro. I medici si limitarono alle procedure di emergenza. Erano sicuri che non avrebbe superato la notte.

Il medico della base era tornato in elicottero prima che io venissi avvisata e un'ambulanza mi portasse all'ospedale. Il dottore fu molto franco, ma anche gentile, nel dirmi che forse era troppo tardi e che Johnny sarebbe potuto essere morto prima del mio arrivo. Anche se fosse sopravvissuto, aveva perso troppo sangue per troppo tempo, e aveva avuto commozioni cerebrali, ci sarebbero stati di sicuro danni cerebrali. Sarebbe rimasto di sicuro un vegetale, ed entrambe le gambe gli sarebbero state quasi certamente amputate. Troppe cose contro di lui.

Forse solo chi ha vissuto un'esperienza come questa può conoscere le emozioni che hanno attraversato la mia mente. Lì c'era un uomo che avevo amato per 20 anni. Stava soffrendo così tanto, e non c'era nulla che potessi fare per aiutarlo. Tutto cominciò ad assumere la qualità di un sogno, un aspetto irreale, mentre percorrevo in ambulanza quei 113 chilometri fino all'ospedale.

L'autista e l'infermiere erano gentili e comprensivi, ma non potevano sapere cosa mi passasse per la testa. Dentro di me sapevo che Johnny non sarebbe morto. Non mi sarei mai permessa di pensarlo un solo minuto. Suppongo che ciò possa definirsi un tipico rifiuto della realtà di fronte a una tragedia. Ma io sapevo qualcosa che loro non sapevano, e mi ci sono aggrappata con tutte le forze.

In uno dei nastri avevamo chiesto ad Anita di guardare nel nostro futuro e dirci cosa avremmo fatto tra molti anni. Aveva detto: "Ti vedo in uno Stato del sud, nel cambio di stagione, ma gli inverni non sono così rigidi come al nord. Un posto molto bello, non una fattoria, ma con la terra intorno. Vivrai molto a lungo. Ti vedo come un uomo molto anziano. Hai dei pronipoti intorno a te. (La nostra figlia maggiore aveva solo 15 anni al momento dell'incidente). Vedo la bontà intorno a te. Stai imparando, le lezioni stanno cominciando ad essere comprese. Ecco perché vivrai a lungo. Otterrai molto in questa vita. Aiuterai molta gente".

Quello che avevamo vissuto nei mesi in cui abbiamo lavorato sull'esperimento ipnotico aveva lasciato un'impressione duratura. Sapevamo nel nostro cuore che ciò che Anita aveva riferito in trance era vero, e ci credevamo. E, se ci credevamo, dovevamo crederci del tutto. Quindi sapevo che non sarebbe morto, non se Anita lo aveva visto vivo e vegeto in futuro così lontano. Così mi aggrappai al mio segreto e ciò mi diede la forza che non sapevo di possedere.

Quando arrivai in ospedale, mi fecero accomodare in sala d'attesa. Non dimenticherò mai la vista di quei cinque dottori mentre entrarono nella stanza, ognuno a dirmi qualcosa di diverso che avrebbe ucciso Johnny durante la notte. Le lesioni erano troppo estese, perdita eccessiva di sangue, troppo shock. Le molteplici fratture nelle gambe avevano rilasciato frammenti ossei, midollo osseo, coaguli di sangue, coaguli di grasso nel suo flusso sanguigno. Nessuno era mai sopravvissuto in queste condizioni prima d'ora.

So che i dottori stavano cercando di prepararmi al peggio, e devono aver pensato che fosse strano che io non fossi tanto emotiva. Ma ho tenuto il mio segreto stretto dentro me. Sapevo cose che non potevano sapere. Risposi: "Mi dispiace ma vi sbagliate, non morirà. Voi non lo conoscete. Se c'è un modo, lui lo troverà".

I medici si calmarono per qualche istante. Poi uno di loro disse: "Beh, se ha quel tipo di personalità, potrebbe avere una possibilità".

Quando vidi Johnny in Terapia Intensiva, era quasi irriconoscibile. Il suo volto e la testa erano stati ricuciti in fretta e due grossi infermieri lo tenevano fermo a letto. Le ferite alla testa l'avevano reso delirante e violento. Era allucinato e ovviamente sotto shock. Non sapeva chi fossi. Forse non mi ha neanche visto.

Sapevo che non c'era niente che potessi fare per aiutarlo. Così andai nella stanza che mi avevano dato, e pregai: "Non c'è niente che nessun altro possa fare. È nelle tue mani ora. Sia fatta la tua volontà". E caddi in un sonno profondo, fiduciosa che sarebbe stato meglio entro la mattina.

Il giorno dopo era grigio e pioveva. Tempo adatto per l'occasione. Quando sono entrata in Terapia Intensiva, ho visto che era avvenuto il primo dei "miracoli". Aveva superato la notte. Non più trattenuto, giaceva dormendo. I medici dissero che la situazione era ancora delicata. Il "miracolo" successivo avvenne più tardi quando riacquistò momentaneamente conoscenza. I medici stavano intorno al letto a fargli domande: Sapeva dove si trovava? Sapeva chi erano? Sapeva chi ero? Allora, con grandi sorrisi, dissero raggianti: "È coerente. Il suo cervello non ha subito danni!".

Mentre sedevo al suo letto per i giorni e le notti successive lui dormiva e d'improvviso si svegliava spaventato, con occhi allucinati. Vedendomi lì, tornava a dormire tranquillo. I medici dissero che ogni volta che un pezzo di midollo osseo toccava il cervello avrebbe avuto un vuoto di memoria, quindi le settimane successive furono molto confuse per lui.

Il "Miracolo" numero tre iniziò a verificarsi quella prima settimana. Il volto cominciò a guarire con sorprendente rapidità. I punti furono rimossi e i segni cominciarono a sparire in maniera sorprendentemente veloce, lasciando solo lievi tracce di cicatrici.

Infermiere e infermieri si fermavano vicino al letto per fissarlo, così una volta Johnny mi chiese di prendergli uno specchio. Dopo aver guardato il suo riflesso disse: "Cosa stanno guardando tutti? Non c'è niente di sbagliato con la mia faccia!".

Gli risposi: "Per questo stanno lì fissi a guardarti".

Parlai col dottore che quella notte gli aveva ricucito in fretta il viso: "Hai fatto un ottimo lavoro in condizioni difficili".

"Ascolta" mi rispose lui, con espressione confusa, "Io non capisco. Mi aspettavo di dover fare almeno cinque operazioni di plastica facciale. Ora non dovrò fare nulla!".

Tutti sembravano condividere la sensazione che qualche strana forza fosse al lavoro, qualcosa di innaturale. Le infermiere mi dissero di aver visto persone morire con la metà delle sue ferite. Si sparse rapidamente la voce del Miracolato in Terapia Intensiva. Non potevo evitare di gongolare dentro me, non avevo forse sentito fin dall'inizio che l'aiuto sarebbe venuto da una fonte superiore? Segretamente fiera si, ma anche estremamente grata che se ne occupasse una fonte superiore.

Quando si capì che sarebbe sopravvissuto, provarono a salvargli le gambe. Al momento decisero di non amputarle, lo rinchiusero in un'ingessatura totale, dalle ascelle fino alle dita dei piedi. Sarebbe stata la sua prigione per otto lunghi mesi.

Dopo il primo mese in Terapia Intensiva, venne trasferito al reparto ospedaliero. La recisione dell'arteria principale della caviglia non permetteva alla circolazione di tornare al piede e questo si era incancrenito, per cui alla fine perse un piede. Ma è stato molto meglio che perdere entrambe le gambe!

Un medico mi rese molto orgogliosa quando mi disse: "Sai, ti si deve attribuire qualche merito per questo. Dev'essere stato un uomo molto felice. Lui non voleva morire".

Johnny trascorse più di un anno in quell'ospedale, e alla fine venne congedato dalla Marina come veterano disabile con 21 anni di servizio. Dissero che probabilmente sarebbe rimasto su una sedia a rotelle per il resto della sua vita. Le sue gambe erano troppo frantumate per sostenere il suo peso. Ancora una volta si sbagliavano. Avevano sottovalutato il coraggio di quell'uomo. Ora cammina con l'aiuto di un tutore e delle stampelle.

Negli anni successivi, ci furono molte modifiche da apportare. Ci ritirammo a vivere con la pensione in Arkansas, in un posto che corrispondeva molto alla previsione di Anita.

Alcuni, piuttosto crudelmente, hanno detto che quello che è successo a Johnny era una punizione. Una punizione per aver ficcato il naso in angoli proibiti, per aver indagato su cose nascoste che non avrebbe dovuto guardare o sapere. Reincarnazione! Opera del diavolo! Non posso, non lo accetterò. Il Dio che ci è stato mostrato durante le sedute ipnotiche era buono, gentile, amorevole ed estremamente paziente. Questo Dio non sarebbe stato capace di una tale cosa. Sul fatto che l'incidente sia accaduto per una ragione non ho dubbi. Ma come punizione? Mai! Lo trovo impensabile!

Riflettendoci mi sono chiesta se avessi mai avuto la forza di gestire questi orribili eventi senza quel breve sguardo nel nostro futuro. Sarei crollata sotto lo stress e lo sforzo di dovermi prendere cura di una famiglia e un marito moribondo, senza l'anticipazione che sarebbe andato tutto bene? Così so che le sessioni sono servite a molti scopi. Hanno dato informazioni sconosciute e sorprendenti a molti che non avevano mai pensato a tali cose prima. E ci hanno anche preparato ad eventi che diversamente ci avrebbero di certo schiacciati. Per entrambi i motivi, le sedute ipnotiche svolte in quei pochi mesi del 1968 hanno cambiato per sempre la nostra vita.

In questi giorni di grave preoccupazione per il futuro, non è più considerato sacrilego mettere in discussione la ragione della vita. Gli ultimi tabù vengono finalmente spogliati del mistero della morte e dell'aldilà.

Forse, altre persone hanno iniziato da scettici come noi. Forse questo racconto della nostra avventura nell'ignoto li raggiungerà e li aiuterà. Perché, quando stavamo parlando con lo Spirito Perfetto, non ha forse detto: "Imparerò e aiuterò le persone sulla Terra, la famiglia. Solo la Terra è così travagliata, al punto da chiederci di andare ad aiutare, e noi dobbiamo aiutare le persone lì. Egli le ha create. Egli nel crearle sapeva che loro non avrebbero fatto ciò che chiedeva, ma si sentì costretto, nella sua bontà, il più bello di tutti i pianeti, a darle le persone. Un animale con conoscenza, e sapeva che non avrebbero utilizzato la conoscenza correttamente".

Così, forse scrivendo questo libro, onoro nel mio piccolo la nostra parte di questo impegno.

Ascoltando i nastri ci si chiede: "Da dove viene tutto ciò?". La prima e più ovvia risposta è: "Dall'inconscio". Ma bisognerebbe ancora chiedersi: ""Come ci è finito lì dentro?" Non fingiamo di saperlo, né nessun altro può saperlo. Possiamo solo formulare ipotesi e meravigliarci della complessità della mente umana.

Così cala il sipario sulla nostra avventura, con molte, molte domande ancora senza risposta.

Epilogo

In molti mi hanno chiesto cosa sia successo ai personaggi principali della nostra storia. In particolare volevano sapere che cosa ne fosse stato di Anita. Viveva ancora in Texas quando ci siamo trasferiti in Arkansas per ricostruire le nostre vite. Durante le regressioni, aveva guardato avanti per vedere cosa avrebbe fatto nel 1970. Si era vista in uno Stato del Nord-est dove gli inverni erano più rigorosi. Aveva descritto il posto, aggiungendo: "Mio marito mi ha aiutato a fare questa mossa, ma non avevamo neanche disfatto le scatole che se n'è andato. Vola da qualche parte su di un aereo. È andato via prima di quanto pensasse".

Dopo esserci sistemati, nel 1970 scrissi ad Anita. Credevo talmente tanto alla predizione che ero sicura che non fosse più a Beeville. Scrissi fiduciosa sulla busta: "Si prega di inoltrare". In pochi mesi ho ricevuto una risposta dal Maine. Erano stati trasferiti in un posto che corrispondeva alla sua descrizione. Lei pensò che fosse buffo che anche l'altro pezzo della predizione si fosse avverata. I loro averi erano stati appena consegnati e lei era ancora circondata da scatole quando suo marito le annunciò che sarebbe stato inviato in una scuola per qualche mese. Avrebbe dovuto gestire l'organizzazione della casa da sola. Era molto felice di stare nell'est. Si sentiva molto a casa lì. Siamo rimaste in contatto fino alla metà degli anni Settanta ma poi da allora non abbiamo più avuto notizie.

Dopo anni di recupero e riabilitazione, Johnny è uscito dalla brutta depressione che accompagna questo tipo di tragedie. È molto attivo con i gruppi sociali, i club di radioamatori, le organizzazioni dei veterani, e aiuta davvero molte persone. La sua vita ha preso una direzione completamente diversa e non ha più alcun interesse per l'ipnosi. Crede ancora nella reincarnazione e sa che abbiamo scoperto una grande quantità di informazioni preziose, ma la sua vita è cambiata così tanto che non vuole più continuare con gli esperimenti di ipnotismo. Sebbene la scintilla accesa dall'esperienza che abbiamo condiviso rimase latente per 11 anni, venne riaccesa quando ho iniziato a lavorare a questo libro. I miei figli se ne andavano di casa, si sposavano o andavano all'università. Tutti portavano avanti le loro vite, ed era evidente che avrei dovuto trovare qualcosa per riempire le ore adesso vuote. Suppongo che ciò che scelsi di fare non sia la risposta per la moglie e la madre media. I miei interessi erano più verso il bizzarro. Mentre assemblavo questo libro nel 1979, ho scoperto che mi piaceva scrivere, e questo mi ha portato a redigere articoli per riviste e giornali, mentre cercavo editori interessati al libro. Il mio interesse per la reincarnazione non si era mai veramente spento, era solo stato messo in attesa per 11 anni. Dev'essere sempre rimasto nascosto sotto la superficie. Rivivere questa esperienza trascrivendo i nastri e annotando i commenti all'esperimento mi ha portato a voler esplorare ulteriormente questo campo. Se Johnny non era più interessato a questo tipo di ricerca, decisi che avrei dovuto imparare l'ipnosi e fare questo lavoro da sola. Durante gli anni '60, la tecnica comune utilizzava lunghi metodi di induzione e test per valutare la profondità della trance. Non mi piaceva questa tecnica, così ho cercato metodi più semplici. Ho scoperto che si poteva ottenere un'induzione più rapida utilizzando tecniche di visualizzazione. Così diventai una regressionista. Questo termine indica un ipnotista specializzato in regressioni a vite passate, terapia delle vite passate, e ricerca sulla reincarnazione. Nel 1979 ho iniziato a condurre esperimenti seriamente e ho lavorato con gli psicologi usando questa tecnica come strumento nella terapia delle vite passate. Negli ultimi 30 anni, ho portato in regressione e catalogato migliaia di casi. Nel 1986, sono diventata ricercatrice ipnotista per il MUFON (Mutual UFO Network) e ho lavorato su casi sospetti di adduzione. In quegli anni, ho scritto quindici libri sui miei casi più interessanti e insoliti. Ho accumulato una tale ricchezza di materiali che ci sono molti altri libri in attesa di essere scritti. Abbiamo fondato la Ozark Mountain Publishing nel 1991 per diffondere la conoscenza e le informazioni della metafisica alle persone di tutto il mondo.

Così, questo libro è la storia del mio ingresso in questo affascinante campo. Tutto è iniziato grazie al lavoro e alla curiosità di mio marito. Io ero solo un'osservatrice che teneva il microfono per il soggetto in trance e scriveva numerose annotazioni. Ma se non fosse stato per questo inizio innocente e ingenuo non sarei mai stata guidata a cercare il cammino che ha portato a numerosi viaggi lungo la strada verso l'ignoto. Senza questo strano ed insolito evento occorso nella mia vita durante il 1968, sarei probabilmente una casalinga ed una nonna "normale" e nessuna di queste avventure sarebbe mai stata registrata. Sono queste le leggi del destino e le... coincidenze?

Io credo che non ci venga mai dato più di quanto non riusciamo a gestire. Le informazioni che abbiamo scoperto nel 1968 erano estremamente sorprendenti. Eppure, quello che ho trovato nel mio lavoro negli anni successivi è stato ancora più complesso. Non avrei mai potuto gestirlo all'inizio. Quindi, sembra che la conoscenza debba essere somministrata un po' alla volta, con parsimonia, per far si che venga accettata e non considerata schiacciante. Si dice che una volta che la mente si è aperta grazie a un'idea o un concetto, non può mai tornare al suo modo originale di pensare. Perciò, ogni fase del mio lavoro ha provocato un'ulteriore espansione. Ciò che ho scoperto nel 1968 ora sembra piuttosto semplice e rudimentale, eppure faceva parte del tutto che mi avrebbe portato alla fase in cui sono ora. Visto sotto questa luce, ogni tassello di conoscenza è fondamentale e necessario. Spero sia sempre così, e che io possa continuare a crescere e ad esplorare l'ignoto, portando con me i miei lettori.

Johnny Cannon ha trascorso 25 anni su una sedia a rotelle ma era in grado di camminare con l'aiuto di un tutore e delle stampelle. Guidava un'automobile speciale con comandi a mano mentre andava in giro ad aiutare la gente di tutta la contea come Ufficiale di Servizio dei Veterani. È morto nel 1994 e ha davvero vissuto per vedere i suoi pronipoti. Questo libro è dedicato a quest'uomo straordinario e alla eccezionale eredità che ha lasciato.

Pagina dell'Autore

DOLORES CANNON

Dolores Cannon, ipnoterapeuta regressionista e ricercatrice del paranormale che documenta la conoscenza "Perduta", è nata nel 1931 a St. Louis, Missouri. Visse e si formò a St. Louis fino al matrimonio avvenuto nel 1951 con un uomo in carriera nella Marina. Trascorse i 20 anni successivi viaggiando in giro per il mondo e accudendo la famiglia, come è comune per ogni moglie della Marina. Nel 1970 suo marito fu congedato da veterano disabile e si ritirarono tra le colline dell'Arkansas. Successivamente avviò la sua carriera di scrittrice e cominciò a vendere i suoi articoli a varie riviste e quotidiani. Dal 1968 si occupa di ipnosi e dal 1979 unicamente di terapia delle vite passate e regressione. Ha studiato i vari metodi di ipnosi e quindi sviluppato la sua tecnica personale che le ha permesso di acquisire il maggior numero possibile di informazioni dai suoi clienti. Attualmente la tecnica personale di Dolores viene insegnata in tutto il mondo.

Nel 1986 ha esteso le sue indagini al campo degli UFO. Ha effettuato studi in loco su sospetti atterraggi UFO e ha indagato sui cerchi nel grano in Inghilterra. La maggior parte del suo lavoro in questo campo ha riguardato l'accumulo di prove attraverso l'ipnosi di sospetti addotti.

Dolores è una relatrice di fama internazionale che ha tenuto conferenze in tutti i continenti. I suoi tredici libri sono tradotti in venti lingue. Ha parlato al pubblico di emittenti radiofoniche e televisive di tutto il mondo. E gli articoli su/di Dolores sono apparsi in molti periodici e quotidiani americani e internazionali. Dolores è stata la prima Americana e la prima straniera a ricevere il 'Premio Orpheus' in Bulgaria, per i grandi progressi ottenuti nella ricerca del fenomeno paranormale. Ha ricevuto premi per il suo eccezionale contributo e premi alla carriera da diverse organizzazioni in tema di ipnosi.

Dolores ha una famiglia molto vasta che la mantiene solidamente bilanciata tra il mondo 'reale' della sua famiglia e il mondo 'nascosto' del suo lavoro.

Chi desidera mettersi in contatto con Dolores su tematiche relative al suo lavoro, per sessioni private o per corsi di formazione può farlo al seguente indirizzo: Dolores Cannon, P.O. Box 754, Huntsville, AR, 72740, USA

Diversamente, può inviare una email a: decannon@msn.com o contattarci attraverso il sito web www.ozarkmt.com.

Other Books by Ozark Mountain Publishing, Inc.

Dolores Cannon
A Soul Remembers Hiroshima
Between Death and Life
Conversations with Nostradamus,
   Volume I, II, III
The Convoluted Universe -Book One,
   Two, Three, Four, Five
The Custodians
Five Lives Remembered
Jesus and the Essenes
Keepers of the Garden
Legacy from the Stars
The Legend of Starcrash
The Search for Hidden Sacred Knowledge
They Walked with Jesus
The Three Waves of Volunteers and the
   New Earth
Aron Abrahamsen
Holiday in Heaven
Out of the Archives – Earth Changes
James Ream Adams
Little Steps
Justine Alessi & M. E. McMillan
Rebirth of the Oracle
Kathryn/Patrick Andries
Naked in Public
Kathryn Andries
The Big Desire
Dream Doctor
Soul Choices: Six Paths to Find Your Life
   Purpose
Soul Choices: Six Paths to Fulfilling
   Relationships
Patrick Andries
Owners Manual for the Mind
Cat Baldwin
Divine Gifts of Healing
Dan Bird
Finding Your Way in the Spiritual Age
Waking Up in the Spiritual Age
Julia Cannon
Soul Speak – The Language of Your Body
Ronald Chapman
Seeing True
Albert Cheung
The Emperor's Stargate
Jack Churchward
Lifting the Veil on the Lost Continent of
   Mu
The Stone Tablets of Mu
Sherri Cortland

Guide Group Fridays
Raising Our Vibrations for the New Age
Spiritual Tool Box
Windows of Opportunity
Patrick De Haan
The Alien Handbook
Paulinne Delcour-Min
Spiritual Gold
Holly Ice
Divine Fire
Joanne DiMaggio
Edgar Cayce and the Unfulfilled Destiny
   of Thomas Jefferson Reborn
Anthony DeNino
The Power of Giving and Gratitude
Michael Dennis
Morning Coffee with God
God's Many Mansions
Carolyn Greer Daly
Opening to Fullness of Spirit
Anita Holmes
Twidders
Aaron Hoopes
Reconnecting to the Earth
Victoria Hunt
Kiss the Wind
Patricia Irvine
In Light and In Shade
Kevin Killen
Ghosts and Me
Diane Lewis
From Psychic to Soul
Donna Lynn
From Fear to Love
Maureen McGill
Baby It's You
Maureen McGill & Nola Davis
Live from the Other Side
Curt Melliger
Heaven Here on Earth
Henry Michaelson
And Jesus Said – A Conversation
Dennis Milner
Kosmos
Andy Myers
Not Your Average Angel Book
Guy Needler
Avoiding Karma
Beyond the Source – Book 1, Book 2
The Anne Dialogues

For more information about any of the above titles, soon to be released titles,
or other items in our catalog, write, phone or visit our website:
PO Box 754, Huntsville, AR 72740
479-738-2348/800-935-0045
www.ozarkmt.com

Other Books by Ozark Mountain Publishing, Inc.

The Curators
The History of God
The Origin Speaks
James Nussbaumer
And Then I Knew My Abundance
The Master of Everything
Mastering Your Own Spiritual Freedom
Living Your Dram, Not Someone Else's
Sherry O'Brian
Peaks and Valleys
Riet Okken
The Liberating Power of Emotions
Gabrielle Orr
Akashic Records: One True Love
Let Miracles Happen
Victor Parachin
Sit a Bit
Nikki Pattillo
A Spiritual Evolution
Children of the Stars
Rev. Grant H. Pealer
A Funny Thing Happened on the
    Way to Heaven
Worlds Beyond Death
Victoria Pendragon
Born Healers
Feng Shui from the Inside, Out
Sleep Magic
The Sleeping Phoenix
Being In A Body
Michael Perlin
Fantastic Adventures in Metaphysics
Walter Pullen
Evolution of the Spirit
Debra Rayburn
Let's Get Natural with Herbs
Charmian Redwood
A New Earth Rising
Coming Home to Lemuria
David Rivinus
Always Dreaming
Richard Rowe
Imagining the Unimaginable
Exploring the Divine Library
M. Don Schorn
Elder Gods of Antiquity
Legacy of the Elder Gods
Gardens of the Elder Gods
Reincarnation...Stepping Stones of Life
Garnet Schulhauser

Dance of Eternal Rapture
Dance of Heavenly Bliss
Dancing Forever with Spirit
Dancing on a Stamp
Manuella Stoerzer
Headless Chicken
Annie Stillwater Gray
Education of a Guardian Angel
The Dawn Book
Work of a Guardian Angel
Joys of a Guardian Angel
Blair Styra
Don't Change the Channel
Who Catharted
Natalie Sudman
Application of Impossible Things
L.R. Sumpter
Judy's Story
The Old is New
We Are the Creators
Artur Tradevosyan
Croton
Jim Thomas
Tales from the Trance
Jolene and Jason Tierney
A Quest of Transcendence
Nicholas Vesey
Living the Life-Force
Janie Wells
Embracing the Human Journey
Payment for Passage
Dennis Wheatley/ Maria Wheatley
The Essential Dowsing Guide
Maria Wheatley
Druidic Soul Star Astrology
Jacquelyn Wiersma
The Zodiac Recipe
Sherry Wilde
The Forgotten Promise
Lyn Willmoth
A Small Book of Comfort
Stuart Wilson & Joanna Prentis
Atlantis and the New Consciousness
Beyond Limitations
The Essenes -Children of the Light
The Magdalene Version
Power of the Magdalene
Robert Winterhalter
The Healing Christ

For more information about any of the above titles, soon to be released titles,
or other items in our catalog, write, phone or visit our website:
PO Box 754, Huntsville, AR 72740
479-738-2348/800-935-0045
www.ozarkmt.com